저 하늘에서도
이 땅에서처럼

**In Heaven as on Earth:**
A Vision of the Afterlife by M. Scott Peck

Copyright © 1996 by M. Scott Peck
All rights reserved.

This Korean edition was published by POIEMA,
an imprint of Gimm-Young Publishers, Inc. in 2012
by arrangement with M. Scott Peck c/o THE JONATHAN DOLGER
AGENCY through KCC(Korea Copyright Center Inc.), Seoul.

《아직도 가야 할 길》 스캇 펙 박사의

# 저 하늘에서도
# 이 땅에서처럼

스캇 펙 지음 | 신우인 옮김

**포이에마**
POIEMA

# 저 하늘에서도 이 땅에서처럼

1판 1쇄 발행 2012. 2. 7.
1판 11쇄 발행 2025. 12. 1.

지은이 스캇 펙
옮긴이 신우인

발행인 박강휘
발행처 김영사
등록 1979년 5월 17일(제406-2003-036호)
주소 경기도 파주시 문발로 197(문발동) 우편번호 10881
전화 마케팅부 031)955-3100, 편집부 031)955-3200 | 팩스 031)955-3111

이 책의 한국어판 저작권은 KCC(Korea Copyright Center Inc.)를 통한 The Jonathan Dolger Agency와의 독점계약으로 한국어 판권을 포이에마가 소유합니다. 저작권법에 의하여 한국 내에서 보호를 받는 저작물이므로 무단전재와 복제를 금합니다.

ISBN 978-89-93474-92-3   03230

홈페이지 www.gimmyoung.com     페이스북 www.facebook.com/3poiema

포이에마는 김영사의 기독교 브랜드입니다.

부분이 다른 책의 도입부처럼 느껴져 속은 기분이 들기도 했다. 후속작이 있나? 있다면 읽어보고 싶다. 아니, 어쩌면 사후세계에서 발견할 때를 기다려야 할지도. _2002년 1월 23일 체스터 클링어(미국)/아마존

★★★★★ 스캇 펙의 내면에서 나온 또 다른 명작
지상 최고의 스캇 펙 팬이라고 자신하는 나, 지난해 〈롤링 스톤〉 10월호를 읽으며 '펙 씨가 그의 여행의 마지막을 준비하나보다. 죽음에 대한 책이 나오면 멋질 텐데…'라고 생각했다. 두 달 뒤, 그 바람이 현실이 되었다. 그는 자신의 인생 여정을 심지어 픽션을 통해서도 사람들을 이해시킬 수 있는 드문 능력을 가졌다. 이 책도 예외는 아니다. 이 책을 읽고 나서 하나님이 가까이 느껴졌고, 또 그분이 어떻게 일하시고 생각하시는지에 대해 내가 얼마나 조금 알고 있는지 깨달았다. 사후세계에 대한 많은 가설 중에서도, 스캇 펙의 비전은 정직하고 진정성 있다. 언젠가 죽을 우리 모두 한번은 읽어봐야 할 책이다. 하나님, 이런 선물을 주시니 감사합니다. 펙 씨, 그 선물의 전달자가 되어주어 감사합니다. _1996년 8월 29일 어느 독자/아마존

★★★★ 매력적인 가능성들을 제시하는 책!
나는 스캇 펙의 골수 팬이다. 이 책은 신학적 이해와 상상력, 임사체험자의 이야기를 바탕으로 사후세계를 탐구해나가는데, 꽤나 흥미롭다. 처음에는 분석적이고 비문학적인 문체 때문에 스토리텔링이 부자연스럽게 느껴졌다. 하지만 이야기가 진행될수록 그가 펼쳐 보이는 가능성들이 정말 흥미롭게 전개되었다. 스캇 펙이 이야기를 통해 풀어내는 철학에 전적으로 동의하지는 않는다. 하지만 각자가 삶에서 만든 개인적인 지옥/연옥/천국이 죽음 이후에도 이어진다는 것과, 천국에서 받는 '정신 치료'가 거룩하고 영원토록 지속된다는 것은 완벽하게 개연성 있어 보인다. _2002년 2월 5일 박수치는 나무(싱가포르)/아마존

★★★★★ 너무 좋았다!
이 책 너무 좋았다. 사후세계를 아주 행복하고도 현실적으로 들여다볼 수 있는 이야기였다. 우리가 세상을 떠나 천국으로 들어가기 전에 '천상의 치료'를 받아야 할 사람이 많을 거라 상상해본다. 주인공인 다니엘이 사후세계에서 예수를 만나지 않았다는 점과, 그가 부모님을 만나는 데엔 큰 관심이 없었다는 게 아쉬웠지만, 전반적으로 깔끔한 책이다. 사후세계엔 우리가 고대할 만한 것들이 많을 것이라 생각한다. _2002년 3월 13일 어느 독자/아마존

**차례**

감사의 글 • 6

### 1부
CHAPTER 1 • 10
CHAPTER 2 • 15
CHAPTER 3 • 23
CHAPTER 4 • 50

### 2부
CHAPTER 5 • 60
CHAPTER 6 • 87
CHAPTER 7 • 120

### 3부
CHAPTER 8 • 146
CHAPTER 9 • 174
CHAPTER 10 • 202
CHAPTER 11 • 229

### 4부
CHAPTER 12 • 256
CHAPTER 13 • 283

작품 해설 • 298
옮긴이의 말 • 308
저자와의 대화 • 315
저자 연보 • 321

## 감사의 글

비전은 홀로 형성되지 않는다. 이 책에서 제시한 사후세계에 대한 비전은 많은 자료를 바탕으로 형성된 것이다. 그 원천을 제공해준 데 대해 특별히 감사하고 싶은 이들이 있다. 《천국과 지옥의 이혼》에서 지옥의 모습을 그려준 C. S. 루이스, 연옥의 존재를 주장해온 로마 가톨릭 교회,《다시 산다는 것*Life after Life*》을 쓴 레이먼드 무디, 내가 아는 한 가장 자세하고 흥미진진한 임사체험 보고서 《내일로부터의 귀환 *Return from Tomorrow*》을 쓴 의학박사 조지 리치다.

작가 또한 홀로 존재하지 않는다. 모든 생명체와 마찬가지로 작가는 찰스 윌리엄스가 명명한 "주고받는 관계망web of exchange" 속에 있어야만 살아남는다. 그 거대한 관계망 가운데 이 책의 출간에 가장 긴밀히 관여한 지지자들에게 감사하는 마음을 전하고 싶다. 대리인 조너선 덜저, 초고의 가치를 알아본 편집자이자 발행인 브라이언 드피어, 초고와 수정본을 타자해준 지극히 유능한 수전 포이트라스, '초록방'의 중요성을 직관적으로 주목한 기획자 게일 퍼터버그, 끝까지 정리를 맡아준 발레리 뒤피, 그리고 총지휘를 맡았던 아내 릴리 펙에게 이 책을 바친다.

# 1부

/
성인이 된 이후 내내 이 지구는 내 진짜 고향이 아니라는 뿌리 깊은 생각이 있었다. 내 인생은 기쁨으로 가득했지만, 마음 한구석에는 언제나 우주 어딘가에 존재하는 나를 위한 예루살렘에 대한 열망이 자리 잡고 있었다.
/

**CHAPTER 1**

그 일이 일어났던 때가 생각난다. 나는 이틀 동안 의식불명 상태로 있었다. 그래, 나는 그때 내 침실 천장에서, 내 침대에 누워 있는 한 노인을 바라보고 있었다. 침대 오른쪽에는 내 딸이, 왼쪽에는 아들이 앉아 조용히 울고 있었다. 그 노인의 몸은 잿빛 밀랍 같았고 죽은 것이 분명했다. 그 노인은 바로 나였다. 하지만 나는 아무런 감흥도 느끼지 못했다. 폐기된 물건을 보듯, 나와는 아무런 관계도 없는 것처럼 그 노인에 대한 눈곱만한 집착도 없었다.

나는 모든 것을 알고 있다. 내 죽음의 원인은 폐암인데, 암세포가 뇌까지 전이되었다. 유감스럽게도 나는 좋아하는 담배를 열심히 피워댔다. 병원에 들어가기 직전까지 그랬다. 아들과 딸을 슬프게 한 것에 미안한 마음이 든다. 살면서 내내 아이들에게 미안한 감정이 있었지만, 아이들을 이토록 마음 아프게 한 것은 더욱 미안하다.

하지만 나는 뛸 듯이 기뻤다. 드디어 삶에서, 육체를 입고 사는 힘든 삶에서 벗어난 것이다! 지난 10년은 참 힘들었다. 특히 아내 메리 마르타가 죽은 후 3년은 사는 게 너무나 힘겨웠다.

단지 힘든 삶이 끝나서 기쁜 것이 아니다. 영혼이 육체를 이탈해 죽은 자기 몸을 바라보게 된다는 이야기는 예로부터 있었다. 그러나 대다수 사람들이 체험하지 못하기에 그런 이야기를 가설로 여긴다. 나는 지금 과학자로서 그 가설을 과학 이론으로 확인하고 있다. 이것이 기쁨이 더한 이유다.

그래도, 드디어 이 땅에서의 삶이 끝났다는 사실만큼 기쁜 것은 없다.

하지만 환희의 한구석에 두려움이 웅크리고 있는 것도 사실이다. 임사체험을 한 사람들의 보고에 따르면, 죽은 다음에는 끝이 없어 보이는 어두운 터널로 순식간에 빨려 들어가게 되는데, 그때의 무력감이 너무나 무서워서 다시 이생으로 돌아오는 것이 그렇게 싫었다고 한다.

그들이 말한 그 끔찍하다는 단계를 염려하고 있을 때 순식간에 그 일이 일어났다. 아, 이것은 깜깜한 터널 이상이다. 터널로 빨려 들어가는 와중에도, 고주망태가 되어 정신을 못 차리던 젊은 시절이 떠올랐다. 누워 있으면 천장이 빙빙 돌아가고, 달팽이관마저 술에 취해 평형감각이 완전히 마비되고, 극심한 어지럼증으로 구토가 날 것 같던 그때와 비슷하다. 정말 깜깜하다. 도저히 몸을 가눌 수가 없고 온몸의 세포가 낱낱이 해체되는 것 같다. 육체는 이미 없어졌는데도 그렇게 느껴졌다.

우주에서 미아가 된 것 같은 이 질리는 감정이 영원히 계속될 것 같아 너무나 두렵다. 그때 갑자기 저 멀리서 한 점 빛이 비치더니, 그 빛이 점점 나를 향해 다가왔다. 임사체험자들의 보고에 따르면, 그 빛은 신이나 예수나 하나님일 것이다. 어둠이 끝나고 다시 밝은 세계가 되게 해준 그 빛에 감사했다. 나는 점점 그 빛으로 다가가고 있는데, 마치 그 빛이 손짓하며 나를 부르는 듯한 강렬한 느낌을 받았다. 마침내 나는 그 빛 속에 완전히 잠겨버렸다. 이 빛은 푸르지도 희지도 않고, 은빛이나 금빛도 아니다. 이 빛을 어떻게 표현해야 할까. 도저히 말로 설명할 수 없는 그런 빛이다. 나는 그 빛 안에서 한 번도 경험하지 못한 깊고 깊은 안도감을 느꼈다. 아, 이 빛이 나를 완전히 받아들이고 있구나. 아무런 거부감도 없는 완전한 수용, 정말 특별한 감정이다.

임사체험자들의 보고가 있기 오래 전부터, 죽은 직후 자신의 전 생애가 순식간에 눈앞에 스쳐간다는 오래된 전승이 있었다. 정말 그랬다. 그 빛은 마치 영상기처럼 내 지난 과거를 보여주었다. 내가 까맣게 잊고 있던 과거까지도 낱낱이. 저지르고 후회했던 죄, 오히려 은밀히 즐겼던 죄들이 얼마나 많았던가. 그 영상은 내가 지은 죄에 초점을 맞춘 것은 아니었다. 내가 미처 깨닫지 못하고 저지른 크고 작은 무자비를 부각해 보여주었다. 우리 딸이 귀를 뚫겠다고 했을 때 내가 얼마나 무자비하게 거부했는지. 그래, 그때 나는 가능성은 눈곱만큼도 고려하지 않고 위험성을 침소봉대하며 허락하지 않았지. 의도하지는 않았지만 내가 행했던 꽤 괜찮은 행동들도 보여주었다. 응급실에서 일하는 간호사들에게 별생각 없이 던진 위로의 말 같은 것들이다. 그것을 보면서 엄청난 역설을 느꼈다. 생각 없이 냉혹하게 행동하는 나 자신에 대해 몸서리를 치면서도, 이 빛이 여전히 나를 받아들이고 있다는 안도감을 느꼈다. 그렇다. 내 모든 죄와 허물에도 불구하고 이 빛은 여전히 나를 존중하고 있다.

　내 생애를 되짚어보는 이 과정이 얼마나 오래 지속되었는지는 전혀 알 수 없다. 몇 초처럼 느껴지기도 하고, 몇 년처럼 느껴지기도 했다. 다만 이 과정이 끝난 것만은 알 수 있었다. 또 한 가지 아는 것이 있다. 이 빛이 어떤 질문이든 기꺼이 받아주리라는 것이다.

　나는 불쑥 물었다. "하나님이세요?"

　그 빛은 아무런 대답도 하지 않았다. 그러나 이 빛이 하나님이 아니라면 그 누구도 아니라는 생각이 들게 했으며 여전히 나를 받아주고 있었다. "저는 다시 돌아가지 않아도 되겠지요? 그렇죠?" 내가 물었다.

　그 빛이 갑자기 환하게 밝아지며 대답했다. "물론! 돌아가지 않아도 된다." 그 말과 함께 내 마음도 밝아지면서, 정말 사후세계가 있으며 드디어 내가 그 세계에 들어왔다는 확신이 들었다.

　그 순간, 모든 것이 사라지고 나는 완전한 어둠에 홀로 남겨졌다.

**CHAPTER 2**

　내가 잠이 들었던가? 잠에서 깨어나자 내가 어딘가에 누워 있다는 것을 알았다. 나는 지금 초록색 방 침대 같은 것 위에 누워 있다. 여기가 도대체 어딜까? 몸을 일으켜 찬찬히 둘러보니, 가로 1.5미터 세로 3미터 정도나 될 법한 작은 방이다. 창문은 없지만 어디선가 빛이 나와 방 안 전체를 조용히 감싸고 있고, 봄에 돋아나는 새싹과 같은 산뜻한 초록색이 은은하게 방 안 전체에 퍼져 있다. 그러고 보니 이 방에는 램프도 가구도 전혀 없다. 내가 누워 있는 침대, 이것도 그저 벽에서 돌출된 선반 같은 것이다. 건너편 벽에 작은 돌출물 두 개가 보이는데, 아마도 사람들이 앉을 수 있게 만든 것 같다. 그 외에는 아무것도 없다. 침대 시트도, 담요도, 장식물도 없다. 사실 방이라기보다는 칸막이가 둘러쳐진 작은 공간이다. 하지만 은은하면서도 밝은 빛과 산뜻한 초록색 덕에 전혀 무미건조하지 않다.

불현듯 호기심이 일었다. 조용히 손을 뻗어 벽을 만져본다. 무엇으로 만들었을까. 그러나 아무것도 느껴지지 않는다. 순간, 내 손이 벽을 뚫고 나간다는 생각이 들었다. 갑자기 이상한 생각이 들었다. 어찌 된 일일까? 내 몸 쪽을 살펴보려다 소스라치게 놀라고 말았다. 손도 어깨도 보이지 않았다. 급히 발 쪽을 보았다. 두 다리도 몸통도 보이지 않았다. 눈에 보이는 것은 오직 벽뿐. 참 그렇지, 나는 죽었지. 내 몸이 없어졌다는 사실이 점점 분명해진다.

나는 어정쩡한 의식을 걷어차 깨운다. 이제 내 몸은 없다. 나는 죽은 것이다. 내 침대, 그 곁에서 내 아이들이 울고 있었고, 나는 그곳에 몸을 남겨두고 왔다.

간신히 정신을 가다듬었는데, 온갖 생각과 의문들과 그에 대한 답들이 서로 뒤엉키면서 엄청난 속도로 뇌리를 흔들기 시작한다. 뒤죽박죽. 엉망진창. 어리벙벙.

나는 다시 자신을 발로 걷어찼다. "정신 차려! 이 친구야!" 그런데 얼마나 웃기는 일인가? 이제 내겐 발이 없지 않은가. '나를 발로 차 깨운다'는 생각은 73년 동안 내 중심에 자리 잡고 있었다. 이제는 어떻게 표현해야 하지? 육체를 빌어 표현하는 비유가 얼마나 많은가. "손 안의 한 마리 새가 수풀 속 두 마리보다 낫다." 그런데 이제 내게는 손이 없다. "반짝인다고 모두 금은 아니다." 이제는 반짝이는 것을 볼 눈이 없다.

그런데 어떻게 된 거지? 지금 나는 이 방을 보고 있잖아! 이 반짝이는 선명한 초록색을 분명히 보고 있잖아. 어떻게? 내게 육체가 없다면 눈도 없는 것인데…. 눈을 확인하기 위해 두 손을 눈가로 가져가려는데, 참 나는 손이 없지. 내 눈이 있는지 없는지 도무지 알 길이 없다.

너무 혼란스러워 혹시 거울이 있는지 주위를 둘러보았다. 당연히 없다. "거울이 하나도 없다니, 무슨 이런 호텔방이 있어?" 나는 속이 상해 투덜거렸다. '거울이 하나도 없다니'라고? 그 말을 하고 혼자 웃고 말았다. 여기가 호텔방이라고 믿을 만한 아무런 이유가 없기 때문이다. 육체가 없다면 당연히 그것을 비춰볼 거울도 필요 없을 것이다. 내 웃음이 공허하게 느껴진다. 너무나 혼란스럽다. 여기가 호텔방이 아니라면 도대체 어디란 말인가? 아무런 개념도 떠오르지 않는다. 도무지 알 수 없다.

마음을 가다듬고 방을 자세히 살펴보았다. 화장실도, 욕조도 없다. 아마도 화장실은 바깥 복도에 있을지도 몰라. 그런데 방 밖으로는 어떻게 나가지? 아무리 둘러봐도 문이 없다.

갑자기 깨달았다. 그렇지, 육체가 없으면 화장실 갈 일도 안 생기지. 그런데 화장실도 안 가고 목욕도 할 필요가 없는 삶은 도대체 어떤 거지? 또다시 웃고 말았다. 그러다가 다시 공허해진다. 나는 점점 패닉 상태에 빠져들었다.

출입문이 없다. 그렇다면 이 방에서 어떻게 벗어난단 말인가? 또 나갔다가는 어떻게 들어오지? 그렇다면 나는 영원히 벗어날 수 없는 감옥에 갇힌 걸까? 영원이란 도대체 뭘까? 그건 그렇고, 이 방에서 내가 얼마 동안 있었던 걸까? 몇 분? 몇 시간? 며칠? 몇 주간? 몇 달? 몇 년? 아니면 영겁?

내가 분명히 알 수 있는 것은 단 하나, 내가 생각하고 있다는 것이다. 그조차 확언할 수는 없지만 나는 여전히 생각하고 있다. 그러니까 나는 살아있는 것이다. 그렇지 않은가? *Cogito, ergo sum.* "나는 생각한다. 고로 존재한다." 아마도 당시 데카르트는 깨닫지 못했겠지만 그는 이미 사후세계의 존재를 증명한 것이다. 최소한 나에게는 그렇다. 그 또한 죽어서 이곳에 왔을 때 그것을 알았을 것이다. 데카르트가 이곳에 왔다고 전제하고 생각해보자. 이곳에서 깨어난 다음, 생각하고 있는 자신을 발견하고 자신의 존재를 확신했을까? 그건 잘 모르겠다.

하지만 확실한 것은, 나는 지금 또렷한 의식이 있고 열심히 생각하고 있다는 것이다. 그런데 어떻게 이것이 가능할까? 내가 몸이 없다면 뇌도 없는데. 뇌가 없는데도 생각할 수 있다는 말인가? 본능적으로 다시 손을 뻗어 이마를 만지려고 했다. 참, 나는 손이 없지! 그렇다면 뇌가 없는 것일까, 손이 없는 것일까? 어쩌면 육체에서 분리된 뇌가 이 방을 떠돌아다니고 있는지도 모르겠다. 젠장, 왜 여긴 거울도 하나 없단 말인가?

"뇌가 방 안을 떠돌아 다닌다"고? 이 말 역시 육체를 빌린 비유지. 그나저나 내가 과연 일어나 걸을 수 있을까? 내 몸을 움직일 수 있을까? 나는 반대편에 있는 의자처럼 생긴 돌출부에 앉아 내가 누워 있는 침대를 바라보는 것을 상상해 보았다. 그런데 엄청난 일이 일어났다. 순식간에 일어난 일이었다. 내가 이동한 것이다. 정말 이런 일이 일어난 것일까? 상상은 실제와는 전혀 다르다. 그런데 그저 상상만 했는데도 나는 지금 여기에 앉아 내가 누워 있던 곳을 바라보고 있지 않은가? 내가 실존한다는 사실을 확신하게 되었다. 그렇다면 사후세계에서도 실제로 존재하는 것이 가능하다. 하지만 내가 살아 있다고 상상하는 것이 아닐까 하는 의구심이 갑자기 들었다. 어쩌면 나의 과거와 죽음, 그리고 그 빛이 보여준 극진한 환대까지도 그저 상상 그 이상도 이하도 아닌 것이 아닐까?

그렇다면 실제란 무엇일까? 도대체 현실이란 무엇이란 말인가?

갑자기 밀려드는 공포감을 안고 침대로 돌아왔다. 침대에 있는 것이 더 안전하게 느껴졌기 때문이다. 몸을 침대에 눕힌다. 아니, 마치 육체의 등이 있는 것처럼 여기고 침대에 누워 정신을 집중하려고 애를 써본다. 불안감이 조금 잦아들고 마음이 전보다는 가벼워진다. 그때 갑자기 새로운 생각이 떠올랐다. 젠장, 모든 것이 상상은 아니다. 나는 이 방을 상상한 적이 없다. 사후세계에 대해서는 상상해보았지만 이렇게까지 구체적이지는 않았다. 아무리 상상력이 풍부하다고 해도, 내가 이렇게 작은 초록방에 갇히게 될 줄은 전혀 생각지 못했다. 그렇다면 이런 일들이 나도 모르는 무의식에서 일어난 상상이란 말인가? 나는 지구에서 정신과 의사였다. 물론 과거의 일이지만. 황당한 꿈들이 얼마나 많은지를, 깨어나도 현실보다 더 생생한 꿈이 얼마든지 있다는 것을 너무도 잘 안다. 이런 생각이 또 다른 의문을 품게 했다. 그렇다면 이 모든 것이 한낱 꿈이란 말인가? 이어서 고대 선불교의 유명한 화두가 떠올랐다. "어젯밤 나비 꿈을 꾸었다. 혹시 내가 사람 꿈을 꾸고 있는 나비는 아닐까?"

그 순간 나는 또 다른 딜레마에 걸려들었다. 나는 이 작은 초록방에서 움직이는 것을 상상할 수 있다. 그러자 상상대로 움직였다. 이 방에 영원히 갇혀 있는 것도 걱정했다. 그렇다면 이 방에서 나가는 것도 상상할 수 있지 않은가? 이 방 바깥은 어떨까, 벽 너머의 세계는 어떨까, 정신을 모아 상상하기 시작했다. 그러나 이내 실패하고 말았다. 벽 너머 세계를 상상한다는 것은 한 치 앞을 내다보지 못할 가장 짙은 안갯속을 헤매는 것과 다름없다. 생각해보라. 내 머릿속에는 참고할 만한 그 어떤 것도 없지 않은가. 하지만 내가 원하는 것은 상상할 수 있겠다는 생각이 들었다. 만약 내가 벽 너머에 있다고 상상해본다면 무슨 일이 일어날까? 이것은 벽 너머 세계를 상상하는 것과는 다른 것이 아닌가? 벽 너머 세계가 무시무시한 것일지도 모르지만. 일흔세 살 때, 나는 사는데 지쳐 기꺼이 죽을 준비가 되어 있었다. 하지만 아직 이 작은 방이 싫어지지 않았고, 이제 첫 번째 세상에 왔는데, 바로 다른 세상으로 옮겨가는 것은 생각해보지 않았다. 또 다른 죽음을 맞을 준비가 전혀 되어 있지 않다.

누군가가 저 벽 너머에 무엇이 있는지 말해줄 수만 있다면 얼마나 좋을까. 사소한 정보 하나가 무엇보다 절실하다. 선생이나 안내자가 너무나 아쉽다. 이곳의 법칙을 알고 있는 사람이 어디 없을까? 살아가는 내내 다른 사람이 필요하다는 것을 희미하게 인식하기는 했다. 지난 20년 동안 지식은 점점 더 많아지고 명확해졌지만, 여전히 그 지식은 지적 차원의 것이었다. 처음으로 인간 사이의 관계 없이는 실재란 존재할 수 없다는 사실을 분명히 깨달았다. 인간의 의미 있는 접촉 없이 자란 아이는, 반드시 죽거나 정신 이상이 된다는 것도 새삼 알게 되었다. 지금 내가 그렇다. 나는 혼자서 점점 미쳐가고 있다. 다른 사람 없이는, 아무리 나와 다른 사람일지라도 다른 누구 없이는 나는 우주의 미아가 된다. 갑자기 엄청난 공포가 엄습했다. 생각만 해도 무섭다.

"오, 하나님!" 나는 기도하기 시작했다. "제발, 도와주십시오. 아무라도 좋으니 제발 제게 보내주십시오. 제발!"

**CHAPTER 3**

그 순간 놀랍게도 문에서 노크 소리가 들려왔다. 문이 없다는 사실조차도 잊은 채, 나는 소리쳤다. "들어오세요!"

눈(사실 눈은 없지만) 깜빡할 사이에, 한 남자와 여자가 들어와 그 의자처럼 생긴 곳에 앉아 있었다. 둘 다 40대 중반 정도 되어 보인다. 어깨까지 내려오는 갈색 머리를 단정하게 빗은 여자는 풍성한 흰 블라우스와 폭이 넉넉한 까만 바지를 입었다. 금발 머리 남자는, 가발로 보일 만큼 깔끔한 머리에 볼록 튀어나온 올챙이배를 파란 폴로셔츠로 가리고 베이지색 바지를 입고 있었다. "안녕하세요. 샘이라고 합니다." 그가 말했다.

"저는 노마예요." 그녀가 말했다.

"저는 다니엘입니다." 우리는 비치 클럽에서 처음 만나 서로 소개하는 것처럼 행동했다. 나는 완전히 얼이 빠졌지만,

말을 이어나갔다. "만나서 정말 기쁩니다. 미아가 된 기분이었거든요."

"물론 그러셨을 거예요." 노마라는 여자가 엄마처럼 걱정스런 표정을 지으며 내게 부드럽게 말했다. "그래서 우리가 온 거예요. 우리는 당신을 기다리고 있었거든요."

"저를 기다렸다고요?" 그들이 이 클럽의 매니저들인가 하는 생각이 들었다.

샘이라는 사람이 고개를 끄덕였다. "우리는 당신의 영접 담당자입니다. 당신이 육체에서 떠나자마자 그분들이 당신을 돕는 일을 우리에게 맡기셨습니다. 하지만 당신이 잠을 좀 자고 적응을 시작할 시간이 필요하다고 판단해서 잠시 기다렸습니다." 샘이라는 남자는 '시작'이라는 말을 강조하는 것 같았다.

나는 유심히 그들을 쳐다보았다. 이상한 것이 두 가지 있다. 하나는 두 사람의 모습이 전압이 불안정한 전등처럼 희미하게 깜빡깜빡 점멸한다는 것이며, 다른 하나는 집집마다 찾아다니며 전도하는 여호와의 증인이나 몰몬교도들처럼 잘 훈련받은 세심함이 드러난다는 점이다. 직감적으로, 틀에 박힌 그들의 신학적 용어에 잘 대처해야겠다는 생각이 들었다. "내가 육체를 떠난 사실을 언급하셨습니다. 그런데 두 분은 육체를 지니고 있는 것처럼 보이는데요."

"그렇게 보인다는 말은 적절한 표현입니다." 샘이 인정했다. "사실 우리는 육체가 없습니다. 하지만 필요에 따라 육체를 투영할 수 있어요. 마치 영화처럼요."

"지금 그렇게 하고 있는 거예요." 노마가 말했다. "만약 우리가 육체가 없는 상태로 당신을 만난다면, 분명 혼란스러울 거예요. 목소리만 들리면 환청으로 생각하실 것 아니에요. 샘, 한번 보여드려요."

"좋아요." 샘이 그렇게 말하는 동시에 두 사람이 시야에서 사라져버렸다. 노마의 말은 사실이었다. 두 사람은 희미한 전구 형태로 내 앞에 있는데, 샘의 목소리가 들려왔다. "어쨌든 당신을 환영하기 위해서 왔습니다. 사람들은 눈으로 볼 수 있는 진짜 사람이 필요하거든요. '백문이 불여일견'이라는 말도 있지 않습니까."

마지막 말을 하면서 샘은 재미있어 하는 것 같았다. 나는 그 말을 인정하지 않을 수 없다. 조금 전까지 두 사람이 앉았던 의자 바로 위 공중에 덧없는 두 덩이 불빛이 떠 있다. 샘의 목소리가 메아리 치듯 내 머리에서 울렸다. 다시 혼란스러워졌다. 나는 즉시 꼬리를 내렸다. 그러나 애처롭게 들리지 않도록 애쓰며 말했다. "지금 즉시 돌아오십시오."

샘과 노마가 다시 나타났다. 두 사람은 맞은편 그 의자에 앉아 있었다. 얼핏 뿌듯해하는 것처럼 보였다. 내가 잘못 봤나? 상관없다. 그들의 모습을 다시 볼 수 있어서 기쁘다. 나는 너무나 뻔한 질문을 했다. "당신들도 내가 보입니까?"

"그럼요, 아주 선명하게." 노마가 대답했다.

"자, 제가 설명해드리겠습니다." 샘이 말했다. "당신은 육체를 남겨두고 왔지만 영혼과 실재는 여기에 있는 것입니다. 당신은 그동안 세상에서 당신의 실재를 육체에 투사하며 살아왔습니다. 지금 우리는 당신의 육체를 볼 수 없습니다. 분명 당신의 육체는 이미 땅속에 묻혔을 것입니다. 하지만 당신은 여전히 영혼을 육체에 투사하고 있습니다. 당신이 웃거나 가끔 하듯 얼굴을 찡그리면, 우리는 당신의 투사체를 볼 수 있습니다."

어느 정도 이해가 갔다. 하지만 여전히 수만 가지 의문이 있다. "두 사람은 40대처럼 보입니다." 내가 물었다. "실례가 안 된다면 이런 질문을 해도 될까요? 두 분은 40대에 사망했습니까?"

"어떤 질문을 하셔도 무방합니다." 샘이 말했다. "아니요, 저는 예순여섯 살 생일에 골프를 치다가 갑자기 심장마비가 와서 죽었습니다. 최고의 생일 선물이었죠! 그런데 노마는 어때요?"

"저는 여든일곱에 양로원에서 죽었어요. 그건 **정말** 선물이었어요. 하지만 지금 우리는 중년처럼 보일 거예요." 그녀가 말했다.

그들은 내가 궁금해하는 모든 것에 대해 시원스레 대답해 주었다. 나는 또다시 물었다. "두 사람은 살아 있을 때도 부부였나요?"

"우리는 지금도 살아 **있습니다**." 샘이 힘주어 말했다. "당신의 질문은, 우리가 지구에서 육체를 입고 살았을 때 부부였냐는 거죠? 아니요. 우리는 이곳에서 영접관으로 훈련받을 때 처음 만났어요. 그분들이 우리가 좋은 짝이라고 판단하고 결정해주셨습니다. 우리 둘은 호흡이 잘 맞았습니다. 그렇지요, 노마?" 샘이 말을 이어나갔다. "우리 영접관들은 항상 남녀 두 사람이 짝이 되어 일합니다. 그렇다고 결혼한 것은 아닙니다. 영접 일을 할 때만 그렇게 합니다. 우리는 따로 살고 있습니다."

나는 이 대화를 계속 이어가고 싶었다. 지구에서 노마는 남편이 있었을까? 샘은 아내가 있었나? 두 사람은 첫인상이 몰몬교도 같았다. 그렇다면 몰몬교도들이 믿는 것처럼, 여기서도 각자 배우자들과 함께 살고 있을까? 여기 하늘나라에서도? 만약 여기가 정말 하늘나라라면, 내 아내 메리 마르타와는 어떻게 될까? 하지만 더 급한 질문들이 많았다. 첫 번째는 대단히 자기 중심적인 질문이었다. "그러면 저는 어떻게 보입니까? 저도 40대처럼 보입니까?"

노마가 미소를 지었다. "대단히 흥미로운 질문입니다." 그러고는 대답했다. "처음에는 노인처럼 보였어요. 건강하고 나이가 들어 보이면서도 지혜로운 노인처럼 보였어요. 그러다가 소년처럼 보였어요. 에너지와 활기가 넘치는 여덟 살쯤 되어 보이는 소년. 하지만 지혜로워 보이지도 않고 믿음이 가지도 않는 소년 말입니다. 그렇다고 불량소년이라는 뜻은 아니에요. 악의 없이 계속 말썽을 피우고 아직 어려서 자신의 한계를 모르는 장난꾸러기 소년처럼 보입니다. 그러다가 다시 노인처럼 보입니다. 그 점이 참 이상해요. 그렇지 않아요, 샘?"

"네, 그래요. 오락가락합니다." 샘이 동의한다는 의미로 고개를 끄덕였다. "우리도 당신 같은 분은 처음 봅니다. 사실 영접관이 된 지 그리 오래되지 않았거든요."

그들의 평가는 과히 틀리지 않았다. 사실 그런 말은 처음 들어보는 것이 아니다. 어느 날 영화감독인 한 친구가 내 강연을 들으러 온 적이 있었다. 그녀는 매우 뛰어난 직관력의 소유자로, 그때 내 나이는 40대였다. 강연 후에, 그녀가 똑같은 말을 했다. 내가 어린아이와 노인을 오락가락하는 통에 혼란스러웠다는 것이다. 그녀는 이렇게 말했다. "당신의 강연에 집중하기가 대단히 어려웠어요. 어떤 때는 어린아이가 됐다가 다시 노인이 됐다가 해서 정신을 차릴 수가 없었어요." 그런 일은 더 있었다. 열여섯 살 여름, 마르켓이라는 나이 든 변호사의 농장에서 아르바이트 일을 할 때였다. 그분과 나는 잘 지내지 못했다. 물론 내 잘못이겠지만. 어느 날 저녁, 마르켓 씨가 나를 서재로 불렀다. "다니엘, 너를 어떻게 대해야 할지 모르겠다. 어느 날은 미숙하기 이를 데 없는 어린애 같다가, 또 어느 날은 나보다 훨씬 나이 많고 지혜로운 사람처럼 말하고 행동해서 당황스럽단다."

  샘과 노마의 인식은 정확했다. 그들은 멍청이가 아니다. 아니 그 반대다. 그들은 놀라운 통찰력을 지니고 있다. 어떻게 가능했을까? 그들에게 물었다. "어떻게 저를 그렇게 정확하게 볼 수 있습니까? 눈이 없지 않습니까? 저도 눈이 없고요. 그런데도 당신들은 나를, 나는 당신들을 어떻게 볼 수 있습니까?"

  "왜 그런지는 모르겠는데요." 샘이 대답했다.

  "모르겠다고요?" 나는 소스라쳐 놀라며 말했다.

"네. 모르겠습니다. 우리가 우리 몸을 투영하듯이 우리 눈도 투영하는 것이 아니겠어요? 하지만 저도 잘 모릅니다."

나는 계속 밀고 나갔다. "잠깐만요, 아까 잠시 사라졌을 때를 생각해봅시다. 저는 당신들을 볼 수 없었습니다. 물론 당신들의 눈도 볼 수 없었습니다. 그저 희미한 빛처럼 보였을 뿐입니다. 그때 저를 볼 수 있었습니까?"

"네."

"하지만 어떻게? 투영된 눈이 없었는데 어떻게 볼 수 있었습니까?"

"이미 말씀드린 대로, 모르겠습니다." 샘이 참을성 있게 대답했다. "아마도 ESP(초감각적 지각력)의 일종이 아닐까요?"

아, 또 그놈의 ESP. 대답하기 어려울 때마다 언제나 들먹이는 그 초감각적 지각력. 정말 그런가? 문득 100만 달러짜리 질문이 생각났다. 어쩌면 100만 달러짜리 답을 얻을지도 모른다. 그래서 물었다. "그러면 ESP는 어떻게 작동하는 것입니까?"

"우리는 전혀 몰라요." 이번에는 노마가 대답했다.

실망하지 않을 수 없었다. 그래서 항의하듯이 물었다. "ESP에 대한 질문의 답이, 귀가 없이 어떻게 들을 수 있느냐는 질문에 대한 답과 똑같단 말입니까?"

"네." 샘이 고개를 끄덕였다.

"혀가 없는데도 어떻게 말할 수 있느냐는 질문에 대한 답도 같은 것입니까?"

"네."

실망감이 극에 달해 짜증스러워졌다. "도대체 누가 알고 있습니까? 여기는 ESP 같은 것의 원리를 아는 사람이 없습니까?"

"그에 대해서도 아는 바 없어요." 노마가 대답했다.

"누구에게 물어나봤습니까? 그것을 아는 사람을 찾아는 보셨습니까?"

"아니요."

"젠장! 궁금하지도 않으세요?"

"아니요."

"어떻게 궁금하지 않을 수 있습니까?" 나는 소리를 지르고 있었다. 그런데 지금 내가 누구한테 화를 내고 있는 거지?

"보세요, 다니엘 씨, 우리는 당신과 같지 않습니다. 다릅니다." 샘이 조용히, 그러나 신중하게 말했다. "당신은 사후세계의 모든 사람들이 똑같을 것이라 기대하지는 않으셨을 겁니다. 그렇죠? 우리는 보통 사람들입니다. 당신은 의사에 과학자에 신학자였어요. 일생을 지적 탐구에 바친 사람입니다.

그러나 저는 오하이오 데이턴에 있는 조그만 회사의 영업관리자였습니다. 게다가 당신처럼 그런 어마어마한 질문을 하는 사람을 만나본 적이 한 번도 없어요."

"저는 캔자스 토피카 근처 농장의 가정주부였어요." 노마가 거들었다. "샘과 비슷해요. 저는 사랑을 믿어요. 최선을 다해서 가능한 한 많은 사람들을 사랑하려고 노력했고, 어떻게 하면 더 많은 사랑을 나눠줄까, 늘 그런 일에 골몰했어요."

그 말을 들으면서 다시 마음이 가라앉고 차분해졌다. 젊을 때는 그 차이를 인정하지 못했다. 인생의 절반이 지나서야 내가 다른 사람들과 얼마나 다르며 또 사람들이 서로 얼마나 다른지를, 또 그런 차이가 얼마나 필요한 것인지를 받아들일 수 있었다. 하지만 버릇을 고치지 못하고 여기까지 와서도 이 두 사람을 들볶고 있는 것이다. 물론 다른 사람들이 나와 같을 것이라고 기대할 이유는 없다. 내 아내 메리 마르타와 나는 여행하기를 좋아했다. 여행은 우리의 결혼생활을 유지해주는 접착제 같은 것이었다. 우리는 탐험가였다. 그래서 자연스럽게 그런 성향의 사람들과 어울렸다. 그러나 우리 같은 사람은 소수라는 것을 잘 알고 있다. 대다수 사람들은 미국은커녕 오하이오나 캔자스를 떠나고 싶다는 생각도 없이 살았을 것이다. 우리의 호기심이 다른 사람들에 비해 월등한 것은 사실이었다.

노마가 내 상념에 끼어들었다. "그리고 우리는 몰몬교도가 아니에요." 그녀가 낄낄거리듯 웃으며 말했다. "저는 루터교인이에요."

"저는 별다른 것이 없습니다." 샘이 맞장구를 치며 말했다. "미온적인 감리교인이라고나 할까? 저는 주님과 관계를 맺고 있었지만 그저 마음속에 간직하고 있었을 뿐입니다."

"두 분은 제 마음까지 읽고 있네요." 나는 얼굴이 발개지며 한마디 했다.

"별로 개의치 않는 사람들의 마음만 읽습니다." 샘이 설명하듯 말했다. "이곳 사람들은 모두 완전한 자유를 누립니다. 그에 대해서는 앞으로 간단히 말씀드릴 것입니다. 자신의 생각을 밝히고 싶지 않은 사람들은 언제든지 그럴 수 있습니다. 제가 보기에 당신은 비밀이 별로 없는 사람 같은데요. 당신은 지금껏 우리가 만난 사람들 중 가장 투명한 사람이라고 할 수 있습니다. 그렇게 생각하지 않아요, 노마?"

"나도 그렇게 생각해요."

다시 한 번 그들이 나를 정확하게 파악했다. 그들의 첫인상에 대한 내 생각을 알아내는 능력이 어떻게 생겼는지는 잘 모르겠지만, 사실 나는 언제든 느낀 대로 내 생각을 솔직하게 말하는 사람이다. 나도 비밀을 지킬 수는 있지만, 그렇게 하는 것을 별로 좋아하지 않는다. 그것이 다른 사람들과 다른 면이기도 하다. 대다수 사람들이 비밀을 간직하려 한다는 것은 맞는 말이다.

"알았어요. 제가 졌습니다." 내가 웃으면서 말했다. "당신들을 잘못 판단한 것에 대해 사과하겠습니다. 그렇다고 루터교인이나 미온적인 감리교인에 대해서보다 몰몬교도들에게 더 큰 편견이 있는 것은 아닙니다. 또 당신들이 나와 같은 호기심을 가졌을 것이라 짐작한 것도 잘못이고, 당신들이 영접관이라는 이유로 모든 것을 알고 있을 것이라고 서둘러 결론을 내린 것도 제 잘못입니다. 사과합니다."

"그 사과 기꺼이 받아들이죠." 샘이 말했다.

"하지만 저는 여전히 많은 질문거리가 있습니다. 그에 대해 답을 주실 수 있을지는 모르겠지만."

"얼마든지 하세요." 노마가 시원스레 말했다.

"자, 해보세요!" 샘이 선선히 말했다.

"당신들은 '그분들'이 나를 영접하라고 했고, '그분들'이 당신들을 선택하여 훈련시켰다고 했는데, '그분들'이란 누구입니까?"

"그분들은 일종의 위원회 같은 것입니다. 그분들은 우리보다 훨씬 현명하십니다." 샘이 대답했다.

"당신은 그분들이 '하나님'이냐고 물으려 하는 거죠?" 노마가 어느새 또 내 마음을 읽고 끼어들었다. "우리는 그저 '일종의'라고 대답할 수밖에 없어요. 어떻게 그분들이 우리보다 더 현명하며, 왜 우리가 그분들께 복종해야 하는지에 대해서도 같은 대답이에요."

"하나님께 들으시면 당신도 저절로 알게 돼요." 샘이 말을 이어 대답했다. "당신은 육체를 떠나서 굉장히 밝은 빛으로 들어왔죠? 그 빛이 당신을 한없이 자비로운 마음으로 받아들였죠? 그때 당신은 어떤 질문도 할 필요가 없었죠? 앞으로 그렇게 될 것입니다."

"당신은 언제 그 위원회를 만나서 듣게 될까 생각하고 있죠? 언제 그들을 볼 수 있을까, 하나님을 뵐 날이 언제일까, 그 생각을 하고 있죠?" 노마가 또 내 마음을 읽으며 말했다. "우리는 다시 똑같은 말을 할 수밖에 없어요. 우리는 몰라요. 다만 당신이 준비되는 날 그렇게 될 거예요. 나는 이 분이 그렇게 될 거라 생각하는데, 당신은 어떻게 보세요, 샘?"

"당연히 그렇게 될 거예요. 다니엘은 대단히 개방적이어서, 분명 우리처럼 잘 성장할 겁니다." 샘이 동의했다.

대화를 통해 분명하게 알게 된 것이 한 가지 있다. 샘과 노마와의 대화는 매우 빠르게 진행된다. 그들은 내가 묻기도 전에 대답했다. 그들은 내 마음을, 나도 그들의 마음을 읽을 수 있다. 세상에서의 통상적인 대화처럼 하는데도, 원활하고 정확하다. 서로에 대한 오해로 불거질 수 있는 유감이나 억울함 같은 것이 조금도 없다. 그 이유는 자명하다. 내가 기꺼이 그들에게 마음을 열고 그들의 수준에 맞추었기 때문이다. 맨 처음 만났을 때는 그들에게 압도되는 기분이 들었지만, 지금은 이 새로운 대화의 효율성에 감탄하며 감사한 마음으로 동참하고 있다.

내 머릿속에는 수많은 질문들이 꼬리에 꼬리를 물고 이어지는데, 가장 중요한 질문이 하나 있다. "여기가 천국입니까, 지옥입니까, 아니면 연옥입니까?" 나는 단도직입적으로 물었다.

"당신이 직접 골라보세요." 노마가 즉시 말했다.

샘은 내게 잠시 생각할 여유를 주면서 천천히 말했다. "자유에 대해 설명드릴 때가 있을 거라고 말한 적이 있죠." 샘이 그렇게 말한 것이 생각났다. "사후세계를 지배하는 법칙이 하나 있는데, 우리는 그것을 '자유대원칙'이라고 부릅니다. 이곳에서는 다른 사람에게 어떤 것도 강요하지 않습니다. 모든 영혼은 여기에서 존재 방식을 자유롭게 선택하고 반응합니다. 어떤 사람들은 이곳을 지옥으로, 어떤 사람들은 연옥으로, 어떤 사람들은 천국으로 생각합니다. 누구나 천국을 선택할 것 같지만 그렇지 않습니다. 왜, 어떻게 달리 선택을 하는지 의아하실 겁니다. 왜 어떤 사람은 지옥을 선택한 걸까요? 그에 대해 저는 얼마든지 논리적으로 설명해 드릴 수 있습니다. 그러나 당신 자신이 스스로 그 답을 찾는 것이 훨씬 더 중요합니다. 당신은 어디를 선택하시겠습니까? 저는 여기가 지옥이 아닐까 걱정할 필요는 없다고 생각합니다. 노마도 그렇게 생각하지요?"

"네, 다니엘 씨는 그럴 필요가 없어요." 노마가 자신 있게 선언했다. "다니엘 씨는 그런 사람이 아니에요."

"여기가 지옥처럼 보이지는 않는데요." 내가 수긍했다. "그렇다고 천국도 아닌데요. 그렇다면 여기는 연옥이 틀림없는 것 같아요."

"아, 연옥purgatory이라." 샘이 한숨을 쉬듯 말했다. "그건 마치 사람들을 고통으로 몰고 가는 고약한 변비약purgatives처럼 들리는데요. 어쨌든 변비약도 정화하는 기능이 있지요. 예로부터 의사들은 병을 고친다고 고통스런 변비약을 처방해주곤 했죠. 어떻게 작용하는지 잘 모르면서도. 하지만 여기는 아주 좋은 곳입니다. 만약 치유받기를 원한다면 치유를 위한 최적의 장소입니다. 치유가 필요한 사람들에게는 이곳이 천국인지 연옥인지 구별하기가 매우 어려울 것입니다. 또한 중요한 사항은, 이곳에 처음 온 사람들은 아무리 착하고 경건했다고 해도 적응하는 기간이 반드시 필요하다는 것입니다. 사람들이 이곳에 잘 적응하도록 최선을 다해 돕는 것이 저희의 임무입니다."

샘은 '당신의 적응'이라고 하지 않고, 그저 '적응'이라고 말했다. 그 말은 이곳에서의 적응에는 예외가 없고 또 누구에게나 가장 중요한 것이라는 뜻이리라. 그 말을 듣자 갑자기 나를 여기저기 뜯어고치려고, 한 무리의 수리공들이 렌치를 들고 달려들 것만 같았다. 슬그머니 걱정이 되어 물었다. "그 적응이라는 것이 무엇입니까?"

"네, 대단히 큰 작업이죠." 샘이 어느새 내 생각을 읽고는 대답했다. "그렇지만 수리하고는 전혀 관계가 없습니다. 당신에게 그 어떤 일도 행하지 않습니다. 단지 새로운 존재 방식에 익숙해지기 위한 기간이 필요하다는 뜻입니다. 당신은 이미 적응 훈련을 시작했습니다. 당신은 여기서 깨어나자마자 육체가 없다는 사실을 알고 당황스럽고 두려운 생각마저 들었죠? 이제는 육체가 없는 것에 좀 익숙해졌을 텐데요."

"네, 좀 익숙해졌습니다." 그 말에 동의했다.

"하지만 앞으로 더 큰 일들이 많을 거예요." 이번에는 노마가 말했다. "육체는 물질이에요. 여기는 물질이 없어요. 또 공간도 없고, 시간도 존재하지 않습니다. 우주인들이 우주의 무중력 상태에 익숙해지기 위해 얼마나 많은 적응 훈련을 해야 할지 한번 생각해보세요. 그런데 그 역시 육체에 관한 일이에요. 육체를 지니고 무중력에 적응하는 것이니까요. 심리적인 부분이 많다고 해도, 여전히 물질로 된 육체와 우주선과 똑딱거리는 시계가 있지요. 무중력 상태에 적응하는 것도 만만치 않은데, 육체도 시간도 공간도 없는 이곳에 적응하는 일이 얼마나 어려울지 한번 생각해보세요."

나는 기절할 듯이 놀랐다. "여기에 시간이 존재하지 않는다고요?"

"샘이 한 말을 기억해보세요. 당신의 몸은 분명 땅에 묻혔을 거예요. 그러나 우리는 그에 대해 아는 바가 없어요. 당신의 몸이 묻힌 지 얼마나 됐는지 몰라요. 몇 시간 전? 하루 전? 한 주 전? 1년 전? 전혀 알 수 없어요. 맨 처음 본 그 빛 가운데 얼마나 오래 있었나요? 분명 전혀 알 수 없을 거예요. 또 당신이 얼마나 오래 잤을까요? 그 후 우리는 또 얼마나 오랫동안 대화를 나눴을까요? 아마도 1~2초 정도? 한낱 꿈처럼 수많은 일들이 일어나고 지나가요. 당신도 알다시피 여긴 시계가 없어요."

노마가 내게 미소를 지어 보였다. "이곳에 시간이라고 할 수 있는 것이 있기는 해요. 우리는 그것을 '하나님의 시간'이라고 불러요. '하나님의 시간은 어떻게 작동해요?' 하고 물으려 하죠? 우리는 모른다고 대답할 수밖에 없어요. 그것은 하나님의 시간입니다. 우리들 것이 아니에요. 어떤 의미에선 우리들의 시간이라고도 말할 수는 있겠네요. 단 우리가 그 시간에 참여할 경우에만. 하지만 우리 둘은 그게 어떤 건지 알려고도 하지 않아요. 분명 당신은 또 호기심이 발동해서 하나님의 시간이 무엇인지 규명하려고 하겠지만 단언컨대 당신은 결코 성공하지 못할 거예요. 하나님의 시간이니까요."

이번에는 두 사람에게 호기심이 부족하다는 사실에 대해 화가 나지 않는다. 내가 원하는 답을 주지는 못했지만, 많은 사실을 가르쳐주어 내 질문 욕구를 가라앉혔다. 하지만 과학자다운 기질이 내 입을 가만두지 않았다. "그럼 이 방은 어떻게 된 것입니까? 여기에는 공간이 없다고 했는데. 하지만 지금 우리는 이 작은 방 안에 앉아 있잖아요. 이것은 분명 공간이잖아요. 나는 침대에 앉아 있고, 당신들은 의자에 앉아 있고, 벽도 있고. 이 모든 것은 어떤 재료로 만들었습니까? 아니면 어떤 특수한 것인가요?

샘이 씩 웃으며 말했다. "아니요. 어떤 재료도 아닙니다."

나는 있지도 않은 혀를 깨물었다. "계속하세요." 나는 재촉했다.

"이 방도 우리의 몸처럼 물질로 만들어진 것이 아니라 우리가 투사한 거예요. 어떤 부분은 당신이 투사한 것입니다."

나는 즉각 항의하고 나섰다. "나는 아무 생각도 하지 않았는데요." 이곳에선 생각이 투사되어 눈에 보인다고 했다. "죽기 전에 나는 이런 방이 있으리라고는 상상조차 하지 못했어요. 이 방은 절대로 내 투사가 아니에요. 나는 이 방을 만드는 일을 하지 않았으니까요."

"어떤 색을 좋아하세요?" 샘이 천진하게 물었다.

"초록색이요." 주위를 둘러보니 이 방을 만드는 데 나도 일조했다는 것을 인정하지 않을 수 없었다.

"이 방을 당신 혼자 만들지 않았다는 것은 맞는 말입니다." 샘이 위로하듯 말했다. "그분들이 이 방을 만들었습니다. 그분들이 투사한 것입니다."

"그분들이라고요?"

"네. 일종의 위원회 같은 것이라고 말씀드렸는데, 우리를 선택하고 훈련시킨 그분들 말입니다. 어쩌면 하나님일지도 모릅니다. 우리는 정말 모르겠지만, 하나님과 위원회가 함께 일하는 것 같아요. 그분들이 어떤 식으로 일하느냐고 물으시면 또다시 모른다고밖에 대답할 수 없습니다."

나는 지금까지 들은 것들을 종합하여 정리해보려고 애썼다. "그러니까 이 방은, 물질적인 의미에서는 실제로 존재하는 것은 아니라는 말씀이죠? 하지만 생각의 형태로는 존재한다는 말인데, 그분들과 나, 다시 말해 하나님과 나의 합작품이라는 뜻입니까?"

"네."

"그런데 왜요? 그분들은 왜 이렇게까지 애를 쓰면서 이런 일들을 하는 건가요?"

"그분들이 원해서 이 모든 일을 하는 것이 아닐까요?" 샘이 대답했다. "하지만 전적으로 당신에게 공간이 필요하기 때문에 이렇게 한 것입니다. 공간이 없으면 이곳에 적응하기가 무척 어렵기 때문에, 우리도 그랬지만, 여기 오는 모든 사람들은 적응 기간 동안 이런 공간을 제공받습니다."

그렇다. 나는 언제나 공간이 필요하다. 내 아내 메리 마르타와 나는 모험을 즐기는 여행가였지만 여정 끝에는 꼭 아늑한 호텔방이 필요했다. 그래서 호텔을 예약하지 않고는 여행을 떠나지 않았다. 우리는 그것을 농담처럼 '둥지 본능'

이라고 불렀다. 그분들에게 감사하는 마음이 물밀듯이 밀려왔다. "그래서 그분들이 저를 위해 이 방을 마련해놓은 것이군요."

"네, 그렇습니다." 샘은 그분들이 사람을 위하는 것이 너무나 당연한 일인 양 대답했다. 샘이 말을 이어나갔다. "시간도 공간도 몸도 없는 상태에 적응하는 것은 그저 일부분에 지나지 않습니다. 특정 장소가 필요한 것도 그저 한 부분입니다. 점점 더 큰 문제가 닥칠 것입니다. 그 큰 문제란, 자유에 적응하는 것입니다."

"자유라고요? 자유에 적응하는 것이라고 하셨어요?"

"네. 어떤 의미에서는 서로 연관이 있습니다. 당신은 더 이상 몸에 갇혀 있지 않습니다. 그래서 당신이 원하는 시간과 공간으로 자유롭게 오갈 수 있습니다. 단순한 이야기가 아닙니다. 굉장히 깊은 뜻이 있습니다. 여기가 지옥인지 천국인지 연옥인지를 물었을 때 노마가 모든 영혼이 그것을 원하는 대로 선택할 수 있다고 말한 것을 기억하십시오. 이런 자유는 당신에게 무서울 만큼 놀라울 것입니다."

"그렇다고 걱정할 것은 없어요." 노마가 끼어들었다. "샘이 말한 것처럼, 이곳은 완전히 안전한 곳이에요. 아주 좋은 곳입니다. 하지만 한동안 깜짝 놀랄 일이 많을 거예요. 예를 들면, 이 방 바깥은 과연 어떨까 하고 생각한 적이 있죠. 당신은 언제나 당신이 원할 때 밖으로 나갈 수 있고, 또 언제든지 이 방으로 돌아올 수 있어요. 하지만 나가기 전까지는 바깥 세상이 어떻게 생겼는지, 또 누구를 만날지 전혀 알 수 없어요. 그렇다고 당신이 위험에 처할 수 있다는 말은 아니에요. 여긴 완벽하게 안전한 곳이니까요. 그러니까 놀랄 준비와 생각할 시간이 필요하다는 뜻이에요."

"기도도 필요합니다." 샘이 거들었다.

"내가 다른 사람도 만날 수 있다는 뜻입니까? 지금 우리가 만나고 있는 것처럼요?" 내가 물었다.

"이렇게 만날 수도 있지만, 그때 그때 다를 겁니다. 어떤 특정한 사람, 예컨대 당신 아내나 과거에 알던 사람들을 만날 수 있냐고 물은 것 같은데, 대답은 '예스'입니다. 하지만 조건이 있어요. 그들이 당신을 만나고 싶어 할 때만 만날 수 있습니다. 기억하십시오. '자유대원칙'. 여기서는 언제나 그 원칙이 적용됩니다. 당신이 아내를 만나고 싶어 한다고 칩시다. 분명 다시 만나고 싶을 겁니다. 그런데 그녀는 당신을 만나고 싶어 하지 않을 수도 있습니다. 충격적인 일 아닙니까? 그렇지 않습니까?"

"그렇다면, 당신이 아무리 보고 싶어 하고 또 그녀의 거절에 아무리 화가 난다고 해도 절대로 그녀를 만날 수 없습니다." 노마가 부연 설명을 했다. "그녀가 당신을 만나고 싶어 한다고 하더라도, 그녀의 모습이 완전히 달라졌을 수도 있습니다. 사람은 언제나 변하니까요. 여기서도 하나님의 시간이 존재하고, 또 사물은 언제나 변하기 마련이니까요. 다른 궁금한 점이 또 있나요?"

대화가 시작되었을 때는 노마와 샘에 대해 답답한 마음이 들기도 했다. 그런데 처음으로 마음의 큰 짐을 느꼈다. 나는 과연 다른 사람, 특히 내 아내 메리 마르타를 만나고 싶은 걸까? 또 그들은 나를 만나고 싶어 할까? 그들은 얼마나 변했을까? 나도 많이 변했을 텐데. 꼬리를 무는 의문들이 심각한 것이라 소화해내기가 무척 힘들다. 샘과 노마가 옳다. 정말 시간이 필요하고 기도가 필요하다. 이 문제는 잠시 보류하자. 나는 자유에 관한 다른 주제로 넘어갔다. "언제든 내가 원하는 곳에 갈 수 있다고 했잖아요. 그렇다면 다른 별에도 갈 수 있나요?" 궁금해서 연이어 물었다. "지구로 다시 돌아갈 수도 있나요? 지구로 돌아가 내 아이들이나 친구들을 다시 볼 수 있나요? 과거 시간으로도 돌아갈 수 있나요? 미래의 시간은요?" 수많은 질문들이 팝콘 튀듯 연이어 튀어나왔다.

"그 모든 질문에 대한 답은 '예스'입니다." 샘이 말했다.

"그런데 '자유대원칙' 말고도 꼭 지켜야 할 법이 있습니다. 바로 '불간섭대원칙'입니다. 아무리 사랑해도, 반대로 아무리 미워해도 그 사람이나 그 장소에 끼어들 수 없습니다. 그렇다고 이 법이 절대로 깨질 수 없는 것은 아닙니다. 가끔씩 어떤 영혼들이 이 법을 깨뜨립니다. 그들은 대개 전혀 변하지 않은 사악한 영혼들입니다. 때로는 그분들의 위원회에서 깨기도 합니다. 그때는 선을 위해서입니다. 하지만 명심할 것이 있습니다. 이 법을 위반하려 할 때는, 반드시 우리를 불러 상의하십시오. 꼭 그렇게 하길 간절히 바랍니다. 그때는 제발 먼저 우리와 상의하십시오. 부탁입니다."

"이곳은 자유로 가득 차 있지만, 기억하십시오. 다른 사람들이나 다른 장소는 자유롭지 않을 수도 있다는 것을 마음에 새기시기 바랍니다. 그들은 당신이 개입하는 것을 막지 못할 수도 있습니다. 그것은 결코 그들이 취약해서가 아닙니다. 당신의 개입을 막는다면 그들이 '자유대원칙'이나 '불간섭대원칙'을 위반할 수도 있기 때문입니다. 그 때문에 그들이 참는 것입니다."

나는 충분히 알아들었다. 이성적인 차원에서는 이해했는데, 정신은 몽롱해지기 시작했다. 그 순간 나는, 정확히 말하면 투사된 내 육체는, 전혀 예상치 못한 행동을 해버렸다. 하품을 한 것이다.

"오, 저런 피곤하시군요." 노마가 가엾은 듯 말했다.

"분명 피곤할 거예요." 샘이 거들었다. "다니엘 씨가 듣고 배운 새로운 내용들이 얼마나 많았겠어요. 이제 우리가 자리를 피해줄 시간이 된 것 같습니다. 좀 주무세요."

정말 피곤했다. 그러나 그 순간 화들짝 정신이 들었다. "잠이라고요?" 내가 물었다. "나는 잠을 자야 하는 육체가 없는데요?"

"잠이란 꼭 육체에 관한 일이 아닙니다." 샘이 설명했다. "잠은 알고 보면 대부분 영혼에 관한 일입니다. 영혼이 피곤해진 것입니다. 지구에 있을 때를 생각해보십시오. 솜처럼 몸이 무거울 때, 육체가 피곤했습니까, 아니면 영혼이 피곤했습니까?"

샘의 말이 옳았다. 정말로 몸보다는 영혼이 피곤했다. "우리는 흔히 '뼈가 쑤신다'고 했는데, 당신 말이 맞아요. 사실 뼈가 아픈 것은 아니거든요. 내 몸 깊이 어딘가가 피곤했던 거죠. 아마 그게 영혼이었나봐요."

"정확히 맞혔어요!" 노마가 말했다. "그래서 그 빛 속에 들어온 다음에 깊은 잠에 빠졌던 거예요. 그랬잖아요. 당신은 잠을 푹 잤어요. 그래서 훨씬 더 많은 것을 받아들일 수 있게 된 거고요."

"그렇습니다. 더 많은 것을 소화하기 위해서는 한 가지를 해야 합니다. 잠. 필요할 때마다 우리를 부르십시오. 당신도 알다시피 당신의 모든 질문에 답을 할 수는 없지만, 우리가 도울 일이 얼마든지 있을 것입니다." 샘이 말했다.

"어쩌면 그렇지 않을 수도 있어요." 노마가 부드럽게 샘을 반박하며 말했다. "다니엘 씨가 우리를 부를 필요가 없을지도 몰라요. 이곳은 자유로운 곳이에요. 꼭 우리를 불러야 할 의무는 없어요. 언제든지 누구든지 원하는 대로 부를 수 있어요. 하지만 당신이 부르면 우리는 언제든지 달려올 거예요."

"어떻게? 어떻게 당신들을 부르죠?"

"우리가 여기 오기 전에 했던 대로 하면 돼요." 노마가 알려주었다. "그때 누군가가 와서 당신을 도와주기를 간절히 바랐지요. 그래서 우리가 온 거예요. 다음에도 우리를 부르면 우리가 올 거예요. 물론 다른 사람을 청원해도 돼요."

'청원'이라는 단어가 귀에 쏙 들어왔다. 갑자기 '청원기도'가 생각났다. "저는 딱히 청원기도를 한 적이 없는데요. 그저 누군가가 오면 좋겠다고 **기도했을** 뿐이에요. 정말 절망적이었거든요."

"절망은 좋은 기도를 하게 합니다. 그렇지 않아요?" 노마가 미소 지으며 말했다. 이내 그 두 사람은 사라졌다. 가버린 것이다. 희미한 빛조차 남기지 않고 가버렸다. 나는 다시 이 작은 초록방에 홀로 남았다.

## CHAPTER 4

정말 피곤했다. 하지만 아쉬움이라고 할까, 유감이라고 할까. 그런 감정 때문에 쉴 수가 없었다. 샘과 노마에게는 별로 중요하지 않을 수 있지만, 두 사람이 너무나 평범해서 내가 마땅히 해야 할 대우를 하지 않고 함부로 대한 것 같다. 그래서는 안 되는데. 또 나와 씨름하는 시간이 온 것이다. 지구에서도 그랬는데, 사후세계에 와서도 그 버릇을 고치지 못했다. 이놈의 '다니엘 콤플렉스'.

내가 태어나자 다니엘 터핀이라는 이름이 붙여졌다. 이 이름은 한 번도 만난 적이 없는 고조부의 이름에서 따온 것이다. 그분에 대한 기록이 전혀 없어서 내 가족들은 그분에 대한 이야기를 들려준 적이 없었다. 그분에 대해서는 아무것도 모른다. 하지만 그분의 이름 때문에 어떤 저주 같은 것이 나를 짓누른다는 기분을 지울 수가 없었다.

그 저주는, 주일학교 때 다니엘이 사자 굴에 던져졌다는 이야기를 처음으로 들었을 때부터 시작되었다. 아마 그때가 여덟 살쯤 되었을 것이다. 그 이후로 아이들이 계속 나를 놀려댔다. "다니엘, 다니엘을 사자굴에 던지자. 다니엘을 사자굴에 던지자." 리듬에 맞춰 나를 놀리는 그 놈들을 어떻게 할 수가 없었다. 하지만 다니엘의 이야기를 들은 것만으로도 충분했다. 그 후로 세상은 사자굴처럼 보였고, 나는 언제나 구석에 몰려 있는 것 같았다. 그에 대해서 뭔가를 해야 했는데, 그 첫발을 내딛는다는 것이 그만 전혀 엉뚱한 방향으로 나가고 말았다. 나는 점점 걱정이 많은 소심한 사람이 되어갔다.

내 나이 서른 살에 정신분석을 받아보았다. 나를 담당한 분석가는 나를 '잡아먹지' 못했다. 내 모든 것을 숨김없이 털어놨지만, 그는 내가 사자 먹이로는 적당하지 않다고 생각한 것 같았다. 어쨌든 나의 과도한 염려증은 조금씩 나아지기는 했지만 여전히 남아 있었다. 성경에서도 사자들은 다니엘을 잡아먹지 못했다. 대신 다니엘을 죽이려 했던 적들을 잡아먹었다. 그래서 그랬는지, 사는 동안 내게는 항상 친구들이 있었고 적들도 있었다.

이 과도한 염려증이 사후세계에까지 따라올 줄은 누가 알

앉겠는가. 나는 샘과 노마에게, 기필코 답을 얻어내겠다는 본능적인 열성으로, 너무나 무례하게 굴었다. 자책감이 밀려온다. 왜 그랬을까. 왜 적당히 물러나지 못했을까? 세상에서나 여기에서나 지식에 대한 과도한 갈증과 집착은, 지금 당장 답을 얻지 못하면 사자 굴로 떨어져 사자밥이 될 것 같은 공포심에서 나온 것이다.

내게는 '다니엘 콤플렉스'에 대한 염려 이상의 것이 있다. 기묘하게 들릴지 몰라도 성경의 다니엘서는 나이 예순이 되어서야 읽었다. 그런데 기절할 듯이 놀란 것은 구약의 다니엘과 내가 놀라울 정도로 유사하다는 점이다.

성경의 다니엘서는 다니엘이 바벨론 포로로 붙잡혀 갔을 때의 일로 시작된다. 그는 느부갓네살 왕이 바벨론을 통치하던 시절, 다른 유대인들과 함께 포로로 끌려갔다. 나는 육체적으로 포로로 붙잡힌 적이 없지만, 그 사실은 깊은 공감을 넘어 감동까지 느끼게 했다. 그 이유는 설명하기 어렵다. 말은 하지 않았지만, 성인이 된 이후 내내 이 지구는 내 진짜 고향이 아니라는 뿌리 깊은 생각이 있었다. 내 인생은 기쁨으로 가득했지만, 마음 한구석에는 언제나 우주 어딘가에 존재하는 나를 위한 예루살렘에 대한 열망이 자리 잡고 있었다. 현실과 상관없이 늘 나 자신이 다니엘처럼 어딘가에

포로로 붙잡혀 있다는 생각을 했다.

다니엘의 이야기 초두에, 그는 총명하고 지혜로워 느부갓네살 왕에게 발탁되었다고 적혀 있다. 나 역시 그랬다. 꼬리에 꼬리를 무는 시험, 학위 위에 더해지는 학위. 왜 노마와 샘은 자신들을 나와는 다른 평범한 사람이라고 소개했을까? 총명함과 최고를 추구하는 특출함을 내 업적이라고 여기지는 않았다. 단지 불가해한 행운이라고 생각했고, 때로는 저주로 느끼기도 했다. 때때로 "왜 하필 나인가?" 하는 상념에 빠지기도 했고, 나도 남들처럼 평범했으면 하고 바랄 때도 있었다.

다니엘서에는 다니엘이 꿈 해몽가로서 상당한 명성을 얻는 이야기가 나온다. 그러니까 그는 구약시대의 정신과 의사라고 할 수 있다. 나 역시, 그처럼 완벽하지는 않았지만, 정신과 의사였다. 나도 꿈 해석가로서 재능이 있다. 그는 재능 덕에 가장 높은 자리에까지 올랐다. 나 역시 정신의학계에서, 가장 높지는 않았지만, 상당한 지위에까지 올랐다.

사자와의 한바탕 소동 후에, 다니엘은 전공 분야를 바꾼 것 같다. 다른 사람의 꿈을 해석해주는 일을 접고, 자신이 본 비전을 선포하는 데 전념했다. 어떤 의미에서 그것은 내게도 해당된다. 나는 생애 중반기에, 정신 치료에서 저작과 강연으로 점차 일을 바꿨다. 성경의 다니엘처럼 나 자신을 예언자라고 생각한 적은 한 번도 없지만, 신학자나 비전 전문가라고 해도 틀리지 않을 정도는 되었다.

내가 성경의 다니엘을 따라했던 것은 물론 아니다. 나는 나이 예순에 처음으로 다니엘서를 읽었으니까. 하지만 내가 그의 발자취를 따라간 것은 운명처럼 유사했다. 그렇다고 성격마저 유사한 것은 아니다. 오히려 반대였다. 성경의 다니엘은 결함이 없다. 어디를 봐도 그가 포로로 붙잡혀 간 것에 대해 불평했다는 기록은 없다. 그는 차분했지만 나는 언제나 노심초사했다. 사자굴에 던져진 그는 조금도 염려하지 않았다. 그는 하나님께 드리는 기도를 멈추지 않으면 사자밥이 되게 하겠다는 위협을 받았지만, 더욱 열심히 기도했다. 내가 그처럼 믿음이 돈독한가? 전혀 그렇지 않다. 다른 사람들에 비해 꽤 열심히 기도하기는 했지만, 성경의 다니엘처럼 **언제나** 무릎을 꿇고 기도하지는 않았고, 그가 보여준 불굴의 용기나 하나님에 대한 깊은 신뢰가 내게는 없었다.

내가 지닌 다니엘 콤플렉스는, 그의 완벽함과 비교해볼 때 더욱 두드러지는 나의 결함에 대한 떠나지 않는 의식이라 할 수 있다. 그렇다고 그런 결함들이 나를 너무 무겁게 짓누르는 것은 아니었다. 그는 어디까지나 성경 속 인물이다. 다니엘서에는 그가 여러 왕을 모신 것으로 기록되어 있다. 그래서 성서학자들은 포로기에 바벨론에서 활동한 여러 유대인 관리들을 합성해 창조한 이상적인 모델로 보고 있다. 그는 실존 인물이라고 하기에는 너무 완벽하다. 그는 한 번도 "주님, 왜 하필 저입니까?"라고 물은 적이 없다. 나는 성경의 다니엘에게 감정이 이입된 적은 없다. 성경을 읽어보면, 전 생애를 통틀어 그는 한 번도 겁쟁이인 적이 없었고, 피곤한 적도 없었고, 잠조차 잔 적이 없었다.

나의 다니엘 콤플렉스와 좋지 않은 습관으로 볼 때, 나는 이제 쉬어야 할 때가 되었다. 긴장이 스르르 풀리는 이런 느낌은 일찍이 경험해보지 못한 것이다. 이제 잠을 좀 자야겠다.

사실 잠이란 사람에 따라 천차만별이다. 어떤 사람은 대여섯 시간 자면 충분하다. 그러나 나는 아니다. 나는 아홉 시간은 자야 한다. 그러지 못한 날이면 컨디션이 말이 아니었다. 며칠 동안 하루에 일곱 시간씩만 잔다면 어떻게 살 수 있겠는가? 모자란 잠을 보충하지 못했다면 아마 나는 죽었을 것이다. 그러나 내 아내 메리 마르타는 다르다. 그녀 역시 아홉 시간을 자야 한다. 하지만 모자란다고 해서 나처럼 신경과민이 되지는 않는다. 오히려 점점 더 생생해져서 나중에는 어린아이에게 하듯 이제 그만 자라고 명령해야 할 정도였다. 메리 마르타는 잠이 모자라는 것에 대해 전혀 걱정하지 않았다. 하지만 내 경우는 전혀 다르다. 나는 잠을 보충해야만 한다. 문득 한 이야기가 떠오른다. 몇 년 동안 뇌리를 떠나지 않던 한 수피교도에 관한 무서운 이야기다.

이 이야기는 착하고 신실한 한 무슬림에 관한 이야기다. 그는 아내와 가족들에게 매우 사려 깊은 좋은 사람이었다. 성공한 상인으로서 돈을 많이 벌었는데, 이익의 상당 부분을 가난한 사람들을 위해 썼다. 율법에 따라 메카로 순례도 다녀왔고 매주 금요일에는 이슬람 사원에서 열리는 정기기도회에 빠지지 않고 참석했다. 또한 많은 자선단체에서 열심히 일하고 기부도 많이 했다. 그에게 유일하게 흠이 있다면 잠을 너무나 좋아한다는 것이었다.

그런 그가 죽었다. 우리 모두가 겪는 것처럼. 그 후 그 유명한 진주문(무슬림들은 천국문이 진주로 장식되어 있다고 생각한다—역주) 앞에 서 있는 자신을 발견했다. 거기서 베드로(또는 이슬람교에서 그에 준하는 인물)가 그를 따뜻하게 맞이했다. 그 수피교도는 그에게 용기를 내어 물었다. "여기가 천국문인가요?" 베드로가 그렇다고 대답했다. 그는 겸손한 사람이었으므로 이렇게 물었다. "제가 천국에 들어갈 수 있을 정도로 착하게 살

왔나요?"

"물론이고말고. 그대는 아주 모범적인 삶을 살았네. 그대와 같은 사람은 당연히 천국에 들어올 수 있네. 그런데 한 가지 사소한 문제가 있네. 이 천국문은 500년에 한 번씩 열린다는 것일세. 그러니 저기 있는 나무 밑 의자에 앉아서 그때까지 기다리게. 천국문이 열리자마자 들어와야 하네. 이 문은 그다지 오래 열어두지 않는다네." 베드로 같은 사람이 말했다.

수피교도는 지시받은 대로 나무 밑 의자에 앉아서 기다렸다. 그러는 동안 점점 지치고 피곤해졌다. 나중에는 도저히 참을 수가 없었지만 저절로 감기는 눈을 부릅뜨면서 그 영원 같은 시간을 버티었다. 그러다 마침내 1분이나 2분 정도 눈을 감는다고 별일이야 없겠지 하고 잠시 눈을 감았다. 그는 꾸벅꾸벅 졸기 시작했다. 그러다 깊은 잠에 빠졌다. 그런데 "꽝!" 하는 소리에 화들짝 깨어났다. 천국문이 닫히는 소리였다. 그는 그렇게 천국에 들어가지 못하고 다시 500년을 기다려야 했다.

이 이야기는 늘 정신을 차리고 있어야 한다는 교훈을 주는 것임을 잘 알고 있고, 내가 쓴 여러 책에서도 인용한 바 있다. 그러나 그래야만 한다고 강력하게 강조한 적은 한 번도 없다. 다행히 다니엘서에서 하나님이 다니엘에게 마지막으로 하신 말씀은 이제는 쉬어도 된다는 것이다.

   샘과 노마는 이곳이 좋은 곳, 안전한 곳이라고 말했다. 영혼들에게도 잠이 필요하다고 말하기도 했다. 내가 천국문 안에 들어와 있는지 확신할 수는 없지만, 들어온 것 같다. 그러니 이제는 그저 흘러가는 대로 있어도 괜찮을 것 같다. 그래서 나는 그렇게 했다.

# 2부

/
벽을 통해 스며나오는 강한 외로움을 감지했다. 외로움이란 실제로 존재한다. 티쉬가 그 외로움을 의식하든 못하든 상관 없이. 정신과 의사로서 나는 그 외로움을 치유하고 싶었다.
/

## CHAPTER 5

잠에서 깨어나니, 마치 지구에 돌아온 것 같다. 꿈을 꾼 것 같다. 언제나 그렇듯 즐거운 꿈이었다. 그 꿈이 사라지지 않도록 내 의식 속에 붙잡아두려고 머리를 흔들며 애를 써본다. 그러나 언제나처럼 이번에도 사라져버린다. 마지못해 결론을 내릴 시간이 또 온 것이다. "그래, 일어나 아침을 맞이하는 게 좋겠어."

물론 일으켜 세울 몸도 없고, 아침인지 낮인지 저녁인지 알 길도 없다. 그러나 나는 내 작은 초록방에서 일어났다. 어디서 오는 것인지 오직 하나님만 아시는 빛이 반짝이고 있고, 그래서 아침인 것 같다. 습관처럼 되뇐다. "오늘은 뭘 해야 할까?"

그에 대한 답에 나는 놀라고 말았다. 없다. 내가 할 일이 아무것도 **없다**. 할 필요도 없다.

첫 느낌은 깊은 상실감이다. 지구에서의 삶이 그리워진다. 슬리퍼를 신고 아래층 부엌으로 내려가 직접 짠 오렌지주스를 한 잔 마시고, 고양이에게 먹이를 주고, 커피를 한 잔 진하게 만들어 다시 침대로 돌아와 첫 담배에 불을 붙이는 그 생활이 못내 그립다.

전혀 하기 싫은 일도 있었다. 치실로 이 사이에 낀 불순물을 제거하고, 척추 교정 운동을 하는 그 지겨운 일. 하나님, 감사합니다. 그 지겨운 척추 교정 운동을 안 해도 되게 해주시다니요. 저절로 감사 기도가 나온다.

담배가 그리운가? 아직은 그렇지 않은 것 같다. 내 갈비뼈 우리 안에 갇혀 있는 쥐들이 아직은 찍찍거리지 않고 있다. 참, 나에겐 갈비뼈가 없지! 허파도 없고 니코틴이 절실해졌다는 신호를 보낼 뇌도 없지. 너무 좋다. 무엇보다도 나쁜 중독증에서 벗어난 것이 너무나 신난다. 드디어 자유다!

그런데 시간을 어떻게 재지? T. S. 엘리엇의 그 지루한 인물 프루프락은 "내 생애는 커피 스푼으로 측정한다"고 말했다. 그렇다면, 나는 내 생애를 담배로 측정할 수 있다. 작업 시간마다 찾아오는 스트레스와 지루함에 비례하여 담배 개비 수를 표시해나가면 된다. 그런데 지금은? 지금은 완전한 자유다. 하지만 한편으로는 텅 비어 있다. 아무것도 없다.

샘과 노마는 이곳에서 적응하는 것과 자유가 밀접한 관련이 있다고 했다. 그 문제라면 나는 다른 누구보다도 잘할 수 있다. 지구에 있을 때 나는 '비움'에 대해 경탄해 마지않았다. 나는 수많은 사람들에게 선입관과 편견과 기대와 판단에 관한 한 자신을 비워야 한다고, 사고의 경직과 파괴적인 습관들에서 벗어나야 한다고, 침묵과 묵상과 비움의 실천을 가르쳤다. 실제로 나 자신이 그 가르침대로 살았다. 그래서 어제 있었던 일이 별로 두렵지 않다. 만약 어제란 것이 있다면…. 샘과 노마가 모르겠다고 대답하는 것 또한 별로 두렵지 않다. 아침인지 낮인지 저녁인지, 어제인지 오늘인지 내일인지 알지 못하는 것도 두렵지 않다. 무엇을 해야 할지, 어떻게 시간을 보내야 하는지 모르는 것도 전혀 두렵지 않다. 그러나 한편으로는, 대다수 사람들에게 그렇듯이, 이러한 자유와 공허가 얼마나 끔찍한 것인지도 잘 알고 있다. 그래서 완전히 비어 있는 이곳에서 이 작은 초록방이라도 의지할 수 있다는 것이 너무나 기쁘다.

자, 이제 이 작은 방에 갇혀 있는 나 자신을 어떻게 해방시켜야 하는지 생각해보자. 내가 가르친 대로, 마음을 비우는 것 자체가 목적이 되어서는 안 된다. 마음을 비우는 목적은, 새로운 것, 전혀 기대하지 못한 것을 받아들이기 위한 공간의 창조여야 한다. 나에게 주어진 이 무한한 시간은 무위無爲를 위한 것이 아니므로, 이 시간을 새로운 경험으로 채워넣어야 한다. '그분들이' 나를 위해 이 방을 마련해주셨다면, 이 방은 자유라는 빈 공간의 훌륭한 피난처이자, 망망함을 단단히 고정시키는 닻이 될 수 있다. 나는 본능적으로 새로운 것을 배우기 위한 여정을 시작해야 한다고 생각했다.

내 앞에는 모험이 기다리고 있다. 지금부터 미지의 세계로 여행한다. 이 일은 다른 영혼들보다 내가 잘할 수 있을 것이다. 43년 전 내가 정신분석을 의뢰했던 정신과 의사가 생각난다. 그의 사무실에는 진료용 침상이 있었다. 그러나 우리는 사무실 한쪽에 있는 의자에 서로 마주보고 앉아서 정신분석 작업을 시작했다. 때때로 나는 그 침상을 쳐다보았다. 스무 번째 만남을 마친 어느 날 아침, 나는 그에게 말했다.

"저 침상에서 하면 좋을 것 같은데요."

"왜요?" 애클레이 박사가 물었다.

왜요라니. 이 간단한 질문이 몇 분간이나 나를 멍하게 만들었다. 당시 유명세를 타기 시작한 정신과 의사였던 나는 잘 알고 있었다. 모든 정신과 의사들은 예외 없이 모든 환자들을 침상에 편안히 눕게 하고 상담을 했다. 하지만 나는 그 자리에서도 불편 없이 상담에 임할 수 있었고, 우리의 작업은 잘 진행되고 있었다. 드디어 나는 마지못해 대답했다. "침상이 있으니까요." 곧바로 정신 나간 대답이라는 것을 깨달았다. 분명 멍청하게 들렸을 것이다. 하지만 나는 단지 침상에 누워서 환자들이 무엇을 느끼는지 경험하고 싶었다. 그것은 정신과 의사에게는 전혀 새로운 경험이었다. 이런 새로운 경험에 대한 기대 없이 이 방을 떠나고 싶은 생각은 조금도 없다.

몇 차례 더 만난 후에 애클레이 박사는 내가 침상에 눕도록 해주었다.

"침상이 거기 있으니까요." 에드먼드 힐러리 경도, 왜 에베레스트 산에 오르느냐는 질문에 "산이 거기 있으니까요"라고 대답했다. 에드먼드 경의 모험심과는 비교할 수 없지만, 처음 침상에 몸을 눕히는 순간, 내 안에도 모험적인 경향이 있다는 것을 깨달았다.

자, 드디어 시간이 다가왔다. 이제 이 작은 초록방을 떠나 바깥 세상에 무엇이 있는지 찾아나설 때가 된 것이다. 그렇다고 두려운 것은 아니다. 그저 미지의 세계일 뿐이다. 그런데 어떻게 나간다지? 나는 이 방을 떠돌아다닌 경험이 있다. 그때 내가 했던 것은 단지 상상이다. 그렇다면 이번에도 저 벽 너머로 몇 발자국 나가는 것을 상상하면 되지 않을까? 그래서 그렇게 해본다.

 상상과 동시에 나는 회색빛 긴 복도로 나와 있다. 여기는 내 방처럼 쾌적한 곳은 아니다. 아무런 장식도 없으며, 장식을 했던 흔적도 없다. 어두침침한 데다가 삭막하기까지 하다. 긴 복도는 길고 둥글게 휘어져 있어서 기껏해야 한 30-40미터 정도까지만 보인다. 나는 번호가 적힌 방들이 있고, 먹다 남은 음식이 담긴 쟁반들이 그 앞에 놓여 있고, 사탕 껍질이 간간이 바닥에 뒹구는 호텔 복도 같은 것을 은근히 기대했다. 그런데 그런 것은 하나도 보이지 않는다. 먼지 하나 없다. 그저 길고 긴 회색빛 복도. 이 정체 모를 생소함! 갑자기 공포가 밀려왔다. 순간 미칠 것 같은 마음으로 내 작은 초록방으로 돌아가기를 열망했다.

 그렇게 되었다. 그 일이 순식간에 이루어졌다. 나는 내 작은 초록방으로 돌아와 있다. 이 신출귀몰한 기동성이 기쁘고, 이 초록방의 색깔과 빛이 너무나 반갑다. 하지만 이내 나 자신에 대해 실망하고 만다. 그 회색빛 감도는 긴 복도는, 이 작은 방에서 처음 눈을 떴을 때와 같은 느낌이다. 아무것도 없는 것보다는 낫다. 그래도 그 긴 복도에 그림이라도 걸어놓고 하다못해 카펫이라도 깔아놓았으면 좋으련만. 불평을 그친다. 그분들은 나를 위해 이 작은 초록방을 마련해주셨다. 잠들기 전에 이에 대해 얼마나 감사했던가. 그런데 지금은 그런 노력도 하지 않았다고 그분들에게 불평하고 있다. 복도는 그저 **기능적인** 것일 뿐이다. 그 이상도 그 이하도 아니다. 복도는 복도로 족하다.

그러면 이제 뭘 하지? 그 복도는 영 마음에 들지 않고, 이 방에는 딱히 할 일도 없다. 복도를 조금이라도 조사해봐야겠다. 조심스럽게. 어쩌면 뭔가 배울 것이 있을지도 몰라. 한 가지 생각이 떠오른다. 내 방이 흥미를 끌 만하다면 나는 복도를 조사할 마음이 안 들었을지도 모른다. 그분들이 이 방을 이렇게 무미건조하게 만든 이유는 복도로 나가보도록 유도하기 위해서가 아닐까? 내가 보다 모험적이기를 원하시는 것이 아닐까? 이 시설들은 모두 여기에 잘 적응하도록 고안된 것이 아닐까?

이런 생각에 고무되어 다시 복도로 나가보기로 결심했다. 여기는 문이나 방 번호 같은 것이 없으니까, 너무 멀리 갔다가는 내 방을 못 찾을 수도 있다. 그래서 발자국 수를 세어보기로 했다. 그러지 않았다가는 사자굴로 떨어질지도 몰라. 그러나 내게는 측정할 수 있는 발이 없다. 왼쪽으로 갈까, 오른쪽으로 갈까? 오른쪽으로 방향을 틀었다. 아까 내가 봤던 거리인 30~40미터를 가본다. 그런데 문제가 있다. 복도가 똑같이 생겨 얼마만큼 간 것인지 전혀 알 수가 없다.

그렇다면 다른 쪽으로 가보자. 무엇이 있을지 전혀 모른 채, 마음속으로 그렇게 바란다. 그러자 나는 어떤 방에 들어와 있다. 방 색깔만 달랐지 내 방과 똑같은 방이다. 밝은 푸른색 방이다. 비어 있다. 침상에는 아무도 없다. 누가 있었던 흔적도 없다. 새 사람을 기다리는 중인가? 그런 것 같다. 아니다. 여기 있던 사람도 나처럼 탐험하러 나갔는지도 모른다. 남의 사생활을 침범한 것 같아서 얼른 여기서 나가는 것이 좋겠다고 생각했다. 왔던 길을 되돌아가야 할까? 복도로 나가서 왼쪽으로 30-40미터 간 다음 벽을 뚫고 들어가면 내 방이다. 왔던 길을 되짚어 생각해보니 안심이 된다. 노마와 샘이 했던 말이 생각난다. 여기는 지구에서와는 달리 공간이 존재하지 않는다고 했다. 그렇다면 그저 원하기만 하면 내 방으로 돌아갈 수 있지 않을까? 다시 내 방으로 돌아갈까? 그렇게 되지 않으면 어떻게 하지? 그러면 영영 미아가 되는데. 이건 너무 무모한 모험 같다.

모험에 관해서라면, 지구에서 사는 동안 비슷한 경험을 자주 했다. 그럴 때마다 내 안에 있는 '세미한 음성'이 속삭이듯 말했다. "한번 모험을 해봐." 나는 그 세미한 음성을 성령이라고 생각했다. 퀘이커교도들은 그것을 '내면의 빛'이라고 했다. 그 소리가 들리면 나는 대체로 그에 따랐다. 그렇게 하는 데는 얼마간 용기가 필요했다. 가끔은 거부할 때도 있었는데, 그때마다 성령에 대한 가책이 남곤 했다. 그래서 안전보다는 모험을 택하기로 한다.

다시 내 방으로 가고 싶다고 생각했다. 그러자 정말 그렇게 되었다. 귀환 시스템이 훌륭하게 작동한다. 내 작은 초록 방에서 이 귀환 시스템에 대해서 생각해본다.

쉽게 결론을 내리고 싶지는 않다. 여전히 흥미진진한 가능성이 많다. 여기가 호텔이라는 생각을 몇 번 했었다. 그래서 거울을 찾다가 없어서 화를 내기도 했고, 복도에 먹다 남은 음식이 담긴 쟁반이 있을 거라는 생각도 했다. 그것은 단순한 유추에 불과하다. 나는 내 방과 색깔만 다른 어떤 방에 갔다 왔다. 그렇다면 복도를 따라서 그런 방들이 수없이 많다는 뜻일 수도 있다. 거울이나 쟁반이나 룸서비스가 없기는 해도, 이곳은 일종의 호텔일 수도 있다. 그러니까 나 같은 이들이 적응 기간 동안 머무르는 호텔.

나는 이 호텔에서 원하는 곳 어디든지 갈 수 있고, 마음속으로 생각만 하면 언제든지 내 방으로 돌아올 수 있는 것 같다. 그렇다면 어디든지 갈 수 있는 것인가? 노마와 샘은 그렇다고 말했다. 가만, 그런데 나는 지금 내 방에서 30-40미터 갔다 와서는 이 호텔에 머무는 것에 만족하고 있다. 내가 원하기만 하면 어디든지 갈 수 있다고 했다. '자유'라고 했다. 갑자기 '자유'라는 단어가 크게 부각되면서 마음이 한껏 부풀어 오른다.

마침내 성령이, 지구에서처럼 여기서도, 내 안에서 일하신다. 하나님이 나와 함께하신다! 어떻게 그런 생각이 드는지 나 자신도 모르겠다. 하지만 나는 이미 사후세계의 한 실존으로 존재하고 있다. 신학자로서, 생명이 있는 곳에는 항상 하나님이 계신다는 것을 잘 알고 있다. 왜 이곳에 하나님이 임재하신다는 생각을 못했을까?

하나님이 나와 함께하신다는 확고한 믿음으로 고무된 나는 다시 복도로 나가는 것을 마음속으로 생각한다. 이번에는 어느 쪽으로 가볼까? 아까 오른쪽으로 가서 만족할 만한 성과를 얻었으니 이번에도 오른쪽이다. 그래! "자, 떠나봅시다." 마치 내게 동반자라도 있는 듯 소리친다. 참, 누구와 같이 가는 거지? 위원회? 그분들? 신들? 하나님?

아무래도 상관없다. 아까 가보았던 파란 방이 있던 복도까지 가고 싶다. 그러자 나는 어느새 거기에 있다. 복도는 여전히 똑같다. 회색빛에 무미건조하고 삭막하고 생기 없고 음산하다. 복도는 텅 비어 있다. 그런데 아까와는 좀 다른 것이 있다. 뭔가 슬픈 것이다. 슬프고 외롭고 불행한 기운이 서려 있다. 그것은 파란 방 건너편에서 스며 나오는 것이다. 생각할 겨를도 없이 벽을 두드린다. 사실은 어떻게 노크하는지 알 수가 없다. 나는 손이 없으니까. 마음속으로 노크한다는 생각을 한다. "똑, 똑, 똑."

깜짝 놀랐다. 곧바로 사람 목소리가 들렸기 때문이다. "들어오세요*Entrez*." 프랑스어다.

그 방은 내 방과 똑같이 생겼는데, 핑크빛이다. 침상에는 핑크빛 시폰 드레스를 입은 거대하고 뚱뚱한 젊은 여자가 비스듬히 누워 있다. 그녀를 본 순간, 거대한 여자가 어린이 발레복을 입은 모습이 연상되었다. 드러내고 싶지 않을 부분이 여실히 드러나 보인다. 거대한 팔과 허벅지는 우람하기 짝이 없고 깊게 파인 주름이 종아리와 발목을 구별하고 있다. 그녀는 딸랑거리는 방울이 달린 핑크빛 슬리퍼를 신고 있다. 머리는 금발인데, 19세기에 유행하던 요란한 모양으로 장식했다. 정성스레 치장은 했지만 전혀 어울리지 않았다. 나는 그녀에게 인사했다. "다니엘이라고 합니다."

"전 레티아예요." 그녀의 목소리는 놀라울 정도로 쾌활한 소프라노 음조인데, 내 귀에는 너무나 거슬리게 들렸다. "티쉬라고 불러도 돼요."

"프랑스인이세요?" 들어오라는 말이 프랑스어였던 데 호기심을 느껴 그렇게 물었다. 여기서는 어떤 나라 언어든 서로 알아들을 수 있는 것일까 하는 생각이 들었다.

"아니요. 미국인이에요. 하지만 제가 좀 세련됐거든요."

내 마음이 바삐 움직인다. 지구에서 살 때, 여자든 남자든 뚱뚱한 사람들에 대한 편견이 있었다. 건장한 정도거나 나이가 들어서 어쩔 수 없는 과체중은 이해할 수 있지만, 우리 의사들은 과도 비만은 일종의 질병으로 여긴다. 티쉬의 '몸'은 투사된 것이라고 하더라도 족히 120킬로그램은 나갈 것 같다. 150센티미터가 조금 넘는 키에 그만한 체중은 과해도 너무 과하다. 게다가 간단한 프랑스어로 교양 있는 척하는 것도 괴상하게 느껴진다. 티쉬는 TV에 나오는 〈미스 피기 Miss Piggy〉의 전형적인 모습이다. 왜 이토록 현실과 편견과 고정관념이 모두 뒤섞여 있는 걸까?

불행히도 나의 편견은 경험에 의해 점점 더 강화되었다. 뚱뚱한 남녀 여러 사람에게 정신과 치료를 시행했지만 한 번도 성공하지 못했다. 그 사람들에게는 이상한 공통점이 있었다. 그들은 환상과 현실을 구분하지 못했다. 그렇다고 뚱뚱한 사람들이 모두 다 그렇다는 것은 아니다. 티쉬를 집중해서 관찰해보기로 마음먹었다. 이번 기회에 내 편견과

제한된 경험을 떨쳐버리기 위해서였다.

"제가 노크한 이유는, 복도를 지나다가 어떤 고뇌 같은 것을 감지했기 때문입니다."

"고뇌라고요? 아니요. 저는 고뇌 같은 것은 없어요. 권태라면 모를까, 고뇌는 아니에요. 전혀." 티쉬가 말했다.

"제가 느끼기에는 친구가 필요한 것 같았어요. 잠시 대화를 나눠도 괜찮을까요?"

대답 대신 티쉬는 불쑥 질문을 던졌다. "제가 어떻게 보여요?"

"젊은 여자로 보여요." 최대한 친절하고 조심스럽게 대답했다. "20대 초반으로 보이는데요."

"네, 알아요. 그게 아니고요. 제가 예쁘게 보이냐고요."

"아, 당신은 과체중이군요." 내가 더듬으며 말했다. "뚱뚱한 여자에게 매력을 느끼는 남자들을 알고 있는데, 그 사람들은 당신이 예쁘다고 할 거예요."

"젠장. 퉤, 퉤, 퉤." 티쉬가 소리를 지른다. 실제로 침을 뱉는 것 같았다.

"화가 난 것 같군요." 정신과 의사답게 가능한 한 부드러운 태도로 말했다.

"물론 화가 났어요. 이곳에 오면 내게 완전한 몸을 준다고 그들이 분명히 약속했거든요."

"그들이라고요? 그들이 누구입니까?" 내가 물었다.

"그들이 누구인지는 몰라요. 성경이나 교회 같은 거요. 어떤 기독교인들이 내게 와서 말한 적이 있어요. 내가 완전한 몸을 갖게 된다고."

어떻게 말해야 할지 난감하다. 기독교인들이 언젠가 갖게 될 완전한 몸에 대해서 말하는 것은 사실이다. 니케아 신조에도 몸의 부활에 대해 분명히 적혀 있다. 나 자신이 기독교인이라고 생각하기는 하지만, 몸의 부활을 교리의 한 부분으로 생각했지, 실제로 몸이 부활한다고는 한 번도 심각하게 생각해본 적이 없다. 여기 오기 전까지, 그것은 몸이 없이 존재하는 사후세계에 대해 전혀 모르는 사람들에게 교회가 주는 빵과 같은 것일 거라고 생각했다. 아무튼 티쉬는 "이곳에 오면"이라고 말했다. 자신이 죽어서 이곳에 온 것은 알고 있는 듯 보인다. 분명 그녀는 자신의 옛 육체는 죽었다는 것을 알고 있는 것 같다. 하지만 추정에 불과하다. 이걸 어떻게 확인해보지? 그래서 물었다. "영접관이라는 사람들을 만나본 적이 있나요?"

티쉬는 만난 적이 있다고 대답했다.

그 영접관들이 샘과 노마인지는 확신할 수 없다. 다른 사람일지도 모른다.

"그들의 이름은 뭐였나요?"

"조너선과 레베카."

"그들은 어떻게 생겼나요?"

"잘생기고 예뻤어요." 티쉬에게서 질투심이 확연히 드러난다. "그들은 30대였고, 젠장, 여피 족이었어요. '그 아름다운 사람들' 말이에요."

샘과 노마는 아닌 것이 분명하다. "그러니까 그들은 '완전한 몸'을 가진 것처럼 보였겠군요."

"네."

"그런데 자신들의 몸이 진짜가 아니라는 말은 하지 않던가요? 단지 투사한 것이라고. 또 당신의 몸 역시 투사된 것이라고 하지 않았나요?"

"그런 말을 계속 했어요."

"그런데 그들의 말을 믿지 못했나요?"

"네…." 티쉬가 더듬거린다. "믿기도 하고 안 믿기도 하고…."

"그들이 몸이 사라지는 것을 당신에게 보여줬나요?"

"그랬어요."

"그런데도 당신은 믿지 못하는군요?"

티쉬가 이번에는 단호하게 말한다. "그들의 몸은 투사된 것일 수 있어요. 하지만 내 몸은 아니에요. 보세요. 내 몸은 여전히 뚱뚱하잖아요. 당신도 그렇게 말했잖아요."

나는 투사된 모습이 뚱뚱해 보일 뿐이라고 하려다가 그만두었다. 그녀는 자신의 몸은 투사된 것이 아니라고 주장하고 있다. 아니라고 한다고 해서 꺾일 리 없다. 그래서 나는 전략을 바꾸었다. "어떤 사람들이 여기에 오면 완전한 몸을 갖게 된다고 말했다고 했죠? 그 말은 과거의 몸은 죽었다는 것으로 들리는데요."

티쉬가 고개를 끄덕인다. 과거의 몸이 죽었다는 사실을 받아들이는 데는 문제가 없어 보인다. "당신은 몇 살에 몸이 죽었나요?"

"쉰넷."

"왜 죽게 되었나요?"

"물론 과도 비만." 자신의 현실을 받아들이는 데도 별 문제가 없어 보인다. "콜레스테롤 수치가 굉장히 높았어요. 거기에 심장마비가 왔죠. 그리고 담낭염까지. 의사들이 수술을 할 수 없다고 했어요. 그러다가 폐렴이 오고. 그 모든 것이 비만 합병증이었어요. 의사들이 그렇게 말했어요."

"분명 의사들은 과도 비만에 대해 당신이 죄책감을 느끼게 하려고 했을 거예요."

그러나 티쉬는 그 말에 대해서는 전혀 관심이 없는 것 같았다. 나는 더 친밀한 관계를 쌓는 것이 좋겠다고 생각해서 나 자신에 대해서도 같은 말을 사용했다. "의사들은 **내가** 죄책감을 느끼게 하려고 애를 썼어요." 그러고는 좀 더 단정적으로 말했다. "나는 폐암이었어요. 계속 담배를 피웠거든요. 점점 더 악화됐어요. 사람들이 '당신은 의사예요. 잘 아시는 분이 왜 그러세요'라고 계속 말했지만, 더 오래 살고 싶지 않다는 내 생각을 돌리지는 못했어요. 담배는 내게 좋은 친구였는데, 중독되어 통제할 수 없었어요. 비만도 마찬가지예요. 의사들은 다이어트해야 한다고 쉽게 말하지만, 유전적인 요소도 있고 아직 밝혀지지 않은 생물학적 요소들이 있거든요."

짧지만 좋은 이야기라고 생각하는데, 티쉬는 지루한 듯 하품을 했다.

한 번 더 시도해보기로 했다. "당신은 아직도 이곳에서의 몸은 단순한 투사라는 것을 인정하지 않는 것 같군요. 나는 아둔해서 그런지 몰라도, 다른 사람들이 나와 다르다는 것을 자꾸 잊어요. 나는 지구에서 살 때도 몸이 귀찮았어요. 두통이 찾아오고, 감기에나 걸리고. 섹스는 좋은 것이기는 하지만, 나 자신이 발정 난 동물처럼 느껴질 때가 많았어요. 척추가 점점 나빠져서, 나이가 들수록 통증밖에 못 느꼈어요. 그래서 그 몸에서 벗어난 것이 얼마나 좋았는지 몰라요. 사람에 따라 다르겠지만 내 경우에는 그래요."

"맞아요. 하지만 당신이 모르는 것이 있어요." 갑자기 티쉬가 생기를 띠면서 말했다. "당신은 뚱뚱하다는 것이 뭔지 잘 몰라요. 언제나 다른 사람들의 시선을 의식해야 해요. 사람들이 나를 추하다고 생각하는 것이 눈에 보여요. 나를 멀리하기 위해 뒷걸음질 치는 것도 보이죠. 매일 그래요. 깨어 있는 시간 내내 '나는 추하다, 나는 추하다, 나는 추하다' 하고 생각하죠. 여기서는 완전한 몸을 받을 자격이 있어요. 그들은 나에게 빚이 있어요."

"정말 힘들었겠군요. 지구에서의 삶은 어땠나요?"

"정말 지루했어요. 나는 구석에 처박혀 하루 종일 타이프만 쳤어요. 그들은 나를 절대로 앞에 내세우지 않았어요. 고객들이 나같이 뚱뚱한 사람을 보고 싶어 하겠어요? 뚱뚱한 세일즈맨하고 말하고 싶어 하겠어요? 그래서 나를 후미진 곳에 처박아놓고 남들이 하기 싫어하는 일만 시켰어요. 남자들은 나와 데이트 같은 건 아예 생각조차 하지 않았어요. 동료 여자들은 같이 걸어가는 것조차 싫어했죠."

"그런데 여기서도 지루하긴 마찬가지군요." 내가 콕 집어서 말했다.

그러나 티쉬는 요점을 알아듣지 못했다. "물론이에요. 최소한의 오락이라도 제공해줘야 되는 것 아니에요? 여기는 TV도 없어요."

"당신은 여기 와서 한 번도 밖으로 나갈 생각을 해본 적이 없는 것 같군요." 내가 물었다. 이미 대답을 예상하고 있는 반쪽짜리 질문이었다.

"네. 내가 왜 그런 생각을 해야 해요? 사람들은 나를 뚱보라고 볼 텐데. 지금 당신처럼요." 그녀는 나까지 비난했다.

나는 직설적으로 말했다. "당신은 꽉 막혔군요."

"레베카와 조너선도 계속 그렇게 말했죠. 당신도 똑같은 사람이에요. 그래요. 내가 투사한 거예요. 내가 생각한 대로 투사한 거예요. 네, 나는 내 몸을 바꿀 수 있어요. 내가 스물다섯 살이라고 생각했어요. 그래서 스물다섯 살처럼 보이게 만들었어요. 당신도 내가 20대로 보인다고 했잖아요. 내가 날씬하다고 생각하면 날씬해 보이겠지요. 하지만 나는 그게 어떤 건지 몰라요. 나랑 같이 잘래요?"

나는 어안이 벙벙했다. 전혀 예측하지 못한 반응이었다. 처음에는 이야기 주제와는 전혀 상관없는 황당함에 기겁했고, 다음에는 정반대였다. 기이하게 들렸지만, 그것은 마음 가장 깊은 곳에서 나온 질문이어서 둔기로 머리를 얻어맞은 것 같았다. 하도 어이가 없어 바로 대답하지 못했다. 그런데 그 머뭇거림이 마치 그래볼까 하는 것처럼 보일 것 같아 난감하다. 이어서 엄청난 분노가 밀려왔다. 이 여자는 왜 나를 이토록 곤경에 빠뜨리는가.

"자, 보세요. 그러기 싫은 거잖아요." 갑자기 티쉬가 소리를 질렀다. "당신도 똑같아요. 정말 당신한테 구역질이 나요. 정말!"

"생각 좀 하게 잠자코 계세요." 나는 화가 나서 단호하게 말했다.

내가 생각하는 동안 티쉬는 조용해졌다. 그녀가 나를 역겨워하는 것은 옳다. 이전에는 생각해본 적이 없는 깊은 차원에서 육체성이란 무엇인지 진지하게 생각해보았다. 어떤 의미에서는 모든 것이 투사가 아닐까?

지구에서 살 때 세상의 기준으로 전혀 아름답지 않은 여성에게 강렬한 성욕을 느낀 적이 몇 차례 있었다. 아주 매혹적인 여성들에게 아무런 감흥도 느끼지 못한 적도 있었다. 그러고 보면 어떤 면에서 섹스는 잠과 마찬가지로 영혼의 문제다.

내가 이 방에 들어온 이유를 떠올렸다. 벽을 통해 스며나오는 강한 외로움을 감지했다. 외로움이란 실제로 존재한다. 티쉬가 그 외로움을 의식하든 못하든 상관없이. 정신과 의사로서 나는 그 외로움을 치유하고 싶었다. 그녀와 성적 관계를 맺는 것일 수도 있다. 내 투사된 몸이 아닌 내 영혼으로. 그런데 영혼과의 결합이 가능한 것일까? 시도한다면 가능할 것 같다.

그런데 두 가지 문제가 있다. 하나는, 내가 티쉬에게 전혀 매력을 느끼지 못한다는 점이다. 뚱뚱한 몸이 역겹다는 것은 아니다. 전혀 그러고 싶지 않은 게 문제다. 티쉬는 여기서나 지상에서나 삶이 지루하다고 말했다. 지루함 그 자체, 그것이 그녀의 영혼에서 느껴지는 것이다. 티쉬는 TV라도 있었으면 했다. TV는 이곳에서 내가 전혀 그리워하지 않는 것 중 하나다. TV가 없다는 것이 얼마나 좋은지. 말년에 모든 TV 프로그램은 눈물이 나도록 지루했다. 미치도록 지겨웠다. 티쉬의 영혼과 결합한다는 것은 그 지긋지긋한 TV 쇼를 억지로 봐야 하는 것과 전혀 다를 바 없다.

하지만 그것으로 그녀의 외로움을 달래줄 수 있다면 시도해볼 용의가 있다. 과연 그것이 그녀에게 어떤 영향을 미칠까? 그녀를 겁먹게 할 수도 있다. 아니면 그녀가 좋아할지도 모른다. 만약 그것을 즐긴다면, 기분이 좋아지고 외로움이 끝날 수도 있다. 그러면 분명 티쉬는 거기에 집착할 것이다. 또 나에게도. 계속해서 원할 것이고 마약처럼 중독이 될 것이다. 결국 나는 그녀의 표적이 되고, 그녀는 나를 꽁꽁 묶어두려 할 것이다.

절대로 그렇게 할 수는 없다! "그렇게 하지 않겠습니다. 그래요, 당신의 투사된 몸이 별로 내키지 않아요. 그런데 더 중요한 이유가 있어요. 우리의 몸은 단순한 투사이며, 투사된 몸은 섹스를 할 수 없습니다. **정말** 그런 일이 가능할지 생각하느라 대답하는 데 시간이 걸렸어요. 가능하리라고 생각하지 않아요. 시도해보기 전에는 알 수 없겠지만요. 하지만 시도하지 않기로 했어요. 그 이유는, 당신의 몸무게와는 관련이 없습니다. 레베카와 조녀선도 당신이 꽉 막힌 생각에 사로잡혀 있다고 말했다고 했죠? 나도 그에 동의합니다. 당신과 관계를 맺으면 나 또한 그렇게 될 것 같습니다. 솔직히 나는 곤경에 빠지고 싶지 않습니다."

"알았어요. 꺼져버리세요." 티쉬가 말했다.

"곧 나갈게요. 그런데 그 전에 질문 하나 더 해도 괜찮을까요?"

티쉬가 고개를 끄덕인다.

"레베카와 조너선이 몇 번이나 여기에 왔었죠?"

"세 번요. 내가 부를 때마다 왔어요."

"이곳을 떠나본 적이 있습니까?"

"아니라고 말했잖아요." 티쉬가 짜증스럽게 말한다.

"내가 레베카와 조너선 외에 유일하게 만난 사람입니까?"

"그렇다니까요."

"내 영접관들은 그분들이 나를 자신들에게 맡겼다고 말했는데, 레베카와 조너선도 그런 말을 했나요?"

"그래요."

"레베카와 조너선이 당신을 맡게 된 이유 중 하나는 그들이 완전한 몸을 가졌기 때문이라고 말하지 않았나요?"

"그런 식으로 말한 것 같아요."

"그들은 지구에서 살았을 때 무슨 일을 했대요?"

"모르겠어요." 티쉬가 시큰둥하게 대답했다. "나는 그런 거 안 물어봐요. 나는 당신처럼 말이 많고 시끄러운 사람이 아니거든요. 그들도 끝없이 질문을 해댔어요. 그리고 내내 변화에 대해서 말했죠. 바꿔봐라, 바꿔봐라, 바꿔봐라. 그 말만 해댔어요. 정말 지겨운 사람들이에요."

나는 나가려고 자리에서 일어나면서 말했다. "내 영접관들은 어떤 학교에서 영접하는 훈련을 받았다고 했어요. 티쉬, 그곳은 참 좋은 학교 같아요. 그들이 얼마나 노련하게 잘하는지 인상적이었어요. 그들이 지루하다고 느끼지 못했어요. 네, 사람들은 저마다 다르긴 해요. 하지만 제안 하나 할게요. 나중에 레베카와 조너선이 찾아오면 그들이 하는 말을 주의 깊게 들어보세요. 당신은 남의 말을 잘 듣지 못하잖아요."

"**당신**도 마찬가지예요. 당신이 내 말을 들었어요?" 티쉬가 쏘아붙였다. "내가 나가달라고 했을 텐데요."

나는 즉시 내 초록방으로 돌아가기 원했다. 초록색은 안전을 의미한다. 내가 다시 핑크색을 보게 될까? 그럴 리 없다.

그 핑크빛 방은 연옥이었다. 내가 노마와 샘에게 여기가 지옥인지 연옥인지 천국인지 물었을 때, 그들은 나더러 선택해보라고 대답했다. 나는 여전히 여기가 천국인지 잘 모르겠지만, 그럭저럭 적응할 수 있을 것 같다. 하지만 연옥이 어떤 곳인지 이제 확실히 알게 되었다. 티쉬가 지옥에 있는 것 같지는 않다. 누구도 그녀가 지옥에 있다고는 생각하지 않을 것이다. 그녀의 핑크빛 방에는 뜨거운 불꽃도, 쇠스랑도, 고문 도구도 보이지 않기 때문이다. 사실 티쉬에게는 자신이 좋아하는 색깔의 방과 원하면 언제든지 받을 수 있는 공짜 심리 치료가 준비되어 있다. 그녀가 자신의 생각을 고집스럽게 붙잡고 그렇게 딱하게 지내고 있을 뿐이다. 확실히 그것은 티쉬 자신이 선택한 길이다. 적응하기를 한사코 거절하면서 자신이 만든 지겨움의 감옥에 갇혀 있는 것이다.

티쉬가 스스로 연옥을 만들고 있다면, 누군가는 자신의 방을 지옥으로 만들고 있을 것이 분명하다. 어떻게? 그것이 너무나 궁금하다. 하지만 지옥을 보기란 쉽지 않을 것이다. 보고 싶은 마음은 털끝만큼도 없다.

너무 피곤하다. 놀라운 일이다. 피곤을 느끼다니. 오래 깨어 있었기 때문만은 아니다. 짧은 탐험이었지만, 보통 사람들이 하루 종일 한 것보다 훨씬 더 많은 모험과 경험을 하고 많은 것을 배운 것 같다. 이렇게 녹초가 되게 한 것은 바로 티쉬다. '탈진'이라는 말이 생각난다. 우리 정신과 의사들은 이 말을 자주 썼다. 우리는 열심히 일해서라기보다는, 환자들이 집착하고 스스로 꽉 막힌 생각에 빠져서 꼼짝도 하지 않는 것을 지켜보느라 탈진했다. 방금 티쉬가 너무나 잘 보여줬다. 정신과 의사를 찾은 모든 환자들은 간절히 변화를 원했다. 그러나 치료에 들어가자마자 그들은 돌변했다. 마치 변화란 지상에서 가장 나중에 해야 할 일인 듯 행동했다. 저항. 우리 정신과 의사들은 그것을 그렇게 불렀다. 그것은 얼마나 완강한지, 무겁고 미끄러운 바위를 산 위로 밀어올리는 일만큼이나 어려워서 저항이라는 용어는 너무 부드러운 표현에 속할 정도다. 그런 면에서 티쉬는 전혀 놀라울 것이 없었다. 합리화, 완고한 집착, 부정과 부인, 멍청한 무관심. 이런 것들은 지구에서 수도 없이 보았다. 단 한 가지 놀라운 것은, 옛날 내 진료실에 켜켜이 쌓여 있던 그 골치 아픈 모든 것들을 티쉬가 여기까지 짊어지고 왔다는 것이다. 120킬로그램에 이르는 몸무게는 그것들의 총량이다.

연옥이 그런 곳이라면, 지구에서 하늘나라로 왔는데도 전혀 변하지 않은 사람들이 바로 연옥에서 사는 것이다.

샘과 노마는, 내가 이곳에 잘 적응하도록 돕는 것이 자신들의 임무라고 말했다. 그들을 다시 부르고 싶은 충동을 느낀다. 그들의 전문성과 노련함에 진심으로 감사를 표하고 싶기 때문이다.

샘과 노마도 티쉬 같은 사람들을 만난 적이 있을까? 그랬다면, 그들이 가엾다. 적응 훈련이 진행되는 동안, 티쉬는 각 단계마다 이를 악물고 온 힘을 다해 저항할 것이다. 왜 레베카와 조너선이 완벽한 몸매를 투사하는지 그 이유를 알 것 같다. 그들의 젊음과 완전한 몸은, 티쉬가 장차 투사해야 할 본보기로서 제시된 것이다. 그래서 그분들이 완벽한 몸매를 가진 그들에게 티쉬를 맡긴 것이다. 또 다른 이유도 알 것 같다. 그들의 몸은 아주 젊게 보였다고 했다. 그들의 영혼이 젊기 때문이다. 그들은 활기 넘치는 젊음으로 탈진에 면역되어 있을 것이며, 티쉬 같은 사람을 잘 다룰 것이다.

나는 내 방으로 돌아와 가련한 티쉬를 위해 기도했다. 한 번도 만난 적이 없는 레베카와 조너선을 위해서도 기도했다. 그 두 사람은 분명 티쉬를 잘 설득하여 변화시킬 수 있을 것이다. 그리고 나서 나는 깊은 잠에 빠져들었다.

**CHAPTER 6**

 아침인가? 만약 아침이라면, 나는 40대 이후 처음으로 왕성한 열정을 느끼며 잠에서 깨어났다. 이제 모험의 시작이다. 탐험 외에는 아무것도 할 일이 없다. 치실로 치아를 청소할 필요도, 허리 통증을 완화하기 위한 그 지겨운 운동을 할 필요도, 손을 뻗어 담배를 피워 물 필요도 없다. 내가 얼마나 신속히 움직였는지 나 자신이 놀랄 지경이다. 복도 밖으로! 그렇게 생각하자마자 나는 작은 초록방을 떠나 복도에 서 있었다.

 어제는, 그것이 어제였다면, 오른쪽으로 갔다. 오늘은 왼쪽으로 가봐야지! 왼쪽으로! 30미터를 한걸음에 날아갔다. 또다시 점프! 다른 복도가 나타났다. 그 순간 나는 깜짝 놀라 멈춰 섰다. 저게 뭐야? 쓰레기통이다. 한 10미터 정도 앞에 쓰레기통 하나가 놓여 있는 것이다.

어제만 해도 이 밋밋한 복도에 질려 뭐라도 있기를 바랐다. 오늘도 그랬다. 뭔가가 있기를 은근히 기대했다. 인간의 이 변함없는 마음에 놀란다. 어떤 상황이 주어지든 나는 자동적으로 무언가를 또 바랄 것이다.

어쨌거나 왜 저곳에 저런 것이 있는 걸까? 영혼들만 사는 이곳은 쓰레기통 같은 것이 있을 곳이 아니지 않은가? 저것들도 모두 투사된 것일까? 우리 영혼들은 먹지 않는다. 그러므로 배설도 하지 않고 쓰레기도 배출하지 않는다. 그런데 왜 저기에 쓰레기통이 있을까? 도무지 알 수가 없다. 저 쓰레기통은 내가 투사한 것일 수도 있다. 하지만 내가 전혀 기대하지 않은 것, 생각하지 않은 저런 것을 나 자신이 투사했을 리는 없다.

가장 놀라운 것은 쓰레기통의 평범한 형태다. 여기 하늘나라에는 전혀 어울리지 않는 형태로 지상에서 흔히 보던 것이다. 어쩌면 내가 투사한 것인지도 모른다. 나와 내 아내 메리 마르타가 시어스라는 잡화점에서 산 것과 똑같은 것이다. 높이는 1미터 정도, 칙칙한 쑥색 플라스틱 몸통과 뚜껑, 까만 손잡이와 까만 바퀴.

웃음이 나온다. 나는 내용물을 확인하겠다고 쓰레기통 뚜껑을 열어본 적이 없다. 누가 그 냄새 나는 쓰레기통을 이유

없이 열어본단 말인가? 그러나 이번에는 전혀 다르다. 그냥 지나칠 수가 없다. 쓰레기통으로 다가가 뚜껑을 열어젖히는 상상을 했다. 상상대로 되었다. 그 안을 들여다보았다. 놀랍게도 그 안에는 갈색 돌멩이들이 가득 담겨 있었다. 지름이 한 10센티미터 정도 되는 둥그스름한 돌들이다. 더욱 놀라운 것은 내가 느낀 비참한 감정이다. 끊임없이 밀려드는 파도처럼 비참한 감정이 내 마음을 타고 올라왔다.

정신과 의사로서 받은 훈련이 많은 도움이 되었다. 내가 느끼는 수많은 감정들은 내 안에서만 생성된 것이 아니라고 배웠다. 어두운 거리를 지날 때 느끼는 으스스함은, 그 어두움 속에 숨어 있을지도 모르는 위험 때문에 느껴지는 것이다. 어떤 특정 환자가 왔을 때 진찰이나 상담을 하기 전부터 걱정이나 염려가 되는 경우가 종종 있다. 그 이유는 그 환자에게, 나로 하여금 걱정하게 할 만한 그 무언가가 있기 때문이다. 이번 경우도 마찬가지다. 비참한 감정은 이 쓰레기통 안에 있는 갈색 돌멩이들로부터 올라온 것이다. 내 안이 아니라 쓰레기통 안에서 나오는 것이다.

그 감정의 실체를 밝히고 싶었다. 호기심과 그 비참한 것들을 도와야 한다는 거의 강박적인 의무감에 쓰레기통 속에서 돌멩이 하나를 집어들고 자세히 살펴보았다. 그러고는 복도 바닥에 떨어뜨려보았다. 그러자 그 돌멩이는 사라져버렸다. 그런데 이상한 일이 일어났다. 쓰레기통 안 그 돌멩이가 있던 자리에 다른 돌멩이가 생겼다. 동시에 한 목소리가 들려왔다. "실례합니다, 고객님. 이 돌멩이들을 옮기면 절대로 안 됩니다. 자유대원칙 43조 B항 위반입니다."

나는 재빨리 대답했다. "죄송합니다. 위반할 의도는 전혀 없었습니다. 호기심에 그만…" 여기서는 어디서나 자유대원칙을 반드시 준수해야 한다는 노마와 샘의 말이 생각났다. "저는 이곳에 새로 온 사람입니다." 설명을 이어나갔다. "누구의 자유도 침해할 생각이 없습니다. 아직 모든 규칙을 다 알지 못해서 그랬습니다. 죄송합니다."

"그러시군요, 고객님." 그 목소리는, 작은 실수는 기꺼이 너그럽게 받아들이는 노련한 집사의 목소리처럼 정중했지만, 지극히 사무적이었다.

그럼에도 나는 호기심이 너무나 강렬하여 질문하지 않을 수 없었다. "제 이름은 다니엘 터핀이라고 합니다. 실례지만 성함을 알 수 있을까요?"

"로버트 브라운입니다."

흔한 이름이다. "당신에 대해 더 말씀해주실 수 있습니까?"

"특별히 말씀드릴 것이 없습니다, 고객님."

"그런데 그 돌멩이 밑에서 무슨 일을 하십니까?"

"저는 이곳에서 경비를 담당하고 있습니다."

"무엇을 지키십니까?"

"회사입니다."

"네? 회사라고요?"

"그렇습니다, 고객님. '아말감 시스템Amalgamated System'이라는 회사입니다."

"무슨 일을 하는 회사죠?"

"물론 사업입니다."

"네. 그런데 무슨 사업입니까?"

"저는 대답해드리기 어렵습니다. 제 임무는 경비입니다. 고객 상담 책임자께서 대답해주실 것입니다. 그분이 지금 어떠신지 곧 알아봐드리겠습니다."

한꺼번에 여러 가지 감정을 느꼈다. 돌멩이 밑에서 발산되는 비참한 감정에 혼란이 뒤엉킨 느낌이다. 나는 뒤엉킨 감정들을 분석하기 시작했다. 처음 나에게 충격을 준 것은 이 상황이 놓여 있는 기괴함이다. 정신을 차리고 잘 생각해보자. 나는 지금 길고 지루한 텅 빈 복도에 놓여 있는 쓰레기통 속의 돌멩이들과 대화하는 중이다. 그런데 그 돌멩이들 하나하나는 이윤을 목적으로 사업하는 기업이라는 것이다. 이

기괴한 일들을 미처 정리하기도 전에, 새로운 목소리가 나타나 생각을 중단했다. "안녕하십니까, 고객님." 그 목소리는 유쾌하고 친절하고 사교적이었다. "저는 헨리 스미스라고 합니다. 고객 담당 책임자입니다. 무엇을 도와드릴까요, 고객님?"

헨리 스미스라. 경비원의 것처럼 평범하기 이를 데 없는 이름이다. 그 생각은 얼른 치우고 나 자신에 대해 소개했다. 나는 이곳에 처음 온 사람인데, 이 새로운 세계를 탐험하다 여기에 오게 되었고, 우연히 경비원을 만나 '아말감 시스템'이라는 이 회사에 대해 듣게 되었노라고 자세히 그러나 재빨리 설명했다. "당연히 이 회사에 대한 호기심이 생겼습니다. 몇 가지 질문을 해도 될까요?"

"물론 얼마든지 물어보십시오, 고객님. 그것이 제 임무입니다. 아말감 시스템의 영업에 대한 모든 것은 모든 사람들에게 공개되어 있습니다."

"아말감 시스템은 정확히 어떤 일을 합니까?" 내가 물었다.

"이곳에 새로 오셨군요. 그렇죠?" 이 수사적인 질문에는 어떤 무례함이나 비하도 없었고, 오히려 속히 알려주지 못해 미안하다는 느낌이었다. "저희는 이곳의 모든 사람들이 아말감 시스템에 대해 잘 아시도록 홍보에 총력을 기울이고 있습니다. 하지만 저희가 우주의 중심이 아니다 보니 이런 일이 생깁니다. 저희의 소홀함을 이해해주실 줄 믿고 저희 회사를 소개해드리겠습니다. 저희 아말감 시스템은 지주회사입니다."

"지주회사라면, 다른 많은 기업을 소유한 회사 아닙니까?"

"네, 맞습니다. 잘 아시는군요." 스미스 씨가 활짝 웃으며 대답했다.

"그렇다면 얼마나 많은 회사를 소유하고 있습니까?"

"스물네 개입니다. 그런데 불행히도 독점금지법이 허용하는 최대치가 스물넷입니다. 이 법만 없다면 얼마든지 소유할 수 있는 능력이 있습니다."

이 법의 한계가 어디까지일까 잠시 생각해보다가 물었다. "한 지주회사가 다른 지주회사를 소유할 수도 있습니까?"

"대단히 총명한 분이시군요. 그렇습니다. 우리는 세 개의 지주회사를 소유하고 있는데, 이 역시 독점금지법의 규정에 따른 것입니다."

어쩐지 처음 대화를 시작한 목적에서 벗어나, 많은 사람들이 흥미를 갖던 거대복합기업의 마수에 걸려든 것 같았다. 지구에서 나는 이런 일에 전혀 관심이 없었다. 한 번도 경험한 적이 없는 깊은 늪에 빠져 헤매는 것 같았다. 이런 일로 얼마나 많은 사람들이 곤란을 치렀던가. 나는 정신을 가다듬고 기초부터 차근차근 살피기로 했다. "당신의 회사는 어떤 물건을 만듭니까?" 내가 물었다.

스미스 씨가 웃는 것 같았다. "저희는 돈을 만듭니다." 그가 대답했다.

돈을 만들다니. 돈을 찍어낸다는 말인가? 나는 그 말을 유머로 이해했다. 아말감 시스템에 소속된 회사들이 흑자 경영을 한다는 말을 그렇게 표현한 거라고 짐작했다. "대단하군요. 그런데 제 질문은 생산품이 무엇이냐는 것입니다."

"생산품요? 생산품이라고 하셨습니까?" 나는 잠시 스미스 씨가 뭔가를 혼동했다고 생각했다. 그러나 정작 혼동한 사람은 그가 아니라 나라는 사실을 스미스 씨가 지적해주었다. 그가 한 말은 유머가 아니다. "이곳에 처음 오신 분이라 잘 모르시겠군요. 이곳에는 어떤 물건, 즉 물질로 만들어진 것이 없다는 것을 인식하지 못해서 그렇게 질문하시는 것입니다. 여기서는 어떤 물건에 대한 수요가 있을 수 없습니다. 그러므로 물건을 생산할 필요가 없습니다. 몸이 없으므로 화장지도, 비누도, 화장품도, 옷이나 신발도 만들 필요가 없습니다."

"하지만 회사란 무엇을 만들기 위해 존재하는 것이 아닙니까? 그래서 이 회사의 생산품이 뭐냐고 질문한 것입니다."

"이미 말씀드렸습니다. 우리는 돈을 만들고 있습니다. 모든 회사는 금융회사입니다. 각각 취급 품목은 다릅니다. 어떤 회사는 주식만을 전담하고, 어떤 회사는 채권이나 펀드만을 취급합니다. 어떤 회사는 고위험 금융상품을, 어떤 회사는 안정적인 금융상품들을 취급합니다. 옵션만 취급하는 회사도 있습니다. 당연히 지주회사인 '아말감 시스템'은 그 모든 회사들의 합병과 인수를 총괄하고 있습니다. 이런 일을 하는 데는 복합적인 법률 업무도 필요합니다. 그래서 모든 법률적인 일을 총괄하는 로펌도 소유하고 있습니다."

갑자기 정신이 멍해진다. 나는 지구에서의 일을 상기했다. 금융회사들이 어떤 생산품이 아닌 오직 돈을 창출해내는 것에 대해 얼마나 많은 사람들이 비판했던가. 그러나 스미스 씨가 옳다. 다른 기업이 이곳에 존재할 필요가 없다. 하지만 나는 이런 기업에 대해 전혀 아는 바가 없다. 나는 정신과 의사로서 돈을 벌었고, 저술과 강연으로 돈을 벌었다. 사람들은 이런 것을 서비스산업이라고 부른다. '오락산업'이라고 할 수도 있다. 서비스산업이나 오락산업 역시 무엇인가를 만들어낸다. 그런데 이와 같은 금융산업을 서비스산업이라고 할 수 있을까? 나도 과거에 금융산업을 이용했다. 수입과 지출

관리, 소득세 납부, 주식 투자 계획, 노후연금 관리 등으로 그들을 이용했고, 그들은 매달 내게 보고서를 보내주었다. 하지만 깊게 관여하지는 않았기에, 금융산업은 내게 베일에 싸인 곳이었다. 수많은 의문들이 꼬리에 꼬리를 물고 일어나기 시작했다.

나는 가장 뚜렷하게 떠오르는 질문을 던졌다. "돈이란 어떤 의미에서 대단히 추상적인 것입니다. 그래서 돈을 뜻하는 여러 상징이 있습니다. 지폐나 수표나 채권증서 등 말입니다. 사람들은 흔히 농담 삼아 이 모든 것을 '종잇조각'이라고 말합니다. 당신이 정확하게 지적했듯이 이곳에서는 어떤 물건도 필요하지 않습니다. 여긴 종이도, 잉크도 없다는 뜻입니다. 계산기는 물론 컴퓨터도 없습니다. 그렇다면 그 엄청난 액수의 돈을 어떻게 계산합니까?"

스미스 씨는 내 명민함을 칭찬하면서 말했다. "아주 좋은 질문입니다. 사실입니다. 문제가 좀 있긴 합니다. 우리는 그 문제를 해결하기 위해 사람들을 사용합니다. 우리 회사원 대부분은 매순간 변하는 숫자들을 처리하는 데 자신의 모든 시간을 보냅니다. 사람들의 머리가 컴퓨터라고 할 수 있죠. 하지만 복잡한 수들을 반올림해서 기억한다고 해도, 비효율적인 것은 사실입니다."

이제야 이 쓰레기통으로 끊임없이 올라오는 연민의 정체를 알 수 있을 것 같다. "맙소사. 정말 끔찍한 일이군요." 깊은 동정심에서 우러나온 말이었다. "모든 시간을 들여 그 엄청난 숫자들을 계산하고 기억하는 일이 얼마나 힘들겠어요?"

"아닙니다. 정반대입니다." 스미스 씨는 힘주어 말했다. "여기에 있는 모든 사람들은 계산하는 것을 대단히 좋아합니다. 이 자랑스러운 아말감 시스템은 최고의 직업 만족도를 보이고 있습니다."

내가 알고 있던 세계와는 멀어도 한참 먼 세계다. 여기 온 후 시간이 얼마나 지났는지 모르지만, 한 번도 돈이 필요한 적이 없었다. 나는 분명히 기억하고 있다. 지구에 있을 때 내 노력의 산물인 돈을 셀 때 느낀 그 은밀한 기쁨을. 조금씩 늘어나는 수입이 그 많은 걱정과 스트레스를 이길 수 있는 큰 위로가 되었다. 그렇다. 사람들이 돈을 셀 때 느끼는 희열을 얼마든지 이해할 수 있다. 하지만 나는 돈을 밝히지 않았다. 돈을 숭배하지도 않았다. 돈을 세는 일은 가끔씩 해야 할 일에 불과했고 계산은 너무나 싫었다. 그러니 하루 종일 오직 머리로 계산해야 하는 사람들이 얼마나 딱해 보이겠는가!

또 다른 질문이 떠오른다. "이곳은 물건이 필요 없는 곳입니다. 그런데 왜 그토록 애를 써서 돈을 벌려고 하는 것입니까? 사야 할 물건도 없는데요."

"아니요, 사야 할 것이 있습니다. 여기에도." 스미스 씨가 나를 확신시키듯이 말했다. "다른 회사들입니다. 예를 들면 아말감 시스템은 계열사 몇 개를 다른 기업에 팔았습니다. 그렇게 해서 더 큰 회사를 인수할 여지가 생겼습니다. 아까 말씀드렸던 독점금지법을 생각해보시면 쉽게 이해할 수 있을 겁니다. 판매 액수는 말씀드릴 수 없습니다. 회사 대외비거든요. 이것은 그저 한 예에 불과합니다. 여러 가지 거래에 관한 일들이 언제나 발생합니다."

"왜요? 왜 그렇게 하십니까?" 나는 강한 어조로 물었다. "회사가 더 크게 성장해야 한다는 말처럼 들리는데요. 아말감 시스템이 더 많은 돈을 벌어야 하는 것 같은데, 그게 전부인가요? 그러니까 '성장을 위한 성장' 말입니다."

"물론입니다."

"제가 너무 순진했나보군요. 하지만 여전히 이해하지 못하겠어요. 그렇게 열심히 벌어서 쌓아놓은 돈으로 살 것이 아무것도 없는데 오직 성장만이 목표라면 어떻게 합니까?"

"정말 순진하시군요, 터핀 씨. 하하하. 일부러 반대 입장을 취하시는 것처럼 보이는데요. 물론 트집을 잡으려는 것이 아닌 줄은 잘 알겠습니다. 언제나 사야 하는 기업은 있습니다. 그 기업을 살 부를 축적해놓아야 합니다. 경쟁이죠. 경쟁이야말로 모든 것입니다. 경쟁심이 사람들을 움직이는 진정한 동력입니다."

스미스 씨는 분명한 확신을 가지고 말하지만, 나는 과연 경쟁이 사람들을 움직이는 힘인지 의심스럽다. 아말감 시스템 사람들에게는 경쟁이 동력이 되겠지만, 여전히 내게는 만족할 만한 대답이 못 된다. "얼마나 많은 사람들이 경쟁으로 동기부여가 되는지 궁금합니다. 지구에서는 사람들이 돈을 벌려고 경쟁하긴 하지만, 그 돈으로 더 많은 것을 소유하고 더 쾌적하고 안락한 삶을 추구합니다. 그러나 여기서는, 제가 아는 한 더 많이 소유할 필요가 없습니다. 소유할 육체가 없으니까요. 굶거나 사고를 당할 염려도 전혀 없지 않습니까? 그런데 왜 기업을 더 많이 가지려고 경쟁해야 하나요?"

스미스 씨가 크게 웃었다. "혹시 당신은 소크라테스와 같은 철학자이십니까? 왜, 질문법인가로 사람들에게 계속 질문하는 철학자 말입니다. 당신은 이미 답을 알고 있습니다. 왜 우리가 경쟁을 하는지. 바로 지위와 권력을 위해서죠."

도저히 이해하기가 어렵다. 나는 또 물었다. "이 아말감 시스템의 총수가 누구시죠?"

"프랭크 존스 씨이십니다."

처음에는 브라운, 다음에는 스미스, 이제는 존스라. 어쩜 이름들이 하나같이 특징이 없을까? 어쩌면 정체를 은폐할 목적으로 쓰는 가명일지도 모른다는 생각이 들었다. 하지만 화제를 바꾸고 싶지는 않다. 대화의 흐름을 유지하고 싶다.

"존스 씨는 상당한 지위와 엄청난 권력을 소유하셨겠군요."

"그럼요. 대단한 지위와 권력을 누리고 계십니다."

"그분은 어떻게 총수 자리에 오르게 되셨습니까?"

"그것은 자유대원칙 137조 4항에 의해 철저히 보호받는 정보입니다, 고객님."

그 숫자는 방금 임의로 둘러댄 것처럼 들리는데 이유가 뭘까? 도전하는 것처럼 보여서일까? "그렇군요." 일단 수긍하기로 했다. "그럼 존스 씨가 그 권력을 어떤 일에 행사하십니까?"

"그분은 단독으로 권력을 행사하시지는 않습니다. 언제나 간부 회의와 부회장님의 자문을 받으십니다. 그분은 대단히 현대적인 감각을 지닌 뛰어난 리더이십니다. 기업을 사고 팔 때 절대적인 발언권을 갖습니다. 그리고 수석 임원들의 임명과 해임을 결정하십니다."

"그런 권한을 갖고 있으니까, 수많은 고용인들이 승진하기 위해 열심히 일하고, 해고되지 않으려고 늘 노심초사하겠군요."

"그렇습니다. 아말감 시스템도 여느 기업과 다르지 않습니다. 하지만 그런 일은 좀처럼 없습니다. 우리 모두는 우리 회사가 가장 행복한 직장이라고 이구동성으로 말합니다. 우리는 하나의 행복한 가족입니다."

마음이 혼란스럽지만, 지금까지 들은 이야기들을 전체적으로 평가하기 위해 정신을 가다듬었다. 질문하고 싶은 마음을 비우고 감정에 집중한다. 나는 여전히 강한 연민의 감정을 느낀다. 그것은 여전히 돌멩이들 밑에서 흘러나오고 있다. 그 감정에는 공포심이 섞여 있다. 존재 자체를 뒤흔드는 공포심.

정신을 차리고 눈을 들어 시야가 닿는 끝까지 복도를 바라보았다. 거기에는 아무것도 없다. 다른 쓰레기통은 보이지 않는다. "그런데 아말감 시스템은 어디에 있습니까?"

"회사 위치를 말씀하시는 것입니까?" 처음으로 스미스 씨가 혼란스러운 것처럼 보였다.

"네. 그 많은 종업원들이 어디에서 일합니까?"

"물론, 이 안에서요. 모든 소속 회사가 이 안에 있습니다. 모두 바로 여기서 일합니다."

"이 작은 통 안에서요?" 놀라움에 목소리가 커졌다. 하마터면 '이 쓰레기통'이라고 말할 뻔했다. 놀란 와중에도 최소한의 예의를 갖출 수 있어서 다행이다.

"네, 그렇습니다. 당신도 아시다시피, 영혼들은 많은 공간이 필요하지 않으니까요. 기업 활동의 핵심이 대부분 여기 있습니다. 우리는 생산 공장이나 그에 따르는 건물이 전혀 필요치 않으니까요. 상당한 경비가 절감되지요."

"얼마나 많은 종업원들이 이 안에서 일하고 있나요?" 내가 물었다.

대답이 자동적으로 나온다. "오늘 아침 현재 14만 3,812명입니다. 우리는 1,000개의 자회사를 거느리고 있습니다." 스미스 씨의 목소리에는 자부심이 넘친다.

나는 경악하지 않을 수 없었다. 이런 일을 어떻게 사실로 받아들일 수 있겠는가! 놀라움과 분노, 동정심과 비관과 혼란. 이 모든 감정들이 내 존재 전체를 사정없이 흔들어댔다. 이 이상한 세계에 잘 적응해야겠지만, 이 혼란스러움은 도저히 감당할 수 없다. 아무리 영혼들은 공간이 필요 없다고 해도, 이 작은 쓰레기통 밑바닥에 14만이 넘는 영혼이 공존할 수 있단 말인가? 서로 잡아먹으며 꿈틀거리는 엄청난 수의 구더기 떼가 연상되었다. "그들 모두 이 안에서 함께 일한다고요?" 나는 밀려오는 공포심을 숨기지 않고 물었다.

"네, 그렇습니다."

"그들은 어디에서 삽니까?"

"주거를 말씀하시는 겁니까? 물론 여깁니다. 이곳에서 함께 살며 일하고 있습니다."

"아니요, 가정이 어디냐고요? 밤이 되면 돌아가는 집 말입니다."

"여기가 우리들의 가정입니다." 스미스 씨가 힘주어 말했다.

"맙소사. 그들은 어디서 자냐고 묻고 있습니다."

"잠이라고요?" 스미스 씨가 내 말을 반복했다. "제가 실수했군요. 당신이 여기가 처음이라는 사실을 잠깐 잊었습니다. 우리는 잠을 자지 않습니다."

이번에는 내가 그의 말을 반복할 차례였다. "당신들은 잠을 자지 않는다고요?"

"자지 않습니다. 업무를 맡은 사람들은 아무도 잠을 자지 않습니다. 그럴 수 없습니다."

"그럴 수 없다는 말은 무슨 뜻입니까?"

"말 그대로입니다. 우리는 너무나 바쁩니다. 일의 양을 말하는 것이 아닙니다. 계산할 분량이 많아서가 아니라, 작업

특성상 그렇습니다. 계산에는 고도의 집중이 필요합니다. 주의를 집중하지 않으면 실수가 발생합니다. 다른 사람들이 그 사소한 실수를 절대로 그냥 놔두지 않습니다. 누군가가 항상 그 허점을 노리고 있거든요."

"다른 회사 사람들도 함께 있습니까?"

"그럼요. 그러나 협력하며 일합니다. 제가 말씀드린 대로, 아말감 시스템에서는 우리 모두 거대한 한 가족입니다. 하지만 서로 경쟁하지 않는다는 뜻은 아닙니다. 사업이라는 것이 원래 그런 것입니다. 계속 승진하든지, 뒤처지든지 둘 중 하나입니다. 개인이든 단체든 마찬가지입니다. 원래 서로 먹고 먹히는 게 기업의 생리 아닙니까?"

잠을 자지 않는다는 말을 듣고 혼란이 최고조에 달했다. 어떻게 사람이 잠을 자지 않을 수 있는가? 샘과 노마도 육체가 없는 영혼 역시 잠은 필요하다고 말하지 않았던가. 나는 스미스 씨의 이야기가 전혀 믿기지 않았다. "당신들은 잠을 자지 않는다고요?"라고 물었을 때, "네, 업무를 맡은 사람들은 아무도 잠을 자지 않습니다"라고 대답했다. 갑자기 여러 번 목격했던 한 광경이 떠오른다. 나는 강연가로서 20년 동안 이 나라 저 나라를 다녔고, 수많은 시간을 공항에서 보냈다. 공항에서 비행기를 기다리는 동안 원고를 정리했다. 그

때마다 반드시 마주치는 사람들이 있었다. 그들의 겉모습은 거의 비슷했다. 그들은 공중전화 앞에서 비행기가 이륙하기 직전까지 다이얼을 돌리고 또 돌렸다. 그러고는 내가 들을 수 있을 만큼 큰 목소리로 매우 빠르게 말했다. 그 내용은 언제나 거래에 관한 것이었다. 그들은 거래의 악령에게 사로잡힌 듯 거래에 중독되어 있었다. 그들의 표정은 행복해 보이지도 불행해 보이지도 않았다. 하지만 냉방이 시원하게 잘 되고 있는데도 언제나 이마에 땀이 맺혀 있었다. 그렇다. 나는 잠을 자고 싶지 않을 정도로, 아니 잠을 자지 못할 정도로 무엇인가에 중독되고, 꼼짝도 못할 정도로 누군가에게 사로잡힌다는 것이 무엇인지 알고 있다. 쥐의 뇌에 자극을 주는 레버를 사람의 손에 쥐어주면, 끊임없이 눌러대어 끝내 그 쥐를 죽게 만든다. 그들이 보여준 것은 그런 무시무시한 몰입이었다.

  스미스 씨의 말 가운데 어떤 것은 진실이라고 믿는다. 그는 어떤 면에서는 지극히 정상이다. 그는 내가 이곳에 처음 온 사람이고 기업에 대해서는 문외한이라는 사실을 정확히 인식하고 있다. 그는 기업에 대해 정확히 분석하고 설명도 정확히 해주었다. 또한 그와 그의 동료들 역시 지극히 정상적이며, 이 통 안에서의 삶도 특별한 것이 아님을 확실히 증명했다. 뭔가 숨기려는 의도도 없었다. 내가 받아들일 수는 없지만, 자신의 견해를 떳떳하게 밝혔다. 어쩌면 나도 그들 중 하나인지도 모른다. 속임수 같은 것은 감지하지 못했다. 우리는 전혀 다른 구조에서 대화를 나누었다고 할 수 있다. 나는 대화의 방향을 돌리기로 했다. "왜 당신들은 돌멩이 밑에 숨어 있는 것입니까?" 내가 물었다.

"왜냐고요? 드러나는 것을 원치 않기 때문입니다." 그가 대답했다.

"그건 저도 압니다. 이유가 뭡니까?"

"당신은 참 이상한 사람입니다. 그렇지 않습니까?" 스미스 씨가 말했다. "지구에서의 사업을 한번 생각해보십시오. 가끔씩 대중 앞에 현란한 모습으로 등장하는 사업가가 있습니다. 리 아이아코카나 도널드 트럼프 같은 사람들 말입니다. 그들은 예외적인 인물입니다. 당신에게 실례가 안 된다면, 멍청이라고 말하고 싶습니다. 유능한 사업가라면 절대로 자신의 카드를 남에게 보여주지 않고, 자기 가슴 가까이에 가립니다. 자신의 봉급에 대해서는 전혀 언급하지 않습니다. 회사 바깥에서는 최대한 눈에 띄지 않으려고 합니다. 그가 누구인지 모른다면 아무도 신경 쓰지 않을 테니까요."

"무슨 뜻인지 알겠습니다."

스미스 씨는 내가 미심쩍어하는 것을 눈치 채고 부연 설명했다. "그런 이유만은 아닙니다. 우리는 기업 비밀을 많이 가지고 있습니다. 경쟁사들이 그 비밀들을 얼마나 알고 싶겠습니까? 그래서 우리는 산업 스파이들의 염탐을 막으려는 것입니다."

분명 이 아말감 시스템도 스파이 조직을 두고 있을 것이다. 내가 물었다. "당신은 내가 스파이가 아니라는 것을 어떻게 알았습니까? 나에게 모든 것을 자세히 말해주고 계시지 않습니까?"

"자유대원칙 때문입니다. 이 원칙은, 우리가 익명성을 지킬 자유도 보장하지만, 당신과 같은 사람들에게 우리의 존재를 알리고 합리적인 질문에 답할 자유도 보장하기 때문입니다. 내 임무 중에는, 규정들을 파악하는 것도 있지만, 어떤 질문이 합리적인 것인지 아닌지를 판별하는 것도 있습니다. 물론 대중에게 우리의 사업을 알리기 원합니다. 총수님이 늘 강조하시듯이, 대중과의 관계보다 더 중요한 것은 없습니다."

왜 존스 씨가 대중과의 관계를 최우선시하는지에 대해서는 묻지 않기로 했다. 내 판단으로는, 그들은 아말감 시스템을 대중에게 보다 매력적으로 보이기보다는 악몽처럼 보이게 홍보하는 것 같았다. 나는 스미스 씨에게 이 회사에 어떻게 입사할 수 있느냐고 물었다.

"다른 회사에서 이적해 오는 경우가 아니라면, 영접관들이 이 회사에 대해 알려줍니다." 그가 말했다.

나는 기절할 듯이 놀랐다. 뭐라고? 노마와 샘 같은 사람들이 이 쓰레기통 밑바닥을 소개해준다고? "왜 영접관들이 소개해줍니까?"

"터핀 씨, 죄송합니다. 그것은 자유대원칙 119조 C항이 보장하는 비밀입니다."

내가 항의했다. "하지만 내 영접관들은 이 회사에 대해 아무 말도 해주지 않았는데요. 나는 이 통보다 수백 배는 더 큰 공간을 갖고 있습니다. 그 방은 오직 나만을 위한 것입니다. 그들은 기업에 대해서는 한마디도 하지 않았습니다. 아말감 시스템은 물론이고 다른 어떤 기업에 대해서도요. 왜 여기 있는 사람들에게만 알려주었을까요?"

"터핀 씨, 제가 해드릴 수 있는 말은 여기에 온 사람들은 모두 자진해서 왔다는 것입니다. 그들이 여기서 일하기를 **원했습니다**. 이곳은 노예 수용소가 아닙니다."

"그러나 왜요?" 나는 항의하듯이 물었다. "왜 이 사람들은 쓰레기통 맨 밑바닥에서, 그것도 돌멩이 밑에서 일하고 싶어 하냐고요?"

"죄송합니다. 저는 대답해드릴 수가 없습니다." 스미스 씨는 고집스럽게 자신들을 비판하는 듯한 내 태도에 화가 난 것 같다. 그러나 그는 여전히 침착하다. 오히려 내 비위를 맞추려는 듯 세련된 태도를 취한다. "당신의 영접관들에게 직접 물어보시는 게 좋을 것 같습니다. 저는 더 이상 도와드릴 수 없으니 이해해주시기 바랍니다. 아시다시피 자유대원칙의 같은 조, 같은 항에 의해서입니다."

그래서 나는 전략을 바꾸기로 했다. "이곳에는 여성들이 얼마나 있나요?"

"3분의 1정도가 여성입니다. 아말감 시스템에는 성차별이 전혀 없습니다. 남녀 비율은 그때그때 좀 다릅니다. 여성들은 남성들에 비해 계산하는 것을 좋아하지 않는 경향이 있습니다. 법률 문제를 다루는 곳에서는 3분의 2가 여성입니다. 또 부수적인 부서에서는, 예를 들면 여론 자문 기관 같은 곳에서는 거의 전부 여성이 일하고 있습니다."

호기심이 발동하기 시작한다. "여론 자문 기관이라고요? 그곳에서는 무슨 일을 하는데요?"

"문자 그대로 자문 기관입니다. 우리 회사 임원들이 자신에 대한 여론을 좋게 만들기 원하면, 즉 자신의 명성을 높이고 싶으면 그들의 서비스를 받습니다. 반대로 경쟁자의 명성에 해를 입히기 원할 때에도 이들에게 용역을 줍니다. 여성들은 명성이나 여론을 다루는 데 재능이 있거든요."

나는 도저히 이해할 수가 없었다. "당신은 아말감 시스템이 한 가족이라고 했습니다. 그것도 행복한 가족이요. 그런데 어떻게 함께 일하는 동료의 명성을 깎아내리는 일을 할 수 있습니까? 그것도 전문가들까지 고용해서요?"

"경쟁이라고 말씀드렸습니다. 기억하시죠? 우리 모두는 지위와 권력을 추구하고 있습니다. 그러므로 한 가족이라고 모두 함께 협력한다는 뜻은 아닙니다. 우리가 살던 미국에서도 그랬습니다. 정치가들을 한번 상기해보십시오. 그들도 여론을 만들어내고 상대방의 명성에 해를 입히는 일을 전문가들에게 맡겼습니다. 그래서 미국이 잘 운영되지 않았습니까?"

"그렇게 하면서 이 기업을 운영한다는 것은 도저히 이해할 수 없습니다." 주제가 정치 쪽으로 넘어가는 것을 원치 않기에 나는 얼른 화제를 기업 쪽으로 돌렸다. "그렇다면 명성에 치명상을 입은 임원은 어떻게 됩니까?"

"당연히 강등되지요."

"해고된다는 뜻입니까?"

"아니요, 해고하지는 않습니다. 아말감 시스템에는 일할 자리가 대단히 많습니다. 전혀 모자라지 않습니다."

"그는 이 회사를 떠날 수도 있습니까?"

"다른 회사로 가느냐는 뜻입니까? 물론이죠. 아말감 시스템에는 자신이 원하는 부서를 선택할 자유가 있습니다. 임원 발굴을 위한 자회사가 대단히 활발하게 움직이고 있습니다."

"임원 발굴 회사라고요?"

"네, 헤드헌터요. 지구에도 흔히 있던 것 아닙니까? 우리는 서로 임원들을 훔쳐, 아니, 발탁해 옵니다."

갑자기 이상한 탈진감이 밀려온다. 스미스 씨와의 대화 시간은 대략 30분 정도밖에 되지 않는다. 하지만 내게는 30시간도 넘는 시간 같다. 지금 즉시 이 자리를 떠나지 않는다면 죽을 것만 같다. 하지만 내 마지막 질문에 대한 스미스 씨의 대답은 부분적인 것이었다. 다른 것을 더 알고 싶다. 그래서 꾹 참으며 말했다. "당신은 제게 친절하고 참을성 있게 응대해주셨습니다. 소중한 시간을 더 빼앗고 싶지는 않습니다. 하지만 한 가지만 더 알려주십시오. 제가 이 아말감 시스템을 떠날 수 있느냐고 물었을 때 당신은, 떠나려는 사람은 다른 회사나 다른 부서로 옮긴다고 말했습니다. 제 질문은, 완전히 이 회사를 그만둘 수 있느냐는 것입니다. 완전히 그만

둘 수 있습니까?"

"완전 탈퇴를 말씀하시는 것입니까?" 처음으로 스미스 씨의 목소리에서 불안감을 느꼈다.

"네. 당신은 탈퇴라고 말하지만, 저는 귀환이라고 하는 것이 좋겠습니다. 왜냐하면 그 사람은 당신의 세계에서 우리 세계로 돌아오는 것이기 때문입니다. 회사의 고용인들은 탈퇴가 자유롭습니까?" 내가 찬찬히 설명하며 물었다.

"이미 그들은 자원한 사람들이라고 말했습니다. 자유롭다는 뜻입니다."

스미스 씨가 얼버무리고 있다고 판단했다. 그래서 다그치듯이 물었다. "얼마나 많이 탈퇴합니까? 한 해에 몇 명이나 탈퇴합니까?"

"아주 드뭅니다. 탈퇴했다는 이야기는 거의 듣지 못했습니다."

"한 해에 몇 명이나 됩니까? 스미스 씨, 제발 말씀해주십시오. 평균 몇 명입니까?"

"전체 인원에 비추어보면 0.0002퍼센트 정도 됩니다. 한 해에요. 지구에서는 이렇게 퇴직률이 낮은 회사가 없습니다. 터핀 씨, 다시 말씀드리지만 아말감 시스템은 행복한 한 가족입니다. 상상할 수 없는 최고의 직업 만족도를 자랑하고 있습니다."

"대단하군요." 나는 동의했다. "축하할 만하다는 뜻입니다. 마지막으로 아주 사소한 질문을 드립니다. 1년에 두세 명 정도가 탈퇴한다고 하셨는데, 탈퇴 이유는 무엇입니까?"

"탈퇴 이유요? 제가 그걸 어떻게 알겠습니까? 그들이 분별력이 없기 때문이죠." 스미스 씨가 서둘러 대충 대답했다.

"제 질문을 이해하지 못하신 것 같군요. 스미스 씨, 저는 당신의 견해를 물은 것이 아닙니다. 그들이 회사를 떠나면서 무슨 말이든 했을 것 아닙니까? 무슨 말을 하고 떠났는지 물은 것입니다."

"가르쳐드릴 수 없습니다. 그 정보 역시 자유대원칙 7조 13항에 의해 보호받고 있기 때문입니다."

"자, 저는 이제 여길 떠나겠습니다. 스미스 씨, 이 쓰레기통 뚜껑을 닫아드릴까요?" 이 질문은 은유적인 것만은 아니었다.

"아니요. 제가 하죠. 안녕히 가십시오, 터핀 씨. 언제든지 또 오십시오."

회색 복도의 벽에 놓여 있던 그 까만 쓰레기통 뚜껑은 공중으로 떠오르더니 쓰레기통 위에 내려앉았다. 나는 내 작은 초록방으로 얼른 돌아가기를 열망했고, 즉시 초록방으로 돌아왔다.

지구에서 살 때 너무나 피곤하여 잠을 이룰 수 없었던 적이 몇 번 있었다. 처음에는 책을 읽고, 뭔가 좀 마시고, 몸을 움직여 풀었다. 그래서 피곤이 잠으로 돌아서기를 기다렸다. 지금도 그런 경우다. 오늘 경험한 모든 것을 정리하고 숙고할 시간이 필요하다.

먼저 탈진의 원인부터 생각해본다. 왜 이다지도 극적이었을까? 그에 대한 대답은 대단히 비현실적인 것이다. 단순히 보이지 않는 조직을 대표하는 한 개인과 대화를 나눈 것이 아니었다. 나는 엄청난 비현실과 씨름한 것이다.

가장 비현실적인 부분은, 14만여 명이 쓰레기통 바닥에 모여 살고 있다는 것이다. 하지만 내가 알고 있는 모든 것은 엄연히 실제로 존재하는 것이다. 스미스 씨는 뼛속까지 거짓말쟁이였다. 그 쓰레기통에 살고 있는 모든 영혼들도 마찬가지다. 그가 했던 말 중에 어느 것이 거짓말인지 명확히 꼬집을 수는 없다. 브라운, 스미스, 존스 등 모든 이름도 가명 같다. 그가 인용했던 자유대원칙 조항들도 생각나는 대로 지껄인 것 같다. 모든 것이 가려져 있다. 핵심적인 질문에 대한 답은 모두 '보호받고' 있다고 했다. 몇 차례 그는 교묘히 회피했다. 어떤 것이 진실이고 어떤 것이 거짓인지, 어떤 것이 현실이고 어떤 것이 비현실인지 도무지 종잡을 수 없다.

이 모든 것의 비현실성은 스미스 씨도 자신이 거짓말을 하고 있다는 사실을 모르기 때문에 생긴 것이다. 나는 지구에서 살 때 큰 회사로부터 컨설팅을 받은 적이 몇 번 있었다. 그 회사 임원 중 한 사람은 자신의 회사가 '하나의 행복한 대가족'이라고 진실로 믿고 있었다. 그러나 현실은 정반대였다. 먹고살기 위해 어쩔 수 없이 일하던 그 회사 고용인 대다수가 분노와 위협과 불만족과 비탄에 빠져 있었다. 하지만 그 회사에 방문할 때도 이곳의 이 쓰레기통 밑바닥에서 흘러나오던 집단적인 고통은 느끼지 못했다.

사실, 아말감 시스템의 고용인들에게서 느껴진 고통이야말로 유일하게 현실적인 것이다. 어떻게 그런 일을 자원하겠는가? 십수만 명 중에서 어떻게 1년에 한 명 이하의 사람만이 그 일을 그만두는가? 나는 스미스 씨에게 정상과 비정상이 한데 뒤엉켜 있다고 생각했었던 것을 상기했다. 그에게는, 의미 없는 지위와 권력을 추구하는 사악하기 그지없는 경쟁이 정상이고, 그와 그의 동료들도 정상이다. 나만 아웃사이더로서 비정상이다. 이것은 스테파니를 만났을 때 들었던 생각과 동일하다.

스테파니는 내가 초보 정신과 의사일 때 나를 찾아왔다.

그녀는 원인을 알 수 없는 극심한 우울증에 빠져 있었다. 보기에도 너무 딱했다. 그녀는 우울증이 너무나 심각해서 말하기조차 힘들어했다. 그녀가 무슨 생각을 하는지 알아내는 것은 생니를 빼는 일처럼 서로에게 힘이 들었다. 어느 날 오후, 그날도 여느 때처럼 스테파니는 말이 없었다. 마침 크리스마스 즈음이라 스테파니에게 말을 시킬 요량으로 물었다.
"어린 시절의 크리스마스에 대해 말해볼래요? 어땠어요?"

"할 말이 없어요."

당시 스테파니는 어린 나이였기에 보다 구체적으로 묻기로 했다. "자, 기억해봐요. 다시 열 살 때로 돌아가는 거예요. 열 살 때 크리스마스는 어땠어요? 가족들과 뭘 했어요?"

"특별한 것은 없었어요. 그냥 보통 크리스마스였어요. 평범하고 그저 그런…." 내 말에 저항하는 것처럼 보이는 대답이었다.

내가 밀고 나가야 했다. "구체적으로 말해봐요. 크리스마스 이브에 무슨 일을 했어요?"

"특별한 거 없어요. 그저 보통 크리스마스 이브. 그저 그런…." 그녀는 또 저항했다.

"젠장!" 나는 폭발하고 말았다. "스테파니, 좋아요. 크리스마스 이브 여섯 시부터 아홉 시까지 뭘 했는지 말해봐요."

"선물을 싸고 있었어요."

"부모님께 드릴 선물?"

"그것도 같이요."

내 머릿속에서 첫 번째 경보가 울렸다. "그것도 같이?" 나는 질문을 반복했다. "그것도 같이라니 무슨 뜻이죠?"

"모든 선물을 포장했어요."

"모든 선물이라고?"

"네."

"구체적으로 말해봐요."

"내가 부모님께 드릴 선물. 부모님이 나에게 줄 선물. 부모님이 서로에게 줄 선물."

"그 모든 선물을 다 스테파니가 포장했다고?" 나는 어리둥절하여 다시 물었다.

"네, 그래요. 선물도 제가 산 거였어요." 스테파니는 아무런 표정 없이 대답했다.

나는 두려움마저 느끼며 반복해서 물었다. "그 선물까지 네가 샀다고?"

"네. 매년 추수감사절 다음 날, 아버지는 25달러를 주면서 말해요. '이 돈에서 10달러로는 내가 엄마에게 줄 선물을 사고, 10달러로는 엄마가 내게 줄 선물을 사고, 나머지 5달러로는 우리가 너에게 줄 선물을 사라."

눈물이 내 뺨을 타고 조용히 흘러내렸다. 스테파니가 그것을 보고 놀라며 물었다. "왜 우세요?"

"너를 대신해 운단다." 내가 대답했다. "스테파니는 아직 자신을 위해서 울 수 없으니까."

그때 신경증의 근원이 무엇인지 처음으로 깨달았다. 살면서 받은 한 가지 마음의 상처로 인해 신경증이 생기는 경우가 있다. 스테파니처럼 그 마음의 상처가 일상적으로 반복되어, 그 상처를 아픈 것으로 느끼지 못하고 당연한 것으로 받아들이는 것이 가장 큰 원인이다. 바로 그 일이 불쌍한 스테파니에게 생긴 것이다. 스테파니는 아버지의 행동이 처음에는 의아했을 것이다. 그런데 매년 반복되다보니 나중에는 아무렇지 않은 것처럼 여겨졌다. 이런 종류의 상처를 계속 받는 경우 자신도 모르는 사이에 모든 것이 혼란스러워진다. 건강한 것은 병든 것이 되고, 비정상적인 것이 오히려 건전한 것이 되는 것이다.

그렇다. 스미스 씨는 쓰레기통 바닥에서 벌어지는 비밀스럽고도 기괴한 삶을 당연한 것으로 믿고, 오히려 나 같은 사람을 비난과 동정의 대상으로 여기게 된 것이다. 스미스 씨와 그의 동료들은 단순한 신경증 환자로 보이지 않는다. 그

보다 훨씬 더 깊고 훨씬 더 넓다. 나는 스테파니의 말을 듣고
선 나도 모르게 눈물이 흘렀다. 그런데 이곳에서, 아말감 시
스템이 담겨 있는 쓰레기통을 생각할 때, 그때와는 비교할
수 없는 강한 연민을 느낀다. 이 감정만이 진짜다. 그 불쌍한
종업원들은 자기 자신을 불쌍하게 생각했다면, 결코 그런
일을 자원하지 않았을 것이다. 그들은 스스로 속고 속이고
있다.

어제―만약 어제가 있다면―나는 티쉬의 핑크빛 방을 보
고 온 후, 그곳이 연옥일지 모른다고 생각했다. 그리고 내 의
식은 마침내 다른 한 곳에 도착했다. 나는 오늘 지옥의 문에
서 있었으며, 지옥의 한 구역을 본 것이다.

**CHAPTER 7**

오늘은 잠에서 깼지만 자리에서 일어나고 싶은 생각이 들지 않는다. 기분도 좋지 않다. 지구에서는 매일 아침 내가 '기도 시간'이라고 이름 붙인 45분간의 시간을 즐겼다. 그렇다고 무릎 꿇고 기도했다는 것은 아니다. 커다란 머그에 담긴 커피 한 잔과 담배 두 개비를 즐기며 침대에 앉아 새벽 여명을 음미했다. 그런 다음 '오늘은 뭘 해야 하나' 하루 일과를 머릿속에 구상해본다. 다른 사람들이 보기에는 내가 아무 일도 하지 않고 빈둥거리는 것 같았겠지만, 내게는 모든 일을 훨씬 더 훌륭하게 만드는 깊은 명상의 시간이었다. 내 하루가 헛돌지 않도록 우선순위를 정하고 나 자신을 조율하는 귀중한 시간이었다. 또한 하나님께 내 삶의 우선순위를 어떻게 배열해야 하는지 물으며, 겉으로만 중요해 보이는 일에 내 생명을 허비하지 않도록 묵상하는 소중한 시간이었다. 하나님은 누구보다도 이 일에 유능한 전문가이시다.

오늘은 지구에서와는 달리 몇 가지 할 일이 더 있다. 그중 하나는 샘과 노마를 만나는 일이다. 내가 이곳이 천국인지 연옥인지 지옥인지를 물었을 때 그들은 "마음대로 선택해보세요"라고 말했다. 연옥과 지옥을 보고 왔다고 믿고 있지만 확신할 수는 없다. 그래서 샘과 노마의 확인이 필요하다. 만약 확인이 되면, 그에 대한 수백 가지 질문이 있다. 그 핑크빛 연옥에 꼼짝없이 갇혀 있는 티쉬를 나오게 할 길은 무엇인가? 왜 영접관들이 그 끔찍한 아말감 시스템을 영혼들에게 알려주는가? 어떻게 극소수 사람만이 그 쓰레기통에서 탈출하게 되는가?

지금 당장 그들을 부를까? 하지만 불필요하게 사람들을 귀찮게 하는 것은 내가 편치 않다. 그래서 그 무수한 질문들은 잠시 보류하기로 했다. 그러면 오늘은 뭘 할까? 노마와 샘이 내가 원하는 곳이면 어디든지 다녀올 수 있다고 했다. 물론 그 복도를 더 탐사할 수도 있다. 그곳에 무엇이 더 있을지는 하나님만이 아신다. 그러다가 얼핏 생각이 이 호텔 너머로 흐른다. 그래 오늘은 더 멀리까지 가보는 거야. 기분 전환을 위해서라도.

지구에서는 사후세계에 대한 신화가 있다. 우리가 죽으면 과거의 위대한 인물들을 만나 대화할 수 있다는 신화다. 그렇다면 누구를 먼저 만날까? 예수님? 하지만 너무 황송할 것 같다. 에이브러햄 링컨? 이분 또한 비슷한 느낌이 든다. 나는 링컨 대통령에 대해서 예수님에 버금가는 존경심을 느끼는데, 이분들의 사생활을 침해하는 것 같아 마음이 내키지 않는다. 그럼 셰익스피어? C. S. 루이스? 그래, 가능하면 이분들이 좋겠다. 하지만 지구에서 많은 유명 인사들을 만나 봤으나 그때마다 그 명성은 전혀 내 마음을 채우지 못했다.

그렇다. 내가 꼭 만나보고 싶은 사람이 딱 한 명 있다. 내 아내 메리 마르타. 전혀 유명하지 않은 나만의 특별한 아내. 지금은 '전 부인'이라고 해야 하겠지. 이혼이 아니라 죽음 때문에 갈라선 아내. 우리의 결혼생활은 50년 동안 아주 강렬하게 이어졌다. 전반기 30년 동안 우리의 결혼은 그야말로 간신히 유지되었다. 나의 불성실과 까다로움과 지나친 통제, 그리고 그녀의 강한 소유욕과 변덕스러움과 복수심이 원인이었다. 그로 인해 둘 사이에 남녀 간의 성대결이 수없이 일어났고, 우리 모두 극심한 고통을 느꼈다.

이 대결은 여성 운동의 출현으로 증폭되었다. 나는 '마르타'라는 여자와 1949년에 결혼했는데, 1971년에 그 이름을 '메리'라고 공식적으로 바꿨다. 메리는 나를 이기적인 수퇘

지라고 비난하면서, 자신은 뜨거운 불가에서 노예처럼 일만 하는 성경의 마르다와 동일시했다. 때때로 편집증적인 모습을 보이기는 했어도 메리는 이상한 사람이 아니었다. 사실 어떤 면에서 나야말로 나만 아는 남성우월주의자였다.

자녀 양육에서는 협력이 잘 되었다. 우리는 두 아이에게 헌신적이었지만, 어쩌면 그 녀석들이 우리를 그렇게 만든 것이다. 우리는 서로 타협하기도 했고, 고집을 부리기도 했으며, 서로를 위해주기도 했다. 물론 웃기도 하고…. 참 힘들었다. 우리 둘 다 다른 사람과 더 잘 살 수 있을 것이라고는 생각하지 않았다. 메리 마르타보다 내게 더 잘 맞을 것 같은 여자는 본 적이 없다.

아이들이 커가고, 집을 떠나고, 그렇게 시간이 지나면서 좋은 일들이 생기기 시작했다. 아내는 자신이 집안일을 즐기는 성향이 있음을 인식했다. 1980년, 아내는 다시 이름을 바꾸었다. 최종적인 이름 '메리 마르타'로. 나는 한 번도 집안일을 즐긴 적은 없지만 아내의 관리 감독하에 내 일만 챙기는 지독한 이기주의에서 점점 벗어나게 되었다. 우리는 점점 서로의 결점과 한계를 받아들이게 되었고, 조금씩 자신의 결점에서 벗어나기도 했다. 원숙해졌다는 말이다. 어쩌면 이것은 갱년기 증상의 하나인 호르몬 감소의 영향인지도 모른다. 어쨌든 훨씬 너그러워지고 부드러워졌고, 말년에는 웃음이 넘치게 되었다. 각자의 독립성을 인정해주면서 우리의 연합은 독보적일 만큼 돈독해졌다.

메리 마르타는 정원 일을 좋아했고, 어디에 살든지 정원을 만들고 가꾸었다. "나는 주변이 밝은 색인 게 좋아"라고 말하곤 했다. 아내가 나보다 3년 먼저 뇌졸중으로 갑자기 죽었을 때, 나는 큰 타격을 받지는 않았다. 10년 전부터 각자 홀로 살아갈 마음의 준비를 해온 것이 큰 도움이 되었다. 사실 돌아보면 아내의 갑작스런 죽음이 고맙기도 했다. 고통 없이 죽는다는 것이 얼마나 다행인지, 그 후 2년 동안 폐암을 앓으며 절감했다. 암 세포는 내 기력을 점점 고갈시켰고 마침내 조금도 남지 않게 만들었다. 생애 말년에 아내는 내게 꽃밭 그 자체였다. 아내의 죽음과 함께 내 삶은 모든 색상이 사라지고 완전한 무채색이 되어버렸다.

그렇다. 나는 메리 마르타를 꼭 다시 만나고 싶다. 하지만 아내가 나를 만나고 싶어 할까? 샘과 노마가 이미 말했다. 아내에게는 나타나지 않을 자유가 있다고. 우리 결혼생활의 아름다운 마무리를 감안하더라도, 아내가 여기에 온 후 어떻게 변했을지, 나와의 관계에 어떤 변화가 생겼을지 전혀 알 수 없다. 벌써 3년이 흘렀다. 아내의 변덕스러움은 그녀의 다양한 색깔이라 할 수 있었고, 우리는 결혼 말년 내내 서로의 삶을 존중했다. 우리는 서로 건설적으로 일정한 거리를 유지하는 데 전문가 수준이 되었다. 그렇다고 서로에게 각자가 누릴 수 있는 충분한 공간을 주는 것이 쉽고 간단한 일은 아니었다. 그렇게 오랫동안 각자의 독자적인 삶을 존중해왔던 터에, 왜 다시 나를 자신의 삶으로 끌어들이겠는가? 그 점에서는 나 또한 마찬가지다. 어떻게 할지 숙고하고 망설이는 동안, 고질적인 우유부단함이 서서히 되돌아온다. 그래서 얼른 결론을 내린다. 나는 메리 마르타를 정말 만나고 싶다. 그러나 서두르고 싶지는 않다. 오늘은 적당한 날이 아니라는 생각이 든다. 잠시만 더 기다리자.

메리 마르타를 만나고 싶은 마음만큼이나 꼭 만나보고 싶은 사람이 한 명 더 있다. 그 사람은 바로 우리 아들 티모시다. 우리에게는 세 자녀가 있었다. 티모시, 그리고 두 살 아래 딸 비키, 또 두 살 아래 둘째 아들 마셜. 마셜과 비키는 내 임종을 지켰던 아이들이다. 티미의 임종은 나와 내 아내가 지켜봐야 했다. 티미는 열다섯 살 되던 해부터 조금만 부딪혀도 쉽게 멍이 들었다. 진단 결과 백혈병이었다. 우리는 열심히 화학 치료 등 모든 조치를 취했다. 하지만 열일곱 살 생일을 며칠 앞두고 티미는 조용히 숨을 거두었다.

그때처럼 고뇌하고 슬퍼한 적은 없었다. 왜 이런 일이 일어나야 하는가 나는 절규했다. 하지만 뭐가 달라지겠는가? 티미는 우리 곁을 떠났고, 우리는 그 사실을 받아들이고 어떻게든 슬픔을 극복해야 했다. 우리 부부는 남은 두 아이가 슬픔에서 벗어나도록 최선을 다했다. 티미가 앓은 불치병에 관해 가장 중요한 점은, 그것이 그다지 놀랄 일이 아니었다는 것이다. 우리는 어떤 의미에서는 병의 징후를 감지했다. 티미는 너무나 착한 아이였다. 나이답지 않게 지혜로웠고, 무엇보다도 아이답지 않게 초연했다. 조르는 법이 없었다. 티미가 여섯 살도 안 되었을 때, 우리는 티미의 그런 성품이 이 땅에 속한 것이 아닌 초월적인 것이라고 이야기한 적이 있다. 티미는 다른 행성에서 온 것 같았다. 이 지구에 그다지 오래 머물지 않을 것 같은 불길한 예감에 대해서도 메리 마르타와 이야기한 적이 있다.

살면서 그 아픔은 언제나 마음 한구석에 남아 있었다. 우리의 불길한 예감이 자기암시 예언처럼 티미의 죽음을 재촉한 것 같은 죄책감이 우리 마음을 더욱 고통스럽게 했다. 이와 같은 상황에 놓인 부모들은 스스로 죄책감을 만들기 마련이다. 식자우환이랄까? 정신과 의사로서 나와 아내 역시 그랬다. 모르고 살다가 당하면 그런가보다 하겠는데, 함께 사는 내내 그 죄책감이 우리를 더 고통스럽게 했고, 티미에게도 그랬을 것이다. 참 어리석은 일이었다. 하지만 다 지난 일이다. 가장 기쁜 것은, 죽은 후에 내가 이곳에 왔고, 아내와 티미가 이곳 어딘가에 살아 있음을 확신하는 것이다. 얼른 티미를 만나보고 싶다. 하지만 티미를 한 번 잃어본 나로서는, 다시 티미를 만나는 일이 망설여진다. 오늘 아침은 망설임의 연속이다. 티미를 만나는 것 또한 잠시 미루기로 한다. 다른 일을 먼저 하자.

샘과 노마는 내가 다시 지구로 돌아갈 수도 있다고 했다. 다만 어떤 것도 간섭하지 않는다는 조건 아래서. 그런데 어디로 가지? 수천 가지 선택이 있다. 오늘 아침은 정말 못 말리는 아침이다. 망설임은 좀처럼 줄어들 기미가 보이지 않는다. 갑자기 옛날 찬송가 가사 한 구절이 생각난다. "어디든지 가오리다." 참 그렇지! 하나님께 결정권을 드리자. 여전히 마음속으로는 닥쳐올 위험을 생각하면서 하나님께 기도했다. "주여, 원하시는 곳으로 저를 보내소서."

기도 결과는 상상을 초월했다. 갑자기 나는 오렌지빛 구름으로 둘러싸였고, 정신을 못 차릴 만큼 엄청난 속도로 내 몸은 공중을 날았다. 한때 태평양에 주둔하고 있던 한 부대에서 근무한 적이 있다. 그때 부대는 태풍의 눈 가장자리에 놓여 있었다. 정말 굉장했다. 엄청난 바람에 뒷마당에 있던 커다란 나무들이 갈대처럼 휘어지고 뿌리째 넘어갔다. 그때 회오리바람의 진면목을 경험했다. 지금 이것은 그 바람과 비슷하지만, 강도는 그때와 비교할 수 없을 만큼 수천 배는 더 강한 것 같다. 그때 경험한 태풍도 초자연적인 것이었다. 그러나 그때는 수사적으로 표현한 것이었고, 지금은 문자 그대로 비현실적이며 초자연적인 것이다.

나는 지금 어디에 있는 것인가? 지구를 떠난 것을 실감하고 있다. 나는 다른 행성에 와 있었다. 오직 하나님만이 이 행성이 어떤 은하계에 속한 것인지 아신다. 무서운 속도로 휘감겨 오르는 저 무시무시한 가스가 어떤 성분으로 구성되어 있는지, 찬지 뜨거운지 나로서는 도무지 알 길이 없다. 나는 지금 저 강도와 온도를 감지할 육체가 없기에 존재할 수 있지만, 이곳은 어떤 생물도 살아남을 수 없는 곳이다. 곤충도, 박테리아도, 바이러스조차도 생존할 수 없다. 과학에 대한 나의 호기심이 이처럼 완전히 압도당한 적은 내 생애에는 결코 없었다. 이 행성은 과연 어느 태양계에 속한 것일까? 나는 지금 하나님께 이 행성을 좀 더 자세히 잘 관찰할 수 있도록 더 높이 올려달라고 요청할 수도 있다. 그러나 그렇게 하지 않았다. 그렇게 할 마음이 조금도 일지 않았다. 대신 나는 기도했다. "주님, 얼른 저를 여기서 떠나게 해주세요. 내 작은 초록방으로 돌아가고 싶습니다! 빨리요. 제발!"

나는 즉시 내 방으로 돌아왔다. 감사와 겸손이 한꺼번에 마음 가득히 채워졌다. 이 작은 방에서 느끼는 평안과 안정감! 하지만 호기심이 이내 되살아난다. 내가 하나님께 요청하자마자 하나님은 도저히 생명체가 살 수 없는 우주의 한 행성으로 나를 데려가셨다. 왜? 왜 그렇게 하신 것일까? 이유는 알 수 없지만, 이 경험으로 내가 받은 충격이 얼마나 강력한 것인지는 잘 알고 있다. 하나님은 나에게 이 충격을 주고 싶으셨나보다. 욥이 하나님께 답변을 강력히 요청했을 때, 하나님은 회오리바람을 일으키셨다. 하나님의 엄청난 능력을 그저 잠깐 보여주신 것이다. 그럼에도 그것은 욥에게 천 마디 말보다 훨씬 더 효과적이었다. 나에게도 마찬가지다. 그 엄청난 회오리바람 가운데서도 하나님은 나와 함께하셨다. 그렇지 않은가? 나를 이곳, 내 초록방으로 즉시 데려오지 않으셨는가?

하나님이 나와 함께하지 않으셨다면? 그곳에서 나를 혼자 내버려두셨다면 어떻게 되었을까? 만약 내가 죽자마자 곧장 그곳에 던져버리셨다면 나는 어떻게 되었을까? 하나님은 그렇게 하지 않으셨다. 그분은 내가 숨을 거두자 이 작은 초록방으로 데려다놓으셨다. 내가 원하면 언제든지 돌아올 수 있는 이 방! 두 사건은 서로 다른 것이 아니다. 하나님은 마음대로 하실 수 있다. 그런데도 나를 이곳으로 인도하셨다. 나는 하나님에 대한 감사로 가슴이 터질 것 같았다.

그렇게 나는 뜻하지 않게 우주를 다녀왔다. 나는 우주인이 되기를 바란 적도, 생각한 적도 없다. 그저 의사로서 또한 신학자로서 다른 행성에서 과연 생물들이 살 수 있을까 하는 의문에 흥미를 느꼈을 뿐이다. 이런 의문은 누구나 한 번쯤 생각해보았을 것이다. 나도 그 정도 수준이다. 지금도 그 의문에 대답을 할 수는 없다. 그러나 생명체가 도저히 살 수 없는 그 외딴 행성을 다녀온 경험은 지구가 얼마나 아름다운 별인지, 사람들에게 얼마나 호의적인 별인지 통렬히 실감하게 한다. 한 40년 전쯤인가, 메리 마르타와 나는 미 서북부 워싱턴 주 동쪽에 있는 사막지대를 자동차로 여행하고 있었다. 서부 해안 답사를 마친 우리 아이들과 함께 집으로 돌아오는 길이었다. 숨을 쉴 수 없을 정도로 더운 날씨였다. 사람들은 그곳을 '고뇌의 협곡'이라고 불렀는데, 그 덥고 황량하기 그지없는 곳에서도 사람들이 살고 있었다. 사람들만이 아니었다. 뱀, 도마뱀, 여우, 곤충 등 수많은 생물들이 살고 있었다. 나는 이제야 그 고뇌의 협곡조차도 다른 행성에 비하면 너무나 아름다운 오아시스라는 사실을 깨닫는다.

오늘 아침의 망설임은 순식간에 사라져버리고 없다. 우주를 탐사하고 싶은 마음도 더 이상 남아 있지 않다. 아름다운 신록으로 가득 찬 우주의 낙원인 지구로 다시 가보고 싶다. 이유는 단 하나, 내 '날개'를 시험해보고 싶어서. 그 생각을 하고는 킥킥 웃었다. 내가 천사라도 된 것인가? 내가 천사이든 아니든, 지구로 돌아갈 수 있는지 시험해보고 싶다. 어디로 가볼까? 내 기억에 가장 아름다운 곳이 어디였더라. 그래, 그곳으로 가보자. 나는 메리 마르타와 함께 오랫동안 살았던, 뉴잉글랜드에 있는 오래된 식민지풍의 그 집으로 가보기로 했다.

6월 중순께다. 폭스글러브 꽃이 만발하고, 모든 꽃들이 화려한 빛깔을 뽐내며 만개해 있었다. 메리 마르타가 만든 정원이 최고로 아름다울 때다. 6월 중순이라고? 갑자기 흥미가 일었다. 나는 6월 초순에 죽었다. 한 일주일 정도 지났을 것으로 추정하고 있었는데, 내 추정이 맞았다. 그렇다면 하나님의 시간과 지구의 시간은 대충 맞아떨어지는 것이다.

우리는 그 집을 10년 전에 팔고는 은퇴자들이 모여 사는 콘도로 이사했다. 합리적인 결정이었다. 그렇게 큰 집은 필요하지 않았고 유지하는 것도 힘에 부쳤다. 게다가 병원에 가려면 먼 길을 운전해야 했다. 나이가 들수록 병원 가까이에 살아야 했다. 그러나 막상 집을 팔자니 서글펐다. 우리는 이 집을 무척이나 사랑했고, 나이가 든다는 것은 사랑하는 것과의 이별인 것 같았기 때문이다. 나는 날아서 집을 한 바퀴 둘러본다. 마음이 조금 불편해진다. 새 주인이 뒷마당 숲에다가 수영장을 만들었기 때문이다. 그래서 어쨌단 말인가. 이제는 내 집도 아니고, 내가 죽은 마당에 나와는 상관없는 일 아닌가. 그저 사슴들이 좀 불편할 뿐이리라. 메리 마르타의 정원은 여전히 아름답다. 새 주인이 내 아내의 정원을 잘 가꾸고 있는 것이 고맙고 반갑다.

집 안으로 들어가고 싶은 유혹을 뿌리쳤다. 분명 모든 것이 달라져 있을 것인 데다, 명백한 사생활 침해이기 때문이다. 그런데 이게 웬일인가? 내가 벌써 마당에서 부엌으로 들어가는 문 앞에 와 있는 것이 아닌가? 문은 내 뒤쪽에 있고 나는 정원을 향해 서 있다. 메리 마르타가 정성껏 가꾸었던 그 정원을 바라보면서 다시 한 번 아내의 정성에 감탄한다. 그때 내 뒤에서 인기척이 들린다. 뒤돌아섰을 때 이 집을 샀던 여자가 서 있는 것이 보였다. 10년이 지나서 약간 나이가 들어 보이기는 하지만 충분히 알아볼 수 있다. 그녀가 성큼성큼 문 쪽으로 걸어오고 있다. 나는 얼른 몸을 날려 옆으로 비켜서려고 했지만 이미 늦었다. 그때 놀라운 일이 일어났다. 그녀가 나를 통과하여 지나간 것이다. 이제야 확실히 깨달았다. 정말 내가 영이 된 것이로구나. 나는 사람의 눈에는 보이지 않으며, 철저한 비물질로서 얼마든지 사물을 통과할 수 있는 존재가 된 것이다.

그 경험은 다음에 할 일을 결정하는 데 도움을 주었다. 나는 메리 마르타 그리고 티미와 헤어졌고, 또 두 아이와도 헤어졌지만, 지구에 남아 있는 비키와 마셜이 어떻게 살고 있는지 궁금하다. 비키와 마셜을 찾아보는 것은 별로 나쁘지 않겠지? 그냥 한번 보는 것뿐인데. 사실 자녀 교육에 관해서는 내가 지나친 면이 없지 않았다. 내버려두자고 스스로 다짐했지만 그렇게 되지 않았다. 바보 같은 짓이라는 것은 안다. 그들은 각자 잘 하고 있을 것이다. 비키와 마셜은 내가 자신들 주위에서 맴돌 때마다 못마땅하게 여겼다. 지금도 마찬가지일 것이다. 하지만 나는 형체도 없고 보이지도 않는 존재다. 비키와 마셜이 어떻게 알겠는가?

먼저 비키에게 가보자. 그러나 나는 이내 후회하고 말았다. 비키는 남편인 톰과 거실에서 한창 말다툼을 하고 있었다. 서서 소파에 앉아 있는 톰을 내려다보고 있는 비키는 여전해 보였다. 금발에 키가 훌쩍 크다. 톰은 덩치가 크다. 하지만 지금은 서 있는 비키가 훨씬 더 커 보이고 책망받고 있는 톰은 작아 보인다. "당신 일정을 모른다는 게 무슨 뜻이야?" 비키가 다그친다. "어젯밤에 말했잖아요! 우리가 동부로 언제 돌아갈지 결정해야 한다고. 아침에도 말했잖아! '절대 잊지 말아요. 집에 오는 시간을 알려주세요.' 그렇게 부탁했잖아. 내가 그랬어, 안 그랬어?"

"나는 그렇게 급한 일인 줄 몰랐어." 톰이 항변하듯 대꾸한다.

"마셜이 최대한 빨리 추도 예배를 준비하자고 한 것도 잘 알고 있잖아요. 콘도에 있는 아버지 물건을 빨리 정리할수록 좋다는 것도 잘 알고 있잖아요."

톰이 설명한다. "금요일에 회의가 없다고. 그러니까 그때까지 기다릴 수도 있는 거 아냐? 오늘은 정말 바빴어. 나도 그럴 시간을 마련하느라고 일을 서둘렀단 말이야."

비키가 덤벼들 듯 말한다. "그러면 어젯밤이나 오늘 아침에 그 말을 왜 안 했어요?"

비키가 계속하려고 할 때, 나는 딸의 집 상공 600미터쯤 위로 솟아올랐다. 동네와 강이 한눈에 내려다보인다. 이제 비키와 톰의 목소리가 들리지 않는다. 둘의 언쟁을 더 듣고 싶지 않다. 울어야 할까, 웃어야 할까. 그렇다. 그럴 필요가 없다. 이제 걱정할 필요가 없다. 비키는 잘 살고 있는 것이다. 둘이 싸우는 것 같아 마음이 언짢았는데, 어쩌면 둘은 저러면서 문제를 풀어나가는지도 모른다. 어린 시절, 할머니 할아버지가 마주앉아 카드 게임을 하던 때가 생각난다. "그 패를 내면 어떻게 하란 말이에요? 나 원 참!" 할머니가 투덜거리셨다. "뭐라고? 그러면 그 패를 내면서 내가 어떻게 하길 바라?" 할아버지가 큰소리로 응수했다. 두 분은 한 번도 그냥 넘어가는 법이 없었다. 아마도 비키에게는 두 분의 유전자가 전해졌나보다.

그래, 비키는 잘 살고 있다. 비키는 잔소리가 심했다. 언제나 톰에게 나무라듯이 말했다. 그러면 톰은 이내 반격 태세를 갖추었지만 언제나 수세에 몰린다. 그런데 톰은 대단히 유능한 소송 변호사로서, 수세적인 피고측보다는 따지고 드는 원고측에서 일했고, 빛나는 업적을 쌓고 있었다. 하나님께 감사하게도 메리 마르타는 그러지 않았다. 우리 둘은 비키와 톰이 티격태격하는 것을 보면서 낄낄 웃곤 했다. 비키는 어릴 때부터 잔소리가 심했다. 심지어 부모인 우리에게까지 잔소리를 해댔고, 우리는 그것을 나무랐다. 그러나 비키의 버릇은 좀처럼 고쳐지지 않았다. 톰은 비키의 그런 면을 잘 견뎌냈다. 둘이 결혼했을 때, 우리는 톰이 비키에게 잔소리깨나 들을 것이라고 예상했는데, 정말 그랬다. 우리 아이들은 우리와는 달랐다. 하지만 비키는 제 아이들에게 좋은 엄마였고, 다른 사람들에게는 잔소리를 늘어놓지 않았다. 그래서 우리가 비키의 삶에 끼어들 이유가 없었다.

지금도 마찬가지다. 나는 비키와 톰에게 말없이 작별 인사를 한다. 이제 다시 찾아오는 일은 없을 것이다. 이번에는 아들 마셜의 집이나 한번 둘러봐야겠다. 그 생각을 하자마자 나는 뉴멕시코 산타페에 와 있다. 영화 일을 하는 마셜의 집은 LA에 있었는데, 어찌된 일이지? 이미 캄캄한 밤인데, 마셜은 컨테이너에서 뭔가에 열중하고 있다. 야외 촬영 중이었다. 내가 죽기 전에 마셜이 이 영화에 대해서 말한 적이 있다. 서부극인데 전통적 분위기가 아니라 현대적 감각으로 만들겠다는 것이었다. 필름 뭉치들, 노트와 책, 여러 가지 잡동사니들로 방 안이 어질러져 있고, 마셜은 혼자 일에 깊이 몰입해 있다. 처음 보는 낯선 모습이다. 원래 마셜은 무엇이든 슬렁슬렁하며 서두르는 법 없이 즐겁게 살았다. 마셜 역시 잘 살고 있다. 나는 마셜에게도 말없이 작별을 고한다. 훗날 메리 마르타를 만나면 아이들은 나름대로 잘 살고 있다고, 모든 것이 잘 돌아가고 있다고 말해줘야지. 메리도 잘 알고 있겠지만. 이제 떠날 시간이다. 잘 있거라. 잘 살아라. 내 사랑하는 아이들아, 안녕, 안녕.

아직 지구와의 작별을 준비하지 못한 채, 나는 내 작은 초록방으로 돌아왔다. 오늘 여기저기 날아다녔다. 이제 어디로 가본다? 하나님이 나를 다른 행성으로까지 데려가셨던 것을 보면, 대륙을 넘는 것은 쉬운 일이다. 그래, 영국 남서부 해안에 있는 틴타겔로 가보자.

결론부터 말하자면, 썩 좋은 결정은 아니었다. 틴타겔은 파도가 거센 해안가 높은 절벽 위에 세워진 폐허가 된 고성古城이다. 마을 사람들은 이 성이 아더 왕의 것이었다고 주장하면서 관광객들을 상대로 돈을 벌고 있다. 사실 근거는 없다. 하지만 더없이 로맨틱하고 아름다운 곳이다. 우리 부부는 이곳의 아름다움에 끌려 두 번이나 왔었다. 지금 이곳에 다시 온 것은, 그때의 추억을 떠올려보고 이곳에 서려 있던 신성한 분위기를 한 번 더 느껴보기 위해서다.

그러나 지금은 그때의 분위기를 전혀 찾아볼 수 없다. 나는 무너져가는 성벽에 사뿐이 내려앉았는데, 그만 한 떼의 관광객 가운데 섞여버렸다. 처음에는 그들을 이리저리 피했다. 그러다가 내 옛집을 방문했을 때의 경험이 기억나서, 그들이 나를 통과하도록 내버려두었다. 좀 실망스럽다. 그 옛날 고요하고 장엄했던 분위기가 시끌벅적한 관광객들 덕에

망가져버렸기 때문이다. 그때 한 가지 재미있는 생각이 스쳤다. 시간을 바꾼다면 이 관광객들을 피할 수 있으리라. 가능할지는 모르겠지만, 나는 내일 아침 동트는 새벽 시간, 관광객들이 찾아오기 전으로 가기를 원했다.

그러자 곧바로 모든 것이 바뀌었다. 태양은 구름을 핑크빛으로 물들이며 동쪽에서 솟아오르고 있고 나는 폐허가 된 성곽 위에 앉아 있다. 아까는 관광객들이 붐비던 자리지만 지금은 아무도 없고, 무너진 성곽 사이로 불어오는 바람에 이리저리 흔들리는 갈대 소리만 들려온다. 파도는 저 까마득한 절벽 아래에 부딪쳐 일렁이고, 갈매기 울음소리가 파도 소리를 외롭게 가르고 있을 뿐이다. 나는 이 모든 아름다운 것들을 마음껏 즐겼다. 그러나 메리 마르타와 함께 있었던 그때와는 다르다. 뭔가 부족하다. 하지만 나는 이 모든 것이 어우러져 빚어내는 신비에 고요히 나 자신을 맡긴다. 시작도 끝도 없이 멈춰버린 시간!

멈춰버린 시간? 그렇다. 나는 공간을 자유로이 이동할 뿐만 아니라 시간까지도 자유롭게 넘나들 수 있다. 그렇다면 과거로 돌아갈 수도 있다는 말이 아닌가? 얼마나? 하루? 1년? 한 세기? 1000년? 1000년 전 이곳이 과연 어떤 곳이었을지 상상하기도 어렵다. 1000년 전이라면 10세기다. 10세기는 바이킹 족들이 침입했던 시기다. 그렇다면 그들이 이 성을 파괴한 이후다. 아더 왕이 6세기에 이 지역을 통치했다고 하니까, 6세기에는 이 성이 아직 지어지지 않았을 것이다. 그래서 나는 8세기로 가보기로 결정했다.

훌륭한 결정이다. 나는 성 **안에** 서 있다. 내 옆에는 커다란 장방형 탁자가 놓여 있다. 둘러보니 이곳은 부엌이다. 커다란 아궁이들이 나란히 줄 지어 있고, 그 위에는 커다란 무쇠솥들이 얹혀 있다. 내 오른쪽에는 커다란 방이 부엌과 수직을 이루며 연결되어 있다. 길고 거대한 사각 탁자가 한가운데 놓여 있고, 벽에는 커다란 깃발들이 가지런히 걸려 있다. 이 방은 분명 연회장이다. 별다른 장식 없이 소박한 느낌을 준다. 창문들은 작고, 촛불도 꺼져 방안은 무척 어둡다. 연회장과 부엌 사이에는 출입문이 없고, 긴 탁자에는 의자 대신 긴 벤치가 연이어 놓여 있다. 참 인상적인 방이다. 1200년 전이지만 대단히 세련된 느낌이다. 천장은 높고, 튼튼한 기둥들이 밝은 오렌지색 거대한 대들보를 받치고 있다. 내 상상과는 달리 방은 먼지 하나 없이 깨끗했다.

갑자기 분주해진다. 내 추정으로는 동튼 후 한 시간쯤 지난 것 같다. 정갈하게 차려입은 남녀들이 부엌과 홀을 오가며 바쁘게 움직인다. 어떤 사람은 조리된 음식이 담긴 그릇을 나르고 있다. 아마 왕과 왕비, 아니면 왕자들과 공주들이 침실에서 먹을 아침식사일 것이다. 하인들은 서로 열심히 말을 주고받고 있는데, 분명 고대 영어임에 틀림없다. 나는 그들의 말을 알아들을 수가 없다. 그저 체코어처럼 들릴 뿐이다.

왕과 왕비의 침실로 가볼까? 어떻게 꾸몄을까? 성 내부를 보고 싶다. 하지만 메리 마르타와 함께 살던 옛집에 갔을 때처럼 참았다. 분명 사생활 침해다. 샘과 노마가 지구의 어느 곳을 가든 '불간섭대원칙'을 엄히 준수해야 한다고 했다. 이번에는 사람들의 사생활뿐 아니라 시대와 시간까지도 침해하는 것이다. 그래서 나는 이 성이 훤히 내려다보이는 70-80미터 상공으로 올라가보기로 했다.

내가 바라던 모든 것이 훤히 내려다보인다. 1200년 후의 무너진 폐허에서는 도저히 상상할 수 없었던 모습, 단순한 성채 이상이다. 이 성은 해안과 접해 있는 높은 언덕 위에 세워져 있고 아름다운 정원도 있다. 성의 중심부 건물은 높이가 30-40미터나 되고, 꼭대기에는 전투를 위한 총안구가 설치되어 있다. 그 건물을 열두 개의 부속 건물이 둘러싸고 있다. 그중에는 커다란 교회도 있다. 모든 건물이 육중한 돌로 만들어졌고, 방어가 용이하게 설계되어 있다. 성채의 다른

쪽에는 초원 전체를 한눈에 조망할 수 있는 높은 전망대가 있고, 거기서 두 병사가 밝아오는 동녘을 바라보고 있다. 그들이 기다리고 있는 것은 적일까 친구일까? 만약 적이라면 색슨 족일 가능성이 높다. 내가 학교에서 공부한 것이 정확하다면.

갑자기 피곤이 몰려온다. 피곤할 뿐 아니라 우울한 기분까지 든다. 나는 즉시 내 작은 초록방으로 돌아왔지만, 우울한 감정은 가시지 않는다.

이 피로감은 쉽게 설명할 수 있다. 여행한 시간은 그리 길지 않았지만, 돌아보면 아주 특별한 하루였다. 다른 행성을 다녀왔고, 짧은 시간 안에 그 엄청난 경험을 소화해야 했다. 옛집에서는 사람이 나를 통과할 수 있다는 것을 알았고, 비키와 마셜이 어떻게 살고 있는지 보았다. 게다가 공간뿐 아니라 시간까지도 넘나들 수 있다는 것을 확인했다. 나는 살아 있는 타임머신이다! 중세 암흑시대의 영국도 다녀오지 않았는가!

시공간을 넘나들 수 있는 자유는 정말 신나고 즐거운 것이다. 그런데 나는 왜 우울할까? 그것은 내가 평소와 달랐기 때문이다. 나는 호기심, 특히 누구도 못 말릴 정도의 지적 호기심을 갖고 있다. 지식을 얻기 위해 이리저리 헤맸고, 새로운 아이디어를 찾는 데 물불을 가리지 않았으며, 역사학, 물리학은 물론 모든 분야의 학문을 탐구했다. 그런 내가, 하나님이 데려다주신 행성을 자세히 관찰할 시도조차 하지 않고 내 초록방으로 돌아왔고, 우리가 살던 옛집 안에도 들어가 보지 않았으며, 비키와 마셜이 어떻게 사는지도 대강 훑어보았을 뿐이다. 그 아름다운 성의 내부에 들어가서 아더 왕이 실존 인물인지, 전설적인 인물인지 확인도 하지 않았다. 원시인들이 거석 문화를 세웠던 선사시대로 돌아가, 그토록 궁금해하던 스톤헨지의 미스테리를 확인해볼 수도 있었다. 이집트 피라미드가 어떻게 세워졌는지 보고 올 수도 있었다. 하지만 그렇게 하지 않았다. 왜 그랬을까?

깊이 생각해보니, 그 원인은 동기에 있었다. 오늘 여기저기 다녀보기로 했던 첫 번째 동기는 내 날개를 시험해보는 것이었다. 하나님이 과연 어느 곳이든 데려다주시는지, 지구에도 다녀올 수 있는지, 과거나 미래로 마음대로 갔다 올 수 있는지 알고 싶었다. 다른 것은 관심 밖이었다. 아더 왕이나 스톤헨지는 지구에 있을 때의 관심사였을 뿐이다. 나는 지금 지구에 있을 때는 전혀 알 길이 없던 사후세계에 살고 있다. 지구는 지구대로 돌아가도록 내버려두기로 했다. 그러면 나도 이제 노마와 샘처럼 지구의 일에는 호기심을 느끼지 않게 된 것인가?

우리의 옛집에 대해서도 호기심을 느끼지 못했다. 지구 방문의 첫 목적지였던 그 옛집에 애착이 남았던 것이 아니다. 그저 궁금했을 뿐이다. 비키나 마셜의 삶 역시 내 주 관심사가 아니었다. 지구에 살면서 당연히 겪어야 하는 그 소소한 고통들이 측은했을 뿐이다. 비키의 잔소리는 여전히 고쳐지지 않았다. 나는 비키와 톰이 잘 살기를 바랄 뿐이다. 하지만 각자의 삶은 각자의 책임이다. 내게 필요한 것도, 그들이 내게 원했던 것도 각자 내버려두는 것, 즉 초연함이었다.

이것이 바로 내 가벼운 우울의 원인이었다. 지구에 대한 내 애착은 모두 다 사라져버렸다. 정말 잘된 것이다. 그래야 하는 것이다. 아쉬운 것도 있지만 이 초연함이 기쁨을 가져다줄 것이다. 여기가 어딘지 아직 확신할 수는 없지만, 이제 나는 진정한 예루살렘에 속하게 된 것 같다. 여전히 상실감은 남아 있다. 지구에 남아 있던 뿌리는 오늘 완전히 뽑힌 것이다. 그 사실이 슬프지는 않지만 통렬하다. 괜찮아. 생각나면 언제든지 지구에 다시 갈 수 있는데 뭐. 하지만 나는 이제 다시 지구를 찾거나 그것에 관심을 두지 않을 것이다. 이제 나는 완전히 자유다.

나는 내 날개를 시험해봤고, 날개는 놀랄 만큼 잘 움직였다. 나는 더 이상 시공간에 제한을 받는 존재가 아니다. 나는 점점 더 자유로운 존재가 될 것이다. 그런데 이 모든 자유는 뭐지? 이 무한한 자유를 어디에 쓰지? 간단히 대답하기에는 너무나 엄청난 질문이다. 일단 답을 보류하자. 지금 내가 해야 할 일은 잠을 자는 것이다.

# 3부

"그들은 이곳의 자유를 한순간도 견디지 못해요. 그래서 영접관에게 정신없이 바쁜 곳으로 데려가달라고 애원하죠. 그들은 한사코 진리를 피하려 하고 진리에 대항해요."

## CHAPTER 8

잠은 정말 고마운 것이다. 어제 남아 있던 우울한 감정은 잠과 함께 말끔히 사라졌다. 내게 주어진 자유로 무엇을 할 것인가에 대한 답은 보류된 채로 남아 있다. 하지만 조급할 것은 없다. 덜 중요한 질문들이 갑자기 머리를 쳐든다. 지구로 여행을 다녀온 후 지구에 대한 애착은 사라졌지만, 다른 여러 가지 궁금증이 오히려 증폭되었다. 내가 어떻게 시공간을 자유로이 넘나들 수 있는 것일까? 어떻게 눈 없이 보고, 귀 없이 듣고, 뇌 없이 생각할 수 있는가? 천국과 연옥과 지옥은 마음먹기에 따라 결정되는 것인가?

노마와 샘을 부를까? 그들의 임무는 내가 이곳에서 잘 적응하도록 돕는 것이다. 이런 질문들은 적응하는 데 매우 중요하다. 하지만 이미 그들에게 물어보았고, 그에 대한 몇몇 답변은 모호했다. 그들의 도움은 너무나 고마운 것이지만,

그들 자신도 정확한 답을 하기에는 아는 것이 적다고 이미 시인했다. 지금 내게는 그들보다 수준 높은 멘토가 필요하다. 나는 그런 사람을 보내달라고 기도했다.

1분도 못 되어 내 작은 초록방이 환하게 밝아졌다. 그 빛은 중심이 있지만 밖으로 빛나고 있어서 그 실체를 명확히 볼 수가 없었다. 그 빛은 미세하게 진동하는 것 같았다. 밝은 흰색이지만 자세히 보면 다이아몬드처럼 온갖 색들이 스펙트럼을 이루며 빛나고 있다. 그 빛은, 노마와 샘의 빛과 내가 죽음 직후에 만났던 그 엄청난 빛의 중간쯤 되어 보인다. 나는 본능적으로 이 빛이 대단한 권위와 지혜의 존재임을 감지했다. "이렇게 와주셔서 감사합니다." 이 말이 내가 할 수 있는 전부다.

"반갑습니다." 그 빛이 말했다. 그의 말은 따뜻하지만, 나는 당혹스러웠다. 그 빛이 입이 있는지, 있다면 어디 있는지 도저히 알 수 없고, 그것이 목소리인지조차도 알 수 없다. 노마와 샘과는 이미 대화를 해보았지만 이번에는 대단히 낯설다. 이것은 대화가 아니라, 내 마음 중심에 떠오르는 사유 같은 것이다.

"당신은 순수한 빛입니까?" 내가 물었다.

그 빛이 웃었다. "나는 내가 순수하다고 생각한 적이 없습니다. 당신이 생각하고 있는 것처럼 나는 그저 빛입니다." 그 빛이 하는 말은 권위 있게 들렸다. "여러 종류의 빛의 순환과 결합이 있습니다. 나는 그중 하나입니다. 나 역시 당신처럼 순수한 빛은 아닙니다. 몸의 투사도 빛의 순환이나 결합 중 하나입니다. 이곳에 있는 모든 모습들은 각자의 빛을 투사한 것입니다. 지구에서 당신은 몸을 가진 존재라고 생각했죠? 하지만 그것 역시 투사입니다. 사람들은 그 모든 것을 실체를 지닌 견고한 것으로 여기고 집착하지만 모든 것이 빛의 형상일 뿐입니다."

그의 말을 내가 과연 이해했는지 확신하지 못하겠다. 그럼에도 나는 기쁘다. 이 빛은 분명 노마와 샘과는 다르며, 내게 더 많은 것을 가르쳐줄 것이라는 확신이 든다. 이 빛이 말하는 것을 막연하게라도 이해하기 위해서는 많은 노력이 필요할 것이다. "당신의 모습을 볼 수 있습니까?" 내가 물었다.

"지금은 안 됩니다." 그 빛이 대답하면서 다시 웃는 것 같다. "당신이 원하는 대로 제 모습을 보여줄 수는 있지만, 상당한 노력이 필요합니다."

"보고 싶습니다. 가능하다면 보여주십시오." 나는 당황하여 황급히 말했다.

힘든 일이라고 했지만, 금방 한 남자의 모습이 내 앞에 나타났다. 별로 힘들어 보이지 않았다. 그는 내 방 한가운데 서 있다. 키가 크고 당당한 금발의 남자다. 온몸에 활기가 넘친다. 아주 부드러운 옷감으로 만든 넉넉하면서도 단순한 회색 옷을 입고 있다. 노마와 샘처럼, 그 모습도 희미하게 떨리고 있다. 나이는 30대로 보인다. 처음 보는 얼굴이지만 깊은 친근감이 느껴진다. 그렇다고 손을 뻗어 그를 만질 수는 없다. 그를 만져보고 싶은 마음을 얼른 접으며 물었다. "어떻게 그렇게 할 수 있습니까? 어떻게 형체를 부여할 수 있습니까?"

"간단합니다." 그가 대답했다. "그저 원하기만 하면 됩니다. 어제 당신이 지구로 갈 때 했던 것과 조금도 다르지 않습니다."

"내 마음을 모두 읽고 있군요."

"네, 그렇습니다."

그는 너무나 당연한 것을 말하는 것 같지만, 나는 질문으로 가득 찬 판도라의 상자를 여는 기분이다. 혼란스러웠다. 몸을 투사하는 영역에 첫발을 들여놓았을 뿐인데, 다른 사람의 마음을 읽는 새로운 영역이 열린 것이다. 하지만 정신과 의사로서 받은 훈련이 이번에도 큰 도움이 된다. "혼란스러울 때는 천천히 하라. 한 번에 한 가지씩." 이렇게 배웠다. 그래서 다시 몸의 투사로 화제를 돌렸다. "어제 지구로 갈 때는 전혀 어려움이 없었습니다. 하지만 당신이 모습을 보여주기 위해서는 상당한 노력이 필요하다고 말했잖습니까?"

"그에 대해 설명드리겠습니다. 모든 물체는 영의 투사입니다. 몇몇 신학자들과 정신의학자들을 제외하고는 지구에 사는 사람들은 이 사실을 전혀 이해하지 못합니다. 물론 그들 역시 이론적으로 이해할 뿐입니다. 사람이 죽으면, 영과 몸이 분리됩니다. 하지만 완전한 분리는 아닙니다. 영이 강할수록 몸의 투사는 약해집니다. 그래서 어제 지구로 돌아갔을 때 사람들이 당신을 볼 수 없었습니다. 그러지 않았습니까?"

그랬다. "하지만 내 몸은 지구에 남아 있지 않습니까? 사람들은 내 시신을 보았고, 또 그 몸을 꺼내서 해부할 수도 있잖습니까?"

"아주 좋은 질문입니다." 내 새로운 멘토가 말했다. "두 가지에 주의를 기울이셔야 합니다. 모든 물체가 영의 투사라고 한 것은, 그 투사가 그저 허상에 불과하다는 뜻이 아닙니다. 물질은 분명 존재합니다. 또 한 가지 주목해야 할 것은, 그 존재를 설명할 때 사용하는 언어입니다. 사진을 예로 설명하겠습니다. 당신 모습을 사진 찍고 현상했습니다. 그 사진을 당신 손에 들고 있습니다. 보고 느끼고 무게까지 감지할 수 있습니다. 그렇지만 그 사진은 결코 당신 자신이 아닙니다. 그렇죠?"

"네, 그렇죠. 사진은 저의 이미지일 뿐입니다."

"자, 시간이 흐르면 사진은 어떻게 변합니까?"

"누렇게 변색합니다. 마침내는 분해되어 먼지가 되겠지요."

"맞습니다. 흙은 흙으로, 먼지는 먼지로 돌아갑니다. 당신의 시신 역시 마찬가지입니다. 당신의 시신은 한 장의 사진처럼 당신의 물질적 이미지입니다. 당신이 떠난 뒤 남아 있는 이미지일 뿐입니다."

이해가 되는 것 같기도 하다. 하지만 물질과 영혼의 상관관계는 결코 완전히 이해할 수 없는 깊은 늪처럼 느껴진다. 그러자 내 앞에 서 있는 이 잘생긴 남자가 늪지에서 질척거리는 흙덩어리처럼 보이기 시작했다. 나를 도와주는 사람인지 훼방꾼인지 헷갈릴 정도였다. 너무 혼란스러워 내 입에서 이런 말이 튀어나왔다. "하지만 당신은 시신이 아니잖아요?"

"그렇습니다. 당신이 지금 보고 있는 제 이미지는 시신과는 다른 것입니다. 이것은 물질로 된 것이 아닙니다. 이 모습은 그저 우리의 대화에 필요한 영상이라고 생각하는 것이 좋습니다. 서로를 서로에게 보여주면서 대화를 원활히 하도록 도와주는 영상 말입니다. 다시 비유로 설명하겠습니다.

빛을 사용해 여러 현상을 만들 수 있습니다. 빛은 비물질입니다. 그러나 비물질인 광파가 서로 충돌할 때 눈으로 볼 수 있는 영상을 남깁니다. 하지만 기억하십시오. 이것은 단지 비유일 뿐입니다."

"젠장!" 나도 모르게 투덜거렸다. 물리학은 가장 취약한 분야다.

"물리학은 몰라도 됩니다." 내 마음을 읽은 그가 말했다. "점점 수렁에 빠지는 기분이 든다면 분석하는 것을 멈추시기 바랍니다. 저도 더 이상 비유로 설명하지 않겠습니다. 잠시 모든 것을 내려놓고, 제 말을 잘 들어보십시오."

"노력해보겠습니다."

"지구에서 사는 사람들은 물질로 된 투사체, 즉 몸을 지니고 있고, 그 몸에 대단히 집착합니다. 지구에서는 다른 사람의 몸을 볼 수 있습니다. 하지만 비물질의 투사체를 볼 수 있는 능력은 거의 없습니다. 그래서 어제 당신이 지구에 갔을 때 사람들은 당신을 볼 수 없었습니다. 반면, 이곳의 영혼들은 비물질의 투사체만을 지니고 있습니다. 그런데 이 투사체는 점점 약해져서, 마침내 몸에 대한 집착이 사라질 때 이것도 함께 사라지고 맙니다. 맨 처음 이곳에 왔을 때 당신은 몸에 대해 많은 생각을 했습니다. 그런데 한 주일이 지났을 뿐인데, 그에 대한 생각이 상당히 적어졌습니다. 당신은 잘 모르겠지만, 당신의 모습은 이미 상당히 희미해졌습니다. 당신이 저를 처음 보았을 때와 비슷한 모습입니다. 그저 빛 덩어리로 보입니다." 이렇게 말하고 나의 멘토는 소리 내어 웃었다. "사실 당신은 소위 귀신처럼 보입니다. 투명한 솜털 뭉치 같다고나 할까요. 하지만 당신은 당신의 투사체를 얼마든지 선명하게 드러낼 수 있습니다. 한번 해보세요."

나는 내 모습이 선명하고 명확하게 보이도록 했다.

"훌륭합니다!" 내 멘토가 환호성을 질렀다. "당신 모습은 지구에 있을 때와 같아졌어요. 내가 상상하던 바로 그 모습입니다. 잘하셨어요. 이제 힘을 푸세요. 몸에 대한 생각을 멈추세요."

나는 그대로 했다.

그가 환하게 웃었다. "비물질 투사체를 비춰볼 수 있는 거울을 발명하지 못해 아쉽군요. 그런 거울이 있었다면 당신의 모습이 사라지는 것을 당신도 볼 수 있을 텐데요."

"몇 가지 더 말씀드릴 것이 있습니다." 그가 계속 말했다. "여기 온 지 불과 일주일밖에 안 된 당신이 당신의 모습을 투사하기 위해 얼마나 많은 에너지를 썼는지 생각해보세요. 저는 30년이나 되었어요. 그러니까 힘들 수밖에요. 예수님을 한번 생각해보세요. 십자가에 못 박혀 돌아가신 다음 제자들에게 나타나셨을 때, 예수님이 쓰신 그 사랑의 에너지를 잘 생각해보세요. 이제 이해가 되십니까?"

"그것이 바로 부활이군요."

"그렇습니다. 하나님은 자신의 몸에서 일어난 일들을 다 알고 계십니다. 복음서에서는 그렇게 쓸 수밖에 없었겠지요. 예수님의 시신이 일어나 걸어다닌 것이 아닙니다. 예수님의 영혼이 지구로 돌아가서 사람들이 볼 수 있도록 자신을 투사하신 거예요. 예수님을 본 사람들은 예수님이 여전히 살아 계신 것을 본 것입니다. 예수님은 육체만 죽으신 것입니다. 우리 역시 몸만 죽은 것입니다. 예수님은 자신의 시신이 아니라 자신의 영을 사람들에게 보이셨습니다. 복음서는 정확했습니다. 벽을 뚫고 들어오기도 하시고, 나타났다가 사라지기도 하시고, 사람들 눈에 보이지 않았다가 보이기도 하셨지요."

나는 무척 기뻤다. 여러 해 전부터 예수님의 부활의 본질이 그와 같으리라 추측했었다. 그런데 오늘, 권위자에게서 부활의 실체를 확인받은 셈이다. "감사합니다."

"이제 저도 제 투사체를 거두어들여도 되겠죠?" 나의 멘토가 웃으며 말했다.

"잠깐만요. 당신은 처음부터 친숙한 사람처럼 느껴졌습니다. 무엇 때문인지 곰곰이 생각해봤지만 전혀 감이 잡히지 않았는데, 이제 보니 당신은 나이는 들어 보이지만 내 아들 티모시를 닮았습니다. 티미는 열일곱 살에 죽었지요."

내 멘토가 다시 웃었다. "티모시를 닮았다는 말씀은 전혀 놀랍지 않습니다. 왜냐하면 제가 티모시니까요."

"당신이 티미라고?" 기절할 듯이 놀랐다.

"네, 그래요."

정말 꿈에도 생각지 못했던 일이다. 정말 티미였다. 나는 북받쳐오르는 감정에 어찌할 바를 몰랐다. 갑자기 부끄러워졌다. "어떻게 해야 할지 모르겠구나." 나는 주저하며 말했다. "티미, 한번 안아보고 싶구나."

"그렇게 하세요, 아버지." 티미가 말했다.

나는 티미를 안았다. 그러나 아무 일도 일어나지 않았다. 아무것도 없다. 아무것도 느낄 수 없다. 그저 허공을 안는 것 같았다. 나는 고개를 떨구었다.

"미안해요, 아버지." 티미가 말했다. "제가 몸을 가졌다면 아버지 품에 안겨서 정말 행복했을 거예요. 그렇게 하시라고 한 이유는, 직접 이 모든 것이 비물질적인 투사체라는 것을 확인하시라는 뜻이었어요. 죄송해요. 용서하세요."

"너를 용서하라고?" 내가 말했다. "그래, 잠시 서운했어. 하지만 현실은 현실이니까. 네가 예수님이 하셨던 것처럼 할 수 있었다고 해도, 난 너를 만질 손도, 너를 안을 팔도 없잖니? 나야말로 용서가 필요한 사람이구나. 너에게 계속 보이게 해달라고 요구하고 있잖아. 이제 그만 해도 된다."

티미는 이내 빛나는 공의 모습으로 돌아갔다. "고맙습니다, 아버지. 이제 좀 편안하네요." 티미가 말했다.

나는 여전히 벅찬 감정에 압도되어 있다. 그리고 많은 질문이 남아 있다. 내 질문에 답할 수 있는, 지식이 많은 멘토를 원했는데 내 아들이 나타났다. 정말 적절한 응답이 아닐 수 없다. 티미는 항상 특별한 아이였다. 내가 겨우 일주일을 보낸 이곳에서 30년을 지낸 경험까지 갖추고 있다. 나는 티미를 기꺼이 내 멘토로 모실 것이다. 그럼에도 티미를 향한 부성애가 솟아올랐다. "행복하니, 티미?" 내가 물었다.

"물론이에요." 티미가 웃었다. "저는 천국에 있어요. 안 그런가요?"

"그 말은, 내가 천국에 있다고?" 이 말이 불쑥 입에서 튀어나왔다. 천국에 있기를 원하는 내 간절한 소원을 억누르지 못한 것이다.

"네. 하지만 아버지는 그것을 인식하기 시작했을 뿐이에요. 천국에서 산다는 것은, 감정적인 고통이 없다는 의미가 아니에요. 이곳에 적응하는 데는 고통이 따라요. 조금 전처럼. 안으려고 해도 안을 수 없는 것이 고통스러우셨죠? 아버지는 앞으로 슬픔, 우울, 혼란, 의심, 그리고 공포도 많이 경험하실 거예요. 그런 과정을 거쳐서 완전히 적응하게 돼도, 여전히 고통을 느끼실 거예요. 하지만 본질적으로는 행복하실 거예요."

나는 티미에게 핑크빛 방에 살고 있는 티쉬에 대한 이야기를 꺼냈다. 그러나 그럴 필요가 없다. 티미는 이미 내 생각을 다 읽고 있었다. "네, 아버지 생각이 맞아요. 티쉬는 연옥에 살고 있어요. 티쉬를 위해 기도해도 괜찮아요. 하지만 너무 걱정하실 필요는 없어요. 티쉬는 필요한 도움을 모두 받을 수 있어요. 연옥은 그런 곳이에요. 도움을 받는 곳. 하지만 자신의 문제를 스스로 깨닫기 전까지는 그곳에 있어야 해요."

서로의 마음을 읽고 쉽게 소통할 수 있다는 데 감탄하면서 티미와 대화를 이어나갔다. "그 쓰레기통은?" 내가 물었다.

"네, 그 쓰레기통이 바로 지옥이에요. 아버지도 아시듯, 모든 정신적 혼란이 그곳에 있어요. 정신분열증이나 치매 같은 병을 앓던 사람도 죽으면 여기서는 모두 정상이 돼요. 약물 치료 같은 것이 필요하지 않지요. 하지만 그런 사람들은 연옥에 가서 힘든 적응 기간을 거치게 돼요. 티쉬가 그 적응 기간을 성공적으로 마치고, 뚱뚱하지 않은 자신에게 익숙해지면 비로소 자유로워져요. 모든 사람들이 그런 과정을 거쳐 자신이 가졌던 문제에서 벗어나게 되는 거예요. 물론 그들은 천국으로 오게 될 때까지 많은 도움과 시간과 훈련이 필요해요. 티쉬는 영접관들이 하는 말을 거부하고 자기 생각에만 빠져 있지만, 영적으로 깊은 병이 든 다른 사람들은 구석에 갇혀서 빠져나가려고 발버둥치는 쥐와 같아요. 그들은 이곳의 자유를 한순간도 견디지 못해요. 그래서 영접관에게 정신없이 바쁜 곳으로 데려가달라고 애원하죠. 그들은 한사코 진리를 피하려 하고 진리에 대항해요. 너무너무 졸라대서 영접관들은 어쩔 수 없이 아말감 시스템이나 그와 유사한 곳을 알려줄 수밖에 없어요. 그들은 그런 곳을 발견하면 곧바로 깊이 빠져들어요."

정말 궁금했던 대답이다. 그 대답을 듣자마자 다른 질문들이 꼬리에 꼬리를 물었다. 그런데 미처 질문을 하기도 전에 티미가 대답해주었다. "알아요. 그들을 쓰레기통에 집어넣은 것은 절대로 하나님의 생각이 아니에요. 그들 스스로 선택한 거죠. 그런 공간이 주어지자마자, 그들은 어둠 속으로 잠적해버려요. 지구에서 하던 것과 똑같이 행동해요. 거대한 사무 공간을 짓고—물론 실제로 짓는 것은 아니지만—자신들의 지배 영역을 확장하려고 해요. 아버지도 아시듯 여기는 물질이 존재하지 않아요. 그들의 거주 공간 역시 그들의 투사체일 뿐이에요. 예전에 제게 말씀하셨던 하버드 대학 교수를 기억하세요? 자신의 이미지를 대단한 사람인 것처럼 만들었지만, 아버지가 보기에는 유명 인사의 이름을 들먹이며 그럴듯해 보이려는 사람일 뿐이라고 하셨죠. 그와 같아요. 거창해 보이는 아말감 시스템의 실상은 쓰레기통에 불과해요. 그 불쌍한 영혼들은 자신의 쓰레기 같은 생각에 더 깊이 빠져서 절대 나오지 않을 거예요."

많은 생각이 스쳐 지나간다. 티미가 '아버지'라고 부를 때마다 마음이 따뜻해진다. 아주 오래전에 그 하버드 대학 교수에 대해 이야기해주었다. 그런 이야기를 아직까지 기억하고 있다니. 쓰레기통에 있던 영혼들에 대해 말할 때 티미는 그들을 경멸하지 않았다. 오히려 그들을 불쌍히 여기고 그들에게 감정이입을 했다.

"물론 우리는 그들을 쓰레기통에 방치하지 않아요." 티미는 내가 묻기도 전에 궁금한 것을 설명해주었다. "그들 중 누구라도 '하나님, 이곳에서 벗어나게 해주세요'라고 말하면, 곧바로 영접관들이 파견돼요. 게다가 매년 정기 점검 같은 것이 있어요. 그때 그곳의 모든 사람들이 영접관들을 만나죠. 그들이 우리를 부르는 일은 정말 드물어요. 하지만 100년에 한 번 정도, 우리를 한사코 거부하던 한 영혼이 빛을 따라 우리의 세계로 돌아오는 일이 있긴 해요."

"죽은 모든 영혼이 여기서 천국이나 연옥이나 지옥에서 그렇게 존재하는 것이로구나."

"네, 맞아요. 그런데 극히 드물지만 두 부류의 예외도 있어요." 티미가 말했다. "하나는 귀신들이에요. 그 영혼들은 지구에 엄청난 집착을 갖고 있어요. 그들은 지구에서 생긴 원한을 떨쳐버리지 않고, 그 원한의 장소에 집착해 헛되이 떠돌며 가끔씩 출몰하죠. 그들은 지옥의 변방이라 할 수 있는 '림보'에 있어요. 수백 년 동안 그렇게 맴돌다가, 모든 것이 부질없는 짓이고 갈 곳도 없다는 사실을 깨달으면 마침내 포기하고 이곳으로 오지요."

"다른 예외는 뭐지?"

"환생하는 경우예요. 연옥에서 다시 지구로 돌아가는 것을 말해요. 하지만 지구에서 말하는 환생과는 달라요. 불교에서는 환생을 법칙처럼 말하지만, 그렇지는 않아요. 굉장히 드문 예외일 뿐이에요. 어떤 영혼이 자신의 상처를 치유받지 못하고 영영 연옥에서 벗어나지 못하는 경우가 있어요. 그런 사람들이 다시 지구로 돌아가게 돼요. 자, 이제 이 이야기는 여기서 마칠게요. 아버지는 정신과 의사였고, 이런 일에 관심이 많으셔서 말씀드렸어요. 아버지도 아시겠지만, 이 문제는 사안마다 다르고 또 여러 가지를 고려해서 결정해야 해요. 대단히 기술적인 문제예요. 나중에 아버지가 직접 알아보세요. 다 알게 되실 거예요. 여기는 시간이 영원하잖아요."

웃을 수밖에 없었다. 티미는 나의 습관적인 조급증을 이미 파악하고 있었다. 대단치 않은 것이지만, 나뿐만 아니라 지구에 있는 사람들이 궁금해하는 것이 있다. "천사나 악마는 어떤 존재니?"

"신화나 인간의 경험으로 짐작했던 것과 크게 다르지 않아요. 하나님은 동물이나 인간을 창조하기 전에 천사를 만드셨어요. 하나님은 천사를 조수로 창조하셨어요. 천사들은 반半자율권을 가지고 있고, 영혼들과 비슷한 면이 많아요. 아버지는 천사들을 초기 모델인 원형적 영혼proto-soul이라고 생각하시는데, 그 생각이 옳다고 할 수 있어요. 인간은 천사보다 개선된 모델이라고 할 수 있고요. 그런데 천사 중 하나가 하나님을 배반했어요. 하수들과 함께. 그게 사탄이에요. 그들은 지금까지 인간 파괴를 멈추지 않고 있지요. 이미 진전투를 계속하고 있는 거예요. 천사들도 마찬가지지만 빛과 어둠에 속하는 것이 다르지요. 천사나 사탄이나 그다지 영리하다고 할 수 없지만 거의 모든 인간들보다는 영리해요. 그러나 최고 수준의 인간과는 견줄 수 없지요. 인간은 천사나 사탄보다 더 큰 자유의지를 부여받았고, 유연성도 그들보다 앞서요. 그러니까 천사들은 일종의 로봇 같다고나 할까요. 그들은 불완전한 영을 지니고 있어요. 인간과 다른 면도 있는데, 그들만의 독자적인 영역이 있지요. 그 제한된 영역에서는 엄청난 능력을 발휘해요. 그 능력 때문에 많은 사람들이 천사들을 숭배하는 거예요. 그러나 천사들은 우매한 석학이라고 할까요, 힘만 센 하인이라 할까요. 하여튼 제한된 존재예요."

티미 말이 옳다. 내가 추측했던 것과 크게 다르지 않았다. 내 추측을 확인한 것은 기쁘지만, 여전히 수만 가지 질문이 있다. 그러나 그 질문들은, 티미 말대로 기술적인 것에 불과하고 그 해답을 찾을 수 있는 영원이라는 시간이 있다. 그래, 천천히 알아가자. 그런데 꼭 물어보고 싶은 질문이 하나 있다. 대단히 개인적인 질문이지만, 친밀한 관계여서가 아니라 지적으로 알고 싶은 것이다. 내가 말을 꺼냈다. "티미, 그런데 너는 왜 그렇게 일찍 죽었니? 그 이유를 알고 있니?"

"대강 알고 있어요. 친구들은 저를 '늙은 영혼'이라고 불렀어요. 태어날 때부터 나중에 배워야 할 것들을 이미 알고 있었다는 의미예요. 제가 왜 늙은 영혼인지는 저도 몰라요. 하지만 환생과는 전혀 관계가 없어요. 아마도 유전자와 관련이 있는 것 같아요. 아버지와 어머니 모두 늙은 영혼의 요소가 조금씩 있어요. 인식하고 계신지는 모르겠지만요. 왜 하필이면 백혈병이었는지, 왜 열두 살이나 스물다섯 살이 아니라 열일곱 살이었는지는 저도 전혀 몰라요. 늙은 영혼으로 태어난다는 것은 이미 지쳐서 태어난 것과 비슷해요. 저는 오래 살고 싶지 않았어요. 아버지나 어머니와는 상관없는 일이에요. 두 분은 저에게 더없이 잘해주셨어요. 하지만 저는 이곳으로 빨리 오고 싶었어요. 언제나."

내가 예상했던 것과 일치한다. 나는 티미에게 말했다. "우리는 네가 백혈병을 앓기 훨씬 전부터 어떤 예감이 있었단다. 하지만 너에게 말할 수 없었어. 네가 빨리 죽고 싶어 할까봐."

"미리 말씀해주셨다면 좋았을 걸 그랬어요. 실은 저도 그런 예감이 있었으니까요. 미리 말씀해주셨다면 덜 외롭고 덜 특별하게 느꼈을 텐데요. 그렇게 하셨더라도 제가 사랑을 덜 받는다고 느끼지 않았을 거예요. 하지만 아버지 말씀대로 더 일찍 죽고 싶어 했을지도 모르죠. 아직도 아버지께 감사드리는 것이 있어요. 마지막 화학 치료를 거부할 때 허락해주셔서, 저를 보낼 준비가 되어 있다고, 먼저 떠나는 것에 대해 죄책감을 갖지 말라고 말씀해주셔서 감사해요. 정말 도움이 되었어요."

"너는 그때 우리가 너에게 너무 잘해주었다는 말을 남겼지. 더 할 말은 없니?"

"뭔가 막연한 느낌이에요. 아버지는 제게 자상하고 사려 깊고 너그러운 분이셨어요. 그래서 아버지께 화를 낼 이유가 없었어요. 반항할 만한 불합리한 점도 없었고요. 아버지가 저에게 거친 사랑을 주셨다면 제가 죄책감을 덜 느꼈을 거예요."

"내가 너에게 용서를 구해야 할 일은 없니?"

티미가 쿡쿡 웃었다. "있지요. 제가 여덟 살 때 혼자 유럽에 가는 것을 허락하지 않으셨잖아요."

"그거야말로 좀 거친 사랑을 요구하는 거로구나. 아마 그건 주정부도 허락하지 않았을 게다." 잠시 뜸을 들인 후 물었다. "티미, 엄마를 만나보았니?"

"네, 몇 번."

"잘 계시니?"

"그럼요. 엄마도 천국에 계세요. 당연하죠."

"엄마가 나를 만나고 싶어 할까?"

"확신할 수는 없어요. 하지만 싫어하실 이유가 없잖아요. 말년에는 상당히 사이가 좋았다고 들었는데요."

"그랬지. 말년에는 꽤 사이가 좋았지. 엄마를 만날 때를 대비해서 내게 조언해줄 것이 있니?"

"아버지가 어머니를 부르면 저처럼 어머니도 분명 여기로 오실 거예요. 하지만 아버지가 어머니께로 가시는 편이 좋을 것 같아요. 그렇게 원하시고 어떻게 되는지 보세요. 만약 어머니가 원하시면 아버지가 그곳으로 가실 테고, 어머니가 원치 않으시면 아무 일도 일어나지 않을 테니까요."

간단해서 좋았다. 그렇다고 모든 걱정이 사라진 것은 아니다. 나는 주제를 바꿨다. "그런데 티미, 너는 여기서 뭘 하고 있니?"

"아버지도 곧 알게 되실 거예요. 많은 위원회가 활발히 움직이고 있어요. 아주 재미있어요."

노마와 샘도 위원회에 대해 말했다. 지금은 티미가 말하고 있다. 하지만 티미는 자세히 말하고 싶지 않은 눈치다. 나는 다시 주제를 바꿔 물었다. "나는 멘토를 원했다. 그런데 네가 오리라고는 전혀 상상하지 못했어. 하지만 너만한 멘토는 없다. 돌멩이 하나로 새 두 마리를 잡았다고나 할까. 그리운 아들에 완벽한 멘토까지 만나다니."

"알아요, 아버지."

"어떻게 알았다는 거니? 너는 내가 부르자마자 왔는데. 내가 부를 줄 알고 기다리고 있었니?"

"그렇기도 하고 아니기도 해요. 저는 언젠가 아버지가 이곳에 오실 줄 알고 있었고, 처음 시작하는 영혼들에게 멘토가 되어주고 있어요. 저 역시 아버지를 만나고 싶었고요. 하지만 아버지 주변을 맴돈 것은 아니에요. 아버지가 저를 부르셨을 때, 위원회에서 회의 중이었어요."

"나를 만나기 위해 일을 중단했단 말이니? 내가 그만큼 중요하다는 뜻이니, 아니면 그 위원회가 중요하지 않은 거니?"

"둘 다 아니에요." 티미가 빙긋 웃으며 말했다. "아니면 둘 다 맞아요. 어제 일 생각나세요? 영국 틴타겔에 다녀오셨죠? 그곳에서 과거와 현재를 넘나드셨잖아요."

"그랬지."

"여기서도 그럴 수 있어요. 여기를 떠나자마자 저는 위원회에서 나온 그 시점으로 돌아갈 수 있어요. 그러면 위원회도 저도 잃을 것이 없지요."

"에이, 농담이겠지." 내가 깜짝 놀라며 말했다.

"다른 방법도 있어요. 회의가 다 끝날 때까지 기다렸다가, 아버지가 저를 부르셨던 시점으로 돌아가는 거예요. 하지만 저는 아버지가 무척이나 궁금했어요. 아버지가 어떻게 변하셨을지 궁금해하면서 회의에 참석할 수가 없었어요. 전혀 집중하지 못했을 거예요."

"그렇게 두 장소에 동시에 존재할 수 있는 게로구나."

"그럼요. 세 군데에도 그렇게 할 수 있는데요. 네 군데, 다섯 군데에도 동시에 나타날 수 있어요. 하지만 그런 상황은 원치 않아요. 이런 일은 대단한 일이 아니에요. 여기 있는 모든 이들이 할 수 있는 일이고, 아버지도 하실 수 있어요."

"힌두교의 구루들도 지구에서 그렇게 한다고 들었는데."

"그래요. 하지만 그게 사실인지는 모르겠어요. 아마 와전된 이야기일 거예요."

"너는 그게 사실인지 궁금하지 않니?"

"아니요. 별로요."

별로라니? 갑자기 샘과 노마보다 훨씬 더 박식한 티미도 그들과 같은 부류라는 생각이 든다. 호기심이 없고, 무덤덤하다. 이 사후세계에 오면 호기심이 사라지고 둔해지는 것일까? 어제 나도 둔감해지기는 했다. 아니, 초연해졌다고 해야 한다. 나는 힌두교의 구루들처럼 되고 싶지는 않다. 가보고 싶은 수많은 길들이 여전히 내 앞에 놓여 있다. 그래서 다시 물었다. "회의에 참석하고 있을 때 내가 부른다는 사실을 어떻게 알았니?" 이어서 또 물었다. "우리에게는 입도 귀도 없는데 어떻게 대화가 가능하지? 여기서는 어떻게 의사소통을 하는 거지? 우리가 대화할 때 텔레파시 같은 것을 이용한다는 것은 알겠는데, 이것은 어떻게 작동하니?" 정말 궁금하다. "어떻게 작동하는 거냐니까?"

"잘 모르겠어요."

"너도 모른다고?"

"네, 잘 몰라요. 저는 아버지의 궁금증을 풀어드릴 수가 없네요."

"알아볼 수도 없니? 아는 만큼만 말해주렴."

"아까 의지와 물질적 투사체와 영적 투사체에 대해 말씀드릴 때 빛을 비유로 설명한 것 기억하시죠?"

"그럼. 기억한다."

"그럼 빛은 뭐예요, 아버지?"

한순간에 전세가 역전되어버렸다. "나도 모르겠다." 내가 아는 바로는, 최고의 핵물리학자라도 빛이 무엇인지 정확히 모른다. 그들은 빛이 에너지라고 말하지만, 에너지의 본질이 무엇인지 정확히 모르기 때문에 빛 역시 모르는 것이다.

"그들이 언젠가는 빛의 정체를 밝혀낼 거라고 생각하세요?"

나는 티미가 이 대화를 어디로 끌어가려는지 짐작할 수 있다. 중세, 그러니까 믿음의 시대에 사람들은 빛을 당연한 것으로 생각했다. 그러다가 17세기에 들어서면서 빛에 대해 진지하게 연구하기 시작했다. 이성의 시대가 도래한 것이다. 18세기 사람들은 자신들이 빛에 대해 거의 다 규명했다고 생각했다. 19세기에 들어와서 빛에 대한 논쟁이 시작되었다. 드디어 20세기, 격렬한 논쟁과 함께 사람들은 빛에 대해 점점 더 혼란스러워했다.

"아니. 절대로 빛에 대해 정확하게 규명하지 못할 게다. 더 깊이 들어갈수록, 더 가까이 다가갈수록 점점 더 모호해지겠지. 나는 빛이 하나님과 비슷한 것이 아닐까 생각한다."

"비슷하다고요?" 티미가 내 말을 되풀이했다.

나는 잠자코 있었다.

그러자 티미가 말했다. "빛, 에너지, 의지, 하나님이 모두 비슷하다면 인간의 의식도 마찬가지일 거예요. 하나님은 이 모든 것의 원천이라고 할 수 있어요. 사실 이 모든 것의 중심은 하나님이에요. 이것들은 모두 하나님을 드러내는 거죠. 하지만 사진처럼 겉면만 보여줄 뿐이에요. 그러니 아버지와 저, 우리의 의지와 생각, 의사소통에 필요한 에너지는 모두 하나님의 겉모습이라고 할 수 있어요. 우리를 깎아내리려는 건 아니에요. 겉모습이 본질을 가장 잘 나타낼 수도 있거든요. 이제 다시 위엄을 찾은 것 같죠? 아버지와 제가 지금 나누는 대화가 하나님을 가장 잘 드러내고 있는지도 몰라요. 우리가 하나님의 겉모습이라는 말은 물론 비유적인 표현입니다."

지구에서 신비주의자들이 수천 년간 떠들어온 모호한 역설의 수렁으로 되돌아온 느낌이었다. 처음에는 티미의 설명이 지루했지만, 빛은 내 관심 주제였다. 지구에서 나는 빛이나 그 밖의 주제를 간단하고 근사하게 정리해낸 사람이 없다는 사실에 희열을 느꼈다. 세상이 인간이 알 수 없는 신비로 가득하다는 사실이 기뻤다. 하지만 여기서도 해결되지 않는 신비가 있다니 난감했다. 나는 웃고 말았다.

"내 추정이 틀린 것 같구나. 지구에서 살 때는 모든 것을 다 설명할 수는 없다고 해도 별로 개의치 않았단다. 하늘나라에 가면 모든 것이 명백하게 밝혀질 거라고 믿었기 때문이야. 하늘나라에는 신비란 없으리라고 생각했는데 그렇지 않구나. 여기도 여전히 신비에 싸인 것이 많구나."

"축하해요, 아버지." 티미가 외쳤다. "드디어 아셨군요. 저나 샘과 노마가 호기심이 부족한 것이 아니라, 지식의 한계를 인정하는 거예요. 아버지는 여기서 하나님을 향해 점점 더 성장하실 거예요. 하지만 여전히 하나님은 신비로 남아 계세요. 하나님에 대한 모든 것이 드러나길 원하세요? 정말 신비가 전혀 남아 있지 않은 삭막한 세계에서 살기 원하세요?"

"물론 아니지." 의혹은 남아 있지만 이렇게 대답했다. 나는 티미의 밝으면서도 사려 깊은 태도에 감탄하고 있다. "나를 가르쳐줄 멘토를 원했는데, 네가 나타났다. 더 알고 싶은 것이 많단다. 계속해서 내 멘토가 되어줄 수 있겠니?"

"아니요, 아버지." 티미가 대답했다. 하지만 그 거절은 불쾌한 것이 아니라 오히려 부드럽고 따뜻한 것이었다. "부자지간이기 때문은 아니에요. 아들이 아버지의 멘토가 된다는 것은 명예로운 일이에요. 하지만 다른 멘토가 올 거고, 그분이 더 큰 도움이 될 거예요. 일에는 다 질서가 있는 법이잖아요."

"무슨 질서?"

티미가 웃었다. "하여튼 아버지는 너무 서두르세요. 조금만 기다리면 곧 알게 되실 거예요."

"나는 잘 기다리지 못하잖아."

"오래 기다리시지 않아도 돼요. 이제 회의에 참석할 시간이에요."

나는 걱정에 사로잡혔다. "다시 볼 수 있니? 너를 다시 만날 수 있니?"

"그럼요. 필요하시면 언제든지요. 하지만 아마 만날 필요가 없을 거예요."

작별 인사를 나누려 할 때, 나는 잠시 주저했다. "떠나기 전에 내게 해줄 말이 있니? 충고의 말 한 마디."

"긴장을 푸세요. 조급해하지 마세요. 아버지의 수많은 질문들은 단순히 호기심에서 나온 것이 아니에요. 지적 만족을 원하는 헛된 욕심일 수도 있고, 사물을 통제하려는 불가능한 시도일 수도 있어요. 예수님도 뱀처럼 지혜롭고 비둘기처럼 순수하라고 하셨어요. 아버지의 지혜나 지성을 포기하라는 뜻이 아니에요. 그것은 하나님이 주신 거니까요. 다만 순수한 마음을 강화할 필요가 있어요. 여기는 안전해요. 통제할 필요가 없는 곳이에요. 잘 아시잖아요."

"사랑한다, 티미." 이 말이 내가 할 수 있는 전부였다.

"저도 사랑해요, 아버지." 티미는 이렇게 대답하고 이내 사라져버렸다.

지적 욕구를 줄이라는 티미의 충고는 옳다. 그것이 내 모든 문제의 근원이다. 내 존재의 심연에는 언제나, 세상은 안전한 장소가 **아니며**, 내가 그 모든 것을 통제하지 않으면 언제 위험에 빠질지 모른다는 두려움이 있었다. 나의 오래된 다니엘 콤플렉스. 사자굴이 없다는 것을 상기해도, 방심하는 순간 어느새 노심초사하는 사람이 되어버린다. 이것이 나쁜 것만은 아니다. 이 예민한 경계심 덕에 나는 몇 번이나 위험에서 벗어났다. 나에게 두려움을 주신 것도 은혜요, 그 두려움에서 놓여나게 해주신 것도 하나님의 은혜다. 이제 내게 필요한 것은, 나와 내가 사랑하는 사람들의 안전을 믿는 순수한 믿음이다.

나는 하나님께 이 은혜를 두고 기도했다. 내 마음은 점점 더 내 아내 메리 마르타에게 다가갔다. 티미를 만난 후에 그 열망은 더욱 커졌다. 티미를 만난 이야기를 해주어야지. 그런데 메리 마르타가 나를 만나고 싶어 하지 않으면 어쩌지? 나를 거절하면 어쩌지? 만나더라도 어색하면 어쩌지?

**CHAPTER 9**

　오늘은 메리 마르타의 날이다! 나는 소년처럼 들떠 있고, 한편으로는 걱정도 된다.

　거절당할지도 모른다는 두려움은 다니엘 콤플렉스 때문만은 아니다. 이것은 경계선에 관한 것이다. 메리 마르타와 나는 둘 다 개성과 의지가 강했다. 한 치의 양보도 없이 각자의 길을 강하게 밀고 나갔다. 우리는 서로 이기려고, 나는 내 방식대로 메리 마르타를 이끌려고, 메리 마르타는 자신의 방식대로 나를 길들이려고 했다. 우리의 투쟁은 예의를 갖춘 것 같았지만, 서로에게 패배감만 안겨주었다.

　마침내 우리는 둘 사이에 적당한 경계를 그어 평화를 유지하는 법을 배웠고, 서로의 공간을 존중하는 법도 배웠다. 결혼생활 후반기에는 그렇게 각자의 영역에서 각자의 삶을 살았다.

메리 마르타가 몹시 보고 싶다. 섹스 때문은 아니다. 몸이 없는 이곳에서도 성관계를 맺을 수 있다 해도, 몸이 있었던 지구에서도 말년에는 성적 충동을 거의 느끼지 않았다. 성에 대한 열정이 없어진 것이 나는 좋았다. 젊은 시절에는 성에 대한 열정이 너무나 강렬해, 축복이라기보다는 저주로 느껴졌다. 그래서 나이가 들어가는 것이 오히려 좋았다.

메리 마르타를 만나고 싶은 이유는 로맨틱한 것도 아니다. 로맨스는 환상 같은 것이다. 둘 사이에 있었던 로맨틱한 감정도 오래전에 다 사라졌다. 결혼 후반기 20년 동안은 오직 현실이 있었고, 오히려 그것이 우리의 결혼생활을 아름답게 만들었다. 우리는 서로를 가감 없이 인정하게 되었다. 서로의 강점과 약점, 능력과 한계, 좋은 점과 나쁜 점을 있는 그대로 받아들였다. 더 중요한 것은, 상대방의 관점에서 바라볼 수 있게 되고, 본 것 그대로 받아들일 수 있었다는 점이다. 로맨스는 짜릿한 전율이 있을지 모르지만, 있는 그대로 보고 받아들이는 것이야말로 훨씬 가치 있는 것이다. 이것이 진짜 사랑이다.

오늘 아침 메리 마르타를 보고 싶은 이유는, 나 자신만큼이나 그녀를 사랑하기 때문이다. 메리 마르타도 나를 자기 자신만큼 사랑했다. 하지만 3년이나 흘렀다. 메리 마르타가 죽고 난 후에 과연 어떤 변화가 일어났는지 전혀 알 수 없다. 우리들 사이의 경계선은 여전히 필요할 것이고, 오늘은 메리 마르타에게 그것이 더욱 필요할지도 모른다. 나를 자신의 영역으로 받아들일지 전혀 알 수가 없다. 그것이 두렵다. 나는 기도했다. "여보, 당신은 내게 어떤 의무도 없어요. 하지만 나는 당신에게 가고 싶소. 당신이 나를 받아준다면."

내 가슴은 쿵쾅쿵쾅 뛰었다. 놀랍게도 메리 마르타는 내가 기억하고 있는 그 모습 그대로 내 앞에 서 있다. 마치 승마 사냥을 나가려는 듯, 갈색 체크무늬 승마용 트위드 코트를 입고 있다. 여우는 좋아했지만 아무리 얌전한 말이라도 승마는 질색했는데. 짧은 회색 머리는 손질하지 않은 듯 자연스럽지만 고상함은 여전하다. 장난기 어린 반짝이는 눈동자 때문인지 그녀는 10년은 젊어 보인다. "당신은 변함없이 사랑스럽군요." 내가 외쳤다.

"당신은 흐릿하게 보여요."

나는 이내 깨달았다. 사려 깊은 그녀는 나를 위해 자신의 영상을 또렷하게 투사하고 있지만, 나는 그것을 깜박 잊고 있었다. 나는 의식적으로 내 모습을 또렷이 보이게 했다.

"당신도 전혀 변하지 않았네요. 여전히 노인과 소년이 뒤섞인 모습이에요."

우리가 있는 방이 눈에 들어왔다. 내 좁고 단조로운 초록 방에 비해 훨씬 넓고 우아하다. 벽지, 천장, 카펫이 모두 밝은 회색이다. 잘 닦인 테이블 위에 놓인 커다란 화병에는 아름다운 꽃들이 꽂혀 있다. 밝은 오렌지색 소파와 의자는 방을 한결 화사하게 해준다. 우리가 좋아했던 스페인 북부 해안의 풍경을 담은 현대 인상파 그림 세 점이 벽에 걸려 있다.
"참 멋지게 꾸몄군요. 놀랄 일은 아니지요. 당신은 언제나 아름답게 집을 꾸몄고, 특히 꽃에 둘러싸여 살게 해주었소."
"고마워요. 다시 만나서 정말 기뻐요. 그런데 당신 모습이 또 사라졌다는 걸 모르고 있죠?"
"아, 미안해요." 나는 얼른 사과했다. "어제 티미를 만났어요. 티미는 제 몸을 투사하는 게 얼마나 힘든지 모른다고 하더군요." 이제야 그 말뜻을 제대로 이해하게 되었다. 몸이 보이도록 의식적으로 애써야 하는 것은 힘든 일이다. "이 방이 얼마나 아름다운지 둘러보는 동안, 몸을 투사하는 것을 깜박 잊었소. 두 가지 일을 동시에 하는 것은 내겐 언제나 어려워요."
"맞는 말이에요." 메리 마르타가 놀리듯이 말했다.
"누가 정상인지는 아직도 모르겠어요." 내가 말했다. "당신도 기억하는지 모르겠지만, 나는 언제나 당신이 컴퓨터

게임에 열중하면서도 집중이 필요한 중요한 통화를 동시에 할 수 있다는 것이 놀라웠소. 지금도 그것을 가지고 나와 경쟁하는 것 같은데."

"경쟁이라니요?"

"말이 그렇다는 거요."

메리 마르타가 나를 풀어주기로 결정했다. "사실, 나도 이 모든 이미지들을 계속 유지하기가 힘들어요."

나는 메리 마르타가 '이미지들'이라고 말하는 것을 눈치 채지 못했다. "내게 보여주는 당신 모습은 내게 큰 선물이에요. 이제 충분하니까 그만두기로 합시다. 너무 힘드니까."

나는 충분히 흥정하지 못했다는 것을 이내 깨닫고 말았다. 메리 마르타가 "좋아요"라고 말하는 순간 모든 것이 사라져 버렸다. 그녀의 모습도, 안락한 방도 모두 함께 사라졌다. 사방이 깜깜해졌다. 내 손조차 볼 수 없을 만큼 짙고 검은 안개 속에 있는 듯, 나는 완전한 무無의 세계에 던져진 것 같았다. 형용할 수 없는 공포가 나를 덮친다. 나조차도 존재하지 않는 것 같다. 아무것도 없다. 나조차도!

"무서워하지 말아요."

메리 마르타의 목소리다. 아니면 그녀의 목소리 같은 것이다. 공포가 다소 누그러졌다. 아무것도 없는 것이 아니다. 여전히 남아 있는 것 하나는, 내가 지각하고 있다는 사실이다. 공포가 엄습했다가 사라지는 것을 분명히 지각하고 있다. 또 하나, 메리 마르타가 계속 존재한다는 사실이다. 비록 볼 수는 없지만, 나는 그녀의 존재를 가까이서 감지할 수 있다.

"여기는 어디요?" 내가 물었다.

"낮과 밤, 빛과 어둠이 분리되지 않은 곳."

"그렇다면, 창조 이전의 태초?"

"네, 정확해요."

"하지만 우리는 여전히 인식하고 있는데…."

"물론. 지금 우리는 말하고 있잖아요. 안 그래요?" 메리 마르타가 웃는 것 같았다.

"그렇다면 인식이 창조를 앞선다?"

그녀가 더 크게 웃는 것 같다. "대니, 당신은 어쩔 수 없는 신학자군요. 뭐든지 신학적으로 설명하려 해요. 당신은 아마 하나님을 채집할 수 있다면 하나님도 핀으로 벽에 고정해놓았을 거예요."

맞는 말이다. 하지만 그만둘 수가 없다. "우리가 창조 이전에도 이렇게 인식할 수 있다면, 우리도 신이라는 뜻인가요?" 내가 물었다.

"그와 비슷하다고 할 수 있죠. 하지만 더 깊이 묻지 말아요."

그만두는 수밖에 없다. 메리 마르타는 더 이상 깊이 들어가지 말라고 했고, 나는 그 의지가 얼마나 강한지 익히 잘 알고 있다. 그녀의 말은 그 이상도 그 이하도 아니다. 대화의 방향을 바꾸기로 했다. "여기 있는 영혼들은 공처럼 생긴 빛으로 보였는데, 지금은 그 빛조차 보이지 않아서 너무나 놀랐소."

"여긴 빛조차 없기 때문이에요. 빛을 창조하기 이전이니까." 그녀가 설명하기 시작했다. "빛도, 그 빛을 보이게 하는 구조가 필요해요. 내 방이나 당신 방이라는 구조에 들어가야 내 빛을 볼 수가 있어요. 지구에서도 마찬가지예요. 빛을 반사할 대상이나 구조 없이는 빛을 볼 수가 없잖아요."

이해가 되었다. 전부는 아니라도 조금은 이해가 된다. 그러나 메리 마르타의 설명은 다른 방향으로 나를 이끌었다. 내 작은 초록방은 내가 갈 때마다 언제나 그곳에 있다. 그것은 어떻게 가능한가?

샘과 노마, 티미는 물론 메리 마르타도 내 마음을 읽고, 내가 질문하기도 전에 응답했다. "여기서는 인식이 이미지를 창조해요. 당신이 내 방에 들어왔을 때, 나는 동시에 두 가지 일을 한 것이 아니라 세 가지를 했어요. 당신과의 대화, 내 이미지 투사, 그리고 방의 모습을 유지하는 것. 그런데 당신이 우리 모습을 투사하는 것을 그만두자고 했어요. 당연히 내가 사라지고, 방도 사라지고, 서로의 빛을 볼 수 있는 구조도 사라진 거죠."

그녀가 계속 말했다. "당신의 작은 초록방은 왜 사라지지 않는지 궁금하죠? 다른 누군가가 그 방에 대해 생각하고 있기 때문이에요. 당신이 아닌 다른 사람이. 당신은 또 왜 그 사람이 계속 그 초록방을 생각하고 있는지 묻고 싶겠죠?"

"맞아요. 왜 그렇게 하는 거요?"

"이 완전한 무의 세계에 처음 들어섰을 때 무엇을 느꼈어요?"

그 말에, 방금 전의 무시무시한 공포가 떠올랐다. 이어서 노마와 샘이 내 작은 초록방에 대해 설명했던 말이 생각났다. 어떻게 그 말을 잊을 수 있겠는가? 그 사람, 나를 위해 그 방을 계속 생각하고 있는 그 사람은, 어쩌면 하나님인지도 모른다. 그 사람에 대한 감사가 물밀듯이 밀려온다. 하지만 아무리 고마워도 감사하는 마음을 늘 품고 살 수 있는가? 나는 아직 천국에 갈 준비가 되지 못한 것 같다. 나 같은 인간은 금세 그런 것들을 당연하게 여기고 잊어버린다. 그 아름답고 쾌적한 지구도 당연하게 여기지 않았던가.

"여보, 기억하고 있어요?" 내가 말했다. "만약 생각하지 않는다면 지구 위에는 아무것도 존재하지 않는다고 말한 철학자들을 우리가 얼마나 놀려댔는지? 숲 속의 나무가 넘어지는 소리를 들은 사람이 없다면, 그 나무는 결코 넘어지지 않는다는 말 아니냐면서 바보 같은 철학자라고 비웃었지. 깜깜한 밤에 내 엄지발가락이 의자에 차였을 때, 내가 그 의자가 거기 있으리라고 생각하지 않았다면 내 엄지발가락은 그 의자에 차인 것이 아니겠네 하고 조롱했지. 이제야 내가 얼마나 자기중심적이었는지 알게 됐어요. 내가 그 의자를 생각하지 않아도 누군가가 그것을 생각하고 있었던 거군요."

"정확히 맞혔어요." 메리 마르타가 맞장구를 친다. "지구에서의 삶은 환상이 아니에요. 온 우주도 마찬가지예요. 우주만물이 어떻게 창조됐는지는 논외로 하고, 우리의 생각과는 상관없이 독자적으로 존재하는 거예요. 우리는 수선화에 대해 생각하지 않았어요. 그런데 지구에는 때를 좇아 수선화가 피어서 우리를 기쁘게 해요. 아르마딜로도 마찬가지예요. 사람이 그렇게 생긴 동물을 상상이나 했겠어요. 그런데 엄연히 아르마딜로가 있잖아요. 물질은 실재해요. 마찬가지로 영혼도 실재해요. 영이 실제로 있다는 것은, 물질은 단순한 물질이 아니라는 뜻이에요."

"이 세상이 어떻게 창조됐는지는 논외로 한다고요?" 나는 메리 마르타의 말을 반복하면서 물었다. "천지 창조에 대해서는 아는 바가 없소?"

대답은 간단명료했다. "없어요."

티미가 했던 말이 생각난다. 여기도 신비는 남아 있으며, 영원히 풀 수 없는 것도 있다는 말. 신비가 없는 세상에서 사는 것은 별로 달갑지 않다. 그래도 나는 물었다. "그렇다면 빅뱅이론을 증명해줄 수 없겠군요."

"그래요. 할 수 없어요. 하지만 우주 전체에 대해서는 잘 몰라도, 지구에 관해서라면 할 말이 있어요. 지구 창조는 우주보다 훨씬 더 복잡했다는 거예요. 한마디로 더 섹시해요."

"더 섹시하다고?"

"비유적으로 말하면 그래요. 하지만 달리 표현할 길이 없네요."

다시 메리 마르타와 나 사이의 경계가 분명해졌다. 침묵이 흐른다. 하지만 이 침묵이 고맙다. 침묵 속에서 메리 마르타의 존재를 더 명확하게, 더 가까이 느낄 수 있다. 내 생각은 과거로 돌아가고 있다. 둘 사이에 있던 그 평화. 섹스를 한 후, 육체의 소진과 깊은 상념에 젖어 나란히 누워 있었을 때 조용히 찾아들었던 평화. 그때와는 다르지만, 텅 빈 공간에서 훨씬 더 진한 친밀감을 느낀다.

메리 마르타가 부드러운 목소리로 침묵을 깼다. "죽는 것이 힘들었어요, 대니? 육체를 떠나는 것 말이에요. 나는 갑자기 죽었어요. 난 내가 죽은 것조차 몰랐어요. 하지만 당신은 암이었잖아요. 어땠어요?"

"그렇게 나쁘지 않았어요. 의사들이 언제나 내가 원하는 대로 진통제를 줬거든요. 나는 죽기 전 며칠 동안 혼수상태였어요. 당신이 먼저 죽고 난 후 나는 별로 살고 싶지 않았어요. 어떤 면에서는 산다는 것이 끔찍했소."

"남자답게 행동하지 않았어요? 평소에는 당당했잖아요."

"그래, 당신에게 좋은 면을 보여주기도 했소. 하지만 어두운 면도 굉장히 많았어요. 기억해요? 우리는 늙어가는 것을 한탄하곤 했잖아요. 나이가 들어가면서 많은 것을 못하게 되잖아요. 암은 그 이상이었소. 훨씬 더 빨리 늙어갔어요. 굉장히 무서웠소. 매일 내 몸이 노쇠해가는 것을 본다는 것은 끔찍한 일이었소. 하지만 나는 죽어가는 것을 제대로 경험할 필요가 있다고 생각했어요. 내 죽음은 당신보다는 천천히 진행됐고, 그 과정을 확실히 지켜볼 수 있었으니까요."

침묵 속에서 나와 내 몸의 관계, 나아가 다른 사람들의 몸에 대한 이상하고도 역설적인 생각이 이어졌다. 나는 내 몸을 별로 좋아하지 않았다. 추해서가 아니라, 몸이란 내게 고통의 원천이었기 때문이다. 감기에 걸리고, 열이 나고, 여기저기 아프고, 피곤하고, 그래서 여기저기 수술을 해야 하는 고통의 원천. 그러면서도 나는 내 몸에 집착했다. "살려주세요. 살게 해주세요"라고 외쳐대는 세포들의 요구에 어쩔 수 없이 따라야 했다. 그럴수록 내 몸을 내동댕이쳐버리고 싶었지만, 한편으로는 죽음의 진행을 늦추고 싶었다.

섹스에 대해서도 생각했다. 여성의 아름다움, 그것은 단지 육체의 아름다움을 넘어서는 경이에 가까운 것이다. 오르가즘의 절정은 육체**에** 부여된 최상의 축복이면서 육체**로부터** 자유로워지는 환희의 최고봉이 아닐까? 누가 잊을 수 있겠는가? 그 환희의 축복을 망각한다는 것은 도저히 있을 수 없는 일이다. 오, 내 생애에 섹스를 얼마나 좋아했던가!

그런데 그 모든 것이 까마득한 과거의 일이다. 지금 육체 없이 느끼는 친밀감은 그때와 비교할 수 없는 완벽한 것이다. "이곳에 온 이래, 태초 이전 무의 세계 한가운데서 최고의 평화를 맛보고 있소. 당신의 존재를 바로 내 옆, 가장 가까운 곳에서 온전히 느끼고 있소."

"내가 떠나면 당신은 언제든지 당신의 방으로 돌아갈 수 있어요." 메리 마르타가 나를 안심시켜주었다.

"그래요. 그렇게 되겠죠. 그런데 놀라운 것은 이 평화가 단지 나만 느끼는 것이 아니라는 거요. 당신과 함께 느끼고 있다는 것이 너무나 경이로워요. 지구에서 살 때는 언제나 그런 것은 아니었잖소. 우리는 각자의 공간이 있었고, 각자 집착하는 특별한 것들이 있었어요. 옷, 가구들, 기념품과 소품들."

"당신 말이 맞아요." 그녀가 동의했다. "여기서 적응하는 일은 내겐 비교적 쉬웠어요. 나 자신도 놀랄 정도였어요. 내가 가장 먼저 알게 된 것은, 물건에 대한 애착은 물욕에서 생긴 것이 아니라 그것들을 **즐겼다는** 증거였어요. 기억해요? 내가 집안의 가구를 종종 이리저리 옮겼던 거?"

"그랬었지."

"내가 이곳에 처음 왔을 때 내 작은 방, 그 방은 초록색이 아니라 베이지색이었는데, 그 방에 이내 싫증이 났어요. 그래서 상상력으로 그 방을 꾸미기 시작했어요. 내가 생각하고 원하기만 하면, 그 물건들이 어김없이 나타났어요. 18세기 왕실 가구들, 스웨덴 식 세련된 책상, 내가 원하는 최고급 식기들, 렘브란트와 르누아르의 그림들. 그런데 내가 생각을 멈추기만 하면 그 모든 것들이 순식간에 사라져버리는 거예요. 처음에는 크게 실망했어요. 하지만 이내 여기서는 무엇이든지 바꿀 수 있다는 것을 깨달았고, 다른 일을 하기 시작했어요.

쉬고 싶을 때 나는 이곳, 절대 무의 세계로 와서 쉬어요. 정말 완벽하게 편안해요. 여기는 어떤 위험도 없이 안전해요. 지루해지면 방을 만들고 그 방을 꾸미기 시작해요. 당신을 위해서 했던 것처럼. 재미있어요. 당신에게 보여주는 것도 재미있고요. 다음에도 똑같은 방을 만들 수 있어요. 조금 다르게 할 수도 있고요. 물론 얼마든지 전혀 다르게 꾸밀 수도 있어요. 다음에는 스테인드글라스로 장식된 장엄한 고딕 성당에서 만날 수도 있어요. 상상만 해도 즐겁네요."

그녀가 얼마나 즐거워하는지 나까지 덩달아 즐겁다. 예전의 메리 마르타 그대로다. 작은 것에도 쉽게 흥분하고 즐거워하던 소녀 같은 면을 나는 참 좋아했다. 나도 덩달아 흥분해서 예전에 메리 마르타가 만들었던 정원이 얼마나 잘 관리되고 있는지, 비키와 마셜이 어떻게 지내는지, 티미가 얼마나 훌륭한 멘토가 돼주었는지 등의 이야기를 늘어놓았다. 메리 마르타는 그저 조용히 듣고 있다. 그녀가 별다른 흥미를 보이지 않는 것을 보고 놀랐다. "더 듣고 싶지 않소?" 내가 물었다.

"별로요." 그녀가 간단히 대답했다.

"하지만…."

"나도 이미 그 아이들을 만나고 왔어요." 내 놀라움을 조용히 가라앉히며 그녀가 말했다. "내 무관심에 놀랐을 거예요. 만약 그 아이들이 잘못 살고 있다면 물론 나도 마음이 많이 쓰였겠죠. 그리고 기도했을 거예요. 하지만 잘 살고 있잖아요. 당신이 기억할지 모르지만, 나는 말년에 그 아이들과 정신적으로 거리를 두었어요. 감정적인 독립을 한 거죠. 당신도 마찬가지였겠지만, 이곳에 처음 와서 고독감은 큰 문제였어요. 경악할 정도는 아니었지만. 하지만 내가 얼마나 빨리 자연스럽게 초연해졌는지 나 자신도 놀랄 정도였어요. 여기서 내가 당신과 똑같이 생각하는 것을 깨닫고 웃곤 했어요. 처음 보는 이 엄청난 세계에 매혹되었지만, 보다 냉정하고 이성적이고 객관적으로 파악해야 한다고 생각했거든요. '맙소사, 나도 당신처럼 되다니!' 그랬어요. 만약 내게 이곳에 온 이후 가장 많이 변한 것이 뭐냐고 묻는다면, 점점 더 초연하게 되었다는 거예요. 이제는 그 어떤 것에도 집착하지 않게 되었어요."

정말 그랬다. 바로 그 점이 옛날 메리 마르타와 다른 점이다.

"당신이 다른 일에 몰두하게 되었다고 말했는데, 어떤 일이었소?" 내가 물었다.

"대부분 위원회 일이에요."

맙소사. 또 위원회다. 샘과 노마는 자신들이 그 위원회에서 내 영접관으로 선발되고 훈련받았다고 말했다. 티미도 위원회 참석 중에 내 부름을 받았다고 했다. 아마도 내 작은 초록방도 그 위원회에서 마련했을 것이다. 이제는 메리 마르타까지 위원회 이야기다. 그래서 내가 물었다. "여기에 있는 모든 사람들이 그 위원회에서 일해요?"

"네. 자연히 그렇게 되죠. 아주 좋은 일이에요. 여기, 천국에서 위원회는 공동체 규례에 따라 모든 일을 해요. 공동체 규례는 대부분 지구에서와 원칙이 거의 비슷해요." 그러더니 메리 마르타가 쿡쿡 웃었다. "25년 전인가, 천국 조직의 원리를 찾는 중이라고 말한 적이 있었죠?"

"당신이 도와주지 않았소?" 내가 말했다. "하지만 그저 찾아봤을 뿐 찾지는 못했지요. 다만 모든 조직이 하나님과 함께 움직인다는 것만은 알 수 있었다오. 천국 공동체의 규칙은 기적을 창조하는 것과 같다는 것을 알았지요. 하지만 나는 아직도 천국에 대해 전혀 모르고 있어요. 다만 이곳도 지구에서 가장 효율적인 조직처럼 움직인다는 것을 감지했을 따름이에요."

"그래요! 그런데, 지구와는 비교할 수 없이 훨씬 더 잘 운영되고 있어요!" 메리 마르타가 기뻐서 큰소리로 말했다. "우리는 언제나 공동체에 함께 있는 것 같아요. 공동체에서 이탈한 적이 없어요. 뭔가 잘못된 것 같다는 긴장이 감지되면 우리 모두는 바로 깊은 기도에 들어가고, 우리의 기도는 빛 가운데로 집중돼요. 그렇게 우리 모두가 함께하기 때문에 지구에서보다 훨씬 더 원활하고 효율적으로 일할 수 있어요. 여기서는 비밀 임무라는 것이 없어요. 개인적인 일이라는 것이 점점 없어져요. 모두들 서로 누가 무슨 일을 하는지 다 알아요. 그리고 업무에 따르는 훈련이 이어져요. 당신도 빨리 알았으면 좋겠는데. 그리고 모든 일을 우리가 해왔던 것보다 훨씬 더 잘 하게 돼요. 많은 시간을 훈련받는 데 사용해요. 그래서 일을 하면 할수록 원숙한 어른이 되어가지요."

"그러면 당신은 무슨 일을 해요?" 그녀가 잠시 멈춘 사이에 얼른 물었다.

"내가 하는 일? 여기에는 수백만 가지 위원회가 있어요. 내가 속한 위원회는 영혼을 창조하는 일이 주 임무예요. 모든 영혼은 아니에요. 극히 일부죠. 영혼을 창조하는 일은 많은 주의와 노력이 필요해요. 한 영혼의 수태, 출생 전과 출생 후 관리, 개성화 작업 등 수많은 일을 해요. 내가 속한 위원회는 수많은 유사한 위원회 중 하나일 뿐이에요. 영혼의 양육에도 다른 많은 위원회들이 관여해요. 우리는 그 일을 위해 서로 긴밀하게 협력해요. 태동과 양육은 절대로 분리할 수 없으니까요."

"거기까지는 이해되는데, 한 영혼을 창조하는 과정은 어떻게 이루어져요?" 내가 물었다.

"영혼 창조 작업에는 대단히 많은 일들이 필요하다고 했죠? 내가 여기서 3년 동안 배운 모든 일들을 한꺼번에 다 알기 원하세요? 당신도 차차 알게 될 거예요. 시간이 필요한 일이에요. 지구에서 당신이 공동체 설립에 관해 강연했을 때, 강의로만 배워서 머리로만 알고 있는 청중에게 실망하곤 했잖아요. 나도 지금 그때의 당신과 같아요. 미리 알려주는 것은 별로 도움이 되지 않을 거예요. 당신은 항상 컴퓨터를 비유로 설명했잖아요. 기억해요? 책을 읽는다고 해서, 강의를 듣는다고 해서 컴퓨터를 잘 하게 되는 것이 아니라고. 실제로 **해봐야** 알게 된다고. 마찬가지예요. 영혼을 창조하는 작업은 엄청난 시간과 노력이 필요해요. 당신이 영혼 창조 작업에 참여해서 수개월 동안 함께 일한다고 해도, 겨우 그 기본 원리만 깨달을 만큼 복잡한 작업이에요. 게다가 그 일에 참여하는 모든 사람들은 지구에서와는 다른 엄청난 효율성으로 함께 힘과 지혜를 모아 일해요. 그걸 설명한다는 것은 불가능해요."

메리 마르타가 이유 없이 나를 배제할 리는 없지만, 약간의 소외감을 **느꼈다**. 같은 목적으로 같은 일을 하는, 그처럼 정교하고 복잡한 일을 하는 수많은 사람들과 나를 구분 짓는 것은 당연하고도 옳은 일이다. 나 역시 그들 중 하나가 되기를 원치 않는다. 영혼을 창조하는 일은 땅에서처럼 여기서도 신비이며, 또한 그래야 한다는 생각이 든다. 또 기다려야 한다고? 이곳에는 내가 알고 싶은 것들에 대한 **대답**이 있는데, 시간을 두고 배워야 한다는 한결같은 말을 받아들이기가 어렵다. 내가 가장 못하는 것이 기다리는 것이다. 내 의문에 대한 대답이 있다는 것을 깨닫는 순간, 나는 두 살짜리의 심리 상태로 돌아간다.

알고 싶은 또 다른 분야가 생겼다. 그것은 메리 마르타가 하는 일에 대한 비판적인 의문점이다. 이 질문이 메리 마르타의 기분을 상하게 할 수도 있다. 나를 소외시킨 데 대한 반발일까? 아니면 그녀는 알고 있는데 나는 모른다는 사실에 경쟁심이 일어난 것일까? 잘 모르겠다. 기다리지 못하는 내 성미 때문이든 반발심이든 경쟁심이든, 의문은 분명한 것이었다. 그래서 나는 물었다.

"당신이 말한 것처럼, 한 영혼을 창조하는 일은 엄청난 시간과 노력이 필요하다는 사실을 잘 알겠는데," 나는 조심스럽게 말을 이어나갔다. "또 수많은 사람들이 기도하는 마음으로, 규칙에 따라서, 온갖 사랑과 정성으로, 전혀 다른 의도 없이 한마음 한뜻으로 그 작업에 임한다는 것도 잘 알겠는데, 비판적으로 들릴 수도 있는 질문이 하나 있어요. 그렇게 진행하는 작업이 모두 다 성공하는 것 같지는 않아요. 왜 그런 일이 일어나는 거죠? 그러니까 소수이기는 하지만, 겉모습은 인간인데 영혼이 없이 태어나는 경우, 그 이유가 뭐죠? 당신도 기억하죠? 내가 의사로서 심리 치료를 할 때, 매우 드물기는 했지만, 마치 영혼이 없는 것 같은 사람들 때문에 고심한 적이 꽤 있었잖소. 더 흔하게는, 그렇게 사랑과 정성으로 창조된 영혼들이 너무나 사악한 사람이 된 경우도 많았잖소. 내 초록방 복도에 있던 쓰레기통 안에 사는 영혼들과 같은 사람들이 어떻게 그렇게 많을 수가 있는 거요?"

"우리가 실수가 너무 많다는 말이죠?" 메리 마르타의 목소리에는 불편한 기색은 없지만 빈정대는 말투가 섞여 있다.

"솔직히, 그래요."

"당신도 과학자로서 잘못된 실험에 익숙하잖아요."

"지금 우리는 영혼의 창조에 대해 말하는 중이에요." 내가 항의하듯 말했다. "과학 실험에 대해서 말하는 게 아니잖소."

"그래요." 메리 마르타가 단호한 어조로 말했다. "하지만 한 사람 한 사람의 영혼을 창조한다는 것은 과학 실험과 같은 것이에요."

"뭐라고, 실험이라고요?"

"그럼요. 모든 영혼들은 각자 전혀 새로운 존재들이에요. 우리가 따라야 하는 지침들이 있고, 우리는 충실하게 그에 따라서 일해요. 하지만 지침은 지침일 따름이에요. 개인 한 사람, 한 사람 모두 다 새로운 창조이며, 새로운 실험이에요. 우리는 그 영혼들이 어떻게 될지 전혀 **알지** 못해요. 그저 최선을 다해 사랑을 담아 만들면서, 그때마다 최고의 영혼이 되리라고 추측할 뿐이에요. 그렇게 창조하지만 그 추측이 빗나가는 경우도 많고, 또 그런 결과가 특별한 것도 아니에요. 놀라운 것은 많은 영혼이 잘되었다는 거예요. 우리가 보기에는 실패보다는 성공이 더 많았어요."

나는 내가 왜 놀랐는지 그 이유를 분명히 알 수 없지만, 메리 마르타의 말을 제대로 받아들이는 데는 시간이 필요하다. 내가 할 수 있는 말은 아까 한 말을 반복하는 것밖에는 없다. "실험이라고?"

"네, 항상 놀랄 일이 많아요. 동물을 예로 들어보기로 해요. 개 한 마리가 있어요. 개를 창조하는 데는 인간의 경우와는 비교할 수 없을 만큼 적은 노력이 들어가요. 왜냐하면 개는 오래된 실험이고 인간의 경우는 새로운 실험이기 때문이에요. 개 한 마리를 만들기 위해서는 그저 규정에 따르기만 하면 돼요. 물론 개라고 해서 아무렇게나 만드는 것은 아니에요. 각자의 독특한 개성과 모습을 불어넣어요. 한 위원회에서 영혼을 만들면, 다른 위원회에서는 그 영혼의 양육에 정성을 기울여요. 한 마리의 개가 보여주는 독특한 매력에 우리도 놀라요. 그리고 그런 현상이 어떻게 왜 나타나는지 연구해봐요. 물론 더 잘 하기 위해서죠. 우리는 실패에 대해서도 면밀히 검토해요. 히틀러와 같은 최대의 실패작은 왜 그렇게 되었는지 연구해요. 당연히 새로운 개인뿐만 아니라 영혼 창조의 전반적인 과정에 대해서도 많은 연구를 진행해요. 그러니까 끝없이 진화가 이뤄지는 거예요.

"그렇다면 진화는 우연히 진행되는 게 아니군요."

"그럼요. 모든 것을 하나님이 만드셨지만, 환경에 적응하면서 자체적으로 진화하기도 해요. 하지만 우리가 조금씩 조금씩 개선해나가는 거예요. 아시겠어요? 몰라요? 왜 바보처럼 구는지 모르겠네. 당신이 이미 30년 전에 책으로 썼던 내용이에요."

"나는 하나님이 진화에 개입하셨다고 썼어요. 하지만 당신 말은 당신이 하나님이라는 말 아니에요?"

여기서 메리 마르타는 좀 더 깊은 이야기를 했다. "내가 하나님이란 뜻은 아니에요. 우리 모두가 아주 작은 부분에서 하나님의 역할에 참여한다는 뜻이에요. 어떤 의미에서, 네, 그래요. 위원회를 통해서 우리는 부분적으로 하나님의 역할을 한다고 할 수 있어요."

나는 이상한 불안을 느꼈다. 메리 마르타에게 하나님을 만났느냐고 물을 수도 있었다. 하지만 이제 나는 하나님을 만나고, 보고, 대화를 나누는 것이 모두 은유임을 잘 안다. 우리가 사용하는 언어(우리가 함께 있는 이 공간에서는 실제로 말하는 것이 아니라서 언어라는 단어도 은유적이기는 하지만)로는 마음에 떠오르는 이미지에 갇히게 된다는 생각이 들었다. 적어도 나는 그랬다. 실제 현실도 아니고 하나님의 실체도 분명히 아닌, 가상으로 세운 현실이 아닌가.

"당신이 옳아요." 메리 마르타가 내 마음을 읽고 말했다. "하나님을 완전히 아는 것은 절대로 불가능해요. 하지만 모든 창조는 실험이라는 것은 알 수 있어요. 인간뿐만 아니라 모든 피조물의 창조가 그래요. 하나님의 실험이죠. 피조물들은 항상 잘못된 길로 갈 가능성이 있어요. 하나님은 단순히 수학자나 회계사나 법률가가 아니에요. 하나님은 언제든지 법칙을 깨뜨릴 수 있어요. 하나님은 창조주이시고, 예술가라 할 수 있어요. 하나님이 실험을 하시는 거예요. 하지만 선한 실험이에요. 결과가 좋지 않으면 바꾸시죠. 그러는 동안 전체적으로 유익한 결과를 얻게 돼요. 창세기 첫 장을 기억해보세요. 하나님이 온갖 것을 만드신 후에 좋았다고 하셨잖아요. 그렇게 하나님은 계속해서 좋은 것들을 더 만들고 계시고, 그분이 보시기에 좋다면 그 일을 계속 하시지요. 과거에도 그랬고, 현재도 그래요. 이게 내가 말해줄 수 있는 전부예요. 자, 여기까지만 해요. 이제 피곤하군요."

나는 메리 마르타가 얼마나 피곤할지 잘 알고 있다. 지구에서 살 때는 하늘나라에서는 피곤하지 않을 거라고 생각했다. 그런데 지금은 웃음이 날 정도로 순진한 생각이었다고 느껴진다. 메리 마르타는 영혼을 창조하는 위원회의 일에 대해 여러 번 말했다. 그 일은 하늘에서 하는 것이지만, 엄청난 노력과 주의가 필요한 정교한 작업이므로 당연히 피곤한 일이다. 메리 마르타나 다른 사람들과의 대화는, 내가 이곳에서 잘 적응하도록 돕기 위한 것이다. 사실 이 사람들에게는 대화가 적합하지 않다. 여기서는 직접 말을 하지 않고도 내 마음을 훤히 꿰뚫고 질문도 하기 전에 대답할 수 있지만,

이 절대 무의 세계에서나 내 작은 초록방에서나 이런 가르침은 많은 에너지가 소모되는 힘든 일이다. 메리 마르타만이 아니라 나 역시 피곤하다.

하지만 아직도 해야 할 일이 남아 있다. 대부분은 많이 기다려야 할 일들이지만, 지금 꼭 해야 할 일이 있다. "이제 우리는 어떻게 하죠?" 내가 물었다. "지구에서도 잘 알고 있었고 예수님도 그렇게 가르치셨듯이 여기는 결혼이란 것이 없잖아요. 우리는 이렇게 다시 만났고, 좀 피곤해지긴 했지만, 나는 여전히 즐겁고 또 여전히 당신을 사랑하고 있다는 것을 알았어요. 당신과의 관계는 여전히 내 마음을 기쁘게 해요. 하지만 결혼할 수는 없잖아요. 당신을 묶어두고 싶지는 않아요. 그러나 당신을 다시 만날 수 없다면 그건 옳지 않은 일이에요."

"나도 그래요." 메리 마르타가 대답했다. "나도 이 만남을 무척 기다리고 있었어요. 그런데 3년 만에 만났기 때문에 어떤 느낌인지 잘 모르겠어요. 하지만 당신 말이 맞아요. 당신이 이 감정을 사랑이라고 하든 마법이라고 하든, 우리는 여전히 특별한 감정을 가지고 있는 게 사실이에요. 그렇다고 특별한 계획이 필요하지는 않아요. 우리의 마음이 서로 끌리는데 만나지 못할 이유는 전혀 없어요. 여기서 나는 좋은 영혼들을 많이 만났어요. 하지만 특별히 끌리는 영혼은 없었어요. 당신은 참 좋은 영혼이에요, 대니."

"이곳 사람들에게도 휴가가 있어요?" 내가 물었다.

"휴가요? 정말 멋진 생각이에요!" 메리 마르타가 외쳤다. 지구에서 우리가 여행 계획을 세울 때마다 보았던 메리 마르타의 생기 넘치는 모습을 보는 것 같다. "여기서 내 일에 몰두하느라고 그런 생각은 꿈에도 못해봤어요. 그래요. 휴가를 못 떠날 이유는 전혀 없지요."

"우린 함께 많이 여행했지." 내가 거들었다.

"맞아요. 여기서 당신 일을 찾으면 언제든지 알려줘요."

"그럴게요."

"이제 좀 쉬러 가야겠어요."

"그렇게 해요." 내가 말했다.

메리 마르타가 떠난 순간, 그녀가 사라졌다는 것을 감지했다. 나는 내 작은 초록방으로 돌아가지 않았다. 이 절대 무의 세계에 혼자 남아서 과연 어떤 기분이 드는지 온몸으로 체험하고 싶다.

무척이나 편안하다. 포근해지는 기분, 마치 모르핀 주사를 맞은 것같이 약간 들뜨고 만족스러운 기분이다. 여러 가지 이유가 있다. 메리 마르타와의 만남은 내가 꿈꾸던 그대로

였다. 그렇다고 이 관계가 안정적으로 계속되어야 한다는 것도, 곧 다시 만나야 한다는 것도 아니다. 죽음과 함께 좋았던 것들도 어쩔 수 없이 끝나야 한다는 것이 싫었다. 메리 마르타와 만나기 전에, 우리 관계가 이미 끝났을 가능성을 받아들일 마음의 준비를 하고 있었다. 그러나 그런 일은 일어나지 않았다. 천국에서는 좋았던 것들이 끝나지 않는 것이 확실하다. 마음 설레던 일들이 계속되는 곳, 이것이 천국에 대한 정의일지도 모른다.

잠시 후에 잊고 있던 피곤이 몰려왔다. 이제 이 절대 무의 세계에 익숙해져서 여기서 자볼까 하는 생각이 든다. 얼마든지 그럴 수 있다. 하지만 내 작은 초록방이 더 편안하다는 생각이 든다. 왜 거기가 더 편안할까? 잠시 생각한다. '나'의 것이라는 관념 때문이다. 이 절대 무의 세계는 원래 불편한 곳이 아니라 완전한 익명의 공간이다. 원하는 사람은 누구나 어느 때나 머물 수 있는 곳이다. 누구에게도 속하지 않는 공간이다. 그러나 내 작은 초록방은 오직 나만을 위해 마련된 방이다. 잠깐! 나만의 공간이라니. 여전히 자아를 벗어나지 못한 나 자신을 깨닫는다. 똑같이 편안한 공간인데, 나만의 공간에서 자야 한다는 내 생각이 바보스러워 보인다. 당장은 더 이상 의문을 가질 필요가 없는 것 같다.

그래서 나는 내 작은 초록방으로 돌아가기를 원했다. 얼마간 내 자아를 존중하는 것을 나쁘게 생각하지 않기로 했다. 로마도 하루아침에 이뤄진 것이 아니지 않은가?

**CHAPTER 10**

잠을 자고 일어나 샘과 노마를 만나야겠다고 생각하자, 곧 두 사람이 내 작은 초록방에 나타났다. 오랜만이다. 내가 기억하는 것과 동일한 모습이다. "와주셔서 감사합니다." 나는 진심으로 두 사람을 반겼다. "두 분이 저에게 모습을 보여주는 것이 얼마나 힘든 일인지 알게 되었습니다. 이제 그럴 필요가 없으니 편한 대로 하십시오."

그러자 두 사람의 모습은 사라지고 빛을 발하는 두 개의 공이 공중에 떠 있다. 아니다. 공이 아니다. 그 경계가 모호하고 희미하다. 그렇다고 빛 덩어리도 아니다. 뭐라고 해야 하나. 다초점이라는 말이 그래도 가장 어울릴 것 같다. 각각은 분리되어 있고 빛의 초점도 명확하다. 둘은 대단히 비슷하게 보이지만, 또 전혀 다르게 느껴진다. 노마의 빛에서는 엄마 같은 여성성이, 샘의 빛에서는 남성성이 느껴진다. 그 빛은 각각 개성이 있다. 그들이 형체를 지니고 있었을 때보다 지금 그 개성이 더 확연히 드러난다.

"좋아요!" 샘이 큰소리로 말했다. "당신의 모습이 보이지 않는 것을 보니, 순조롭게 적응하고 있군요."

"저분은 잘할 거라고 제가 말했잖아요." 노마가 말했다.

"가끔 내가 너무 빨리 간다는 생각도 해요." 내가 덧붙였다. "조급증 때문이기도 하지요. 내가 정말 잘하고 있다면 두 분 덕택입니다. 제가 두 분을 뵙자고 한 것은 두 가지 때문이에요. 정말 감사합니다."

"뭐가요?" 샘이 물었다.

"저를 처음 만나러 왔을 때, 저는 무섭고 혼란스러웠습니다. 모든 것이 낯설었습니다. 모든 것이 완전히 달라졌으니까요. 그때 두 분이 저를 진정시켜주셨습니다. 여기는 안전하다고. 당신들은 평범한 사람들이라고 말했지만, 두 분이 떠나고 난 뒤 특별한 분들이라는 것을 깨달았습니다. 그래서 감사 인사를 드리고 싶었습니다."

"오, 그러지 않으셔도 됩니다." 샘이 말했다. "우리는 평범한 사람들입니다. 우리는 좋은 훈련을 잘 받았을 뿐입니다."

"샘, 샘." 노마가 격앙된 목소리로 샘을 막았다. "왜 당신은 감사를 순수하게 받아들이지 못하는 거예요. 살면서 내

내 그러잖아요? 우리는 정말 잘해왔어요. 알아요?" 잠시 침묵이 흘렀다. 이어서 노마가 물었다. "두 가지 이유로 저희를 불렀다고 하셨는데, 나머지 하나는 뭔가요?"

"다음에 해야 할 일을 알고 싶어서요." 내가 대답했다. 나는 재빨리, 두 사람이 떠난 다음에 겪은 일들을 설명했다. 핑크빛 연옥에 갇혀 있던 티쉬를 만난 것, 쓰레기통 지옥에 있던 아말감 시스템 이야기, 지구를 방문한 것, 티미와 메리 마르타를 만난 것. "그렇게 저에게 주어진 과제를 끝마쳤어요. 이제 과거는 관심이 없어졌어요. 지금부터 미래를 배워야겠어요. 제가 앞으로 해야 할 일이 뭔지 궁금합니다. 제가 해야 할 일이 분명히 있을 것이고, 또 그 일을 하기 위해 훈련도 받아야 할 것 같아요."

"일할 준비가 되셨다고요?" 샘이 말했다.

"봐요. 확실히 이분은 빠르잖아요. 그렇죠?" 노마가 말했다.

"빠른지 아닌지는 잘 모르겠지만, 일할 준비는 되었습니다. 두 분처럼요. 어쩌면 저도 영접관 일을 할 수 있을 것 같습니다. 위원회 이야기를 여러 번 들었어요. 분명 제가 일할 수 있는 위원회가 있을 거예요."

"이제 이사벨을 만날 시간이 된 것 같군요." 샘이 말했다. "그렇게 생각하지 않아요, 노마?"

"그래요. 이제 이사벨이 등장할 시간이네요."

나는 흥분이 되기 시작했다. "이사벨이 누굽니까?" 내가 다그치듯 물었다.

"그녀는 영혼들이 이곳에 와서 잘 적응했는지 여부를 판단하고 결정하는 일을 맡고 있어요. 영혼들을 위탁하거든요." 노마가 대답했다.

"당신에게 우리의 도움이 더 이상 필요 없다면, 그녀를 만날 때까지 기다리세요." 샘이 말했다.

내 적응 여부를 판단한다는 말에 이사벨은 훨씬 지위가 높은 존재라는 생각이 들었다. 나는 이사벨의 수완에 말려들 것 같은 걱정을 애써 지우며 물었다. "영혼들을 위탁한다고요? 어디에다요?"

"그녀가 와서 당신과 의논할 거예요." 노마가 대답했다. 내가 우려하고 있는 것을 감지한 노마는 말을 이었다. "걱정하지 마세요. 우리가 이사벨과 의논할 거예요. 잠시만 기다리세요. 여기서 시간이 어떻게 작동하는지는 당신도 잘 아시잖아요."

나도 이곳의 시간이 어떻게 돌아가는지 잘 알고 있다. 많이 기다리지 않아도 될 것이다.

"만약 이사벨이 당신이 적응을 마쳤다고 판단한다면, 당신은 가장 빨리 적응한 사람이 될 거예요. 그렇죠, 노마?"

"그럼요. 의문의 여지가 없어요, 샘." 노마가 대답하면서 내게 말했다. "잘 지내세요. 이제 작별 인사를 할 때가 됐네요."

"감사합니다." 그들은 내가 말을 마치기도 전에 사라져버렸다.

많이 기다리지 않아도 된다는 사실이 몹시 기쁘다. 그런데 이사벨이 내 적응 여부를 판단한다면, 그것은 일종의 시험 같은 것이 아닐까. 어렸을 때는 시험을 별로 두려워하지 않았다. 그러나 나이가 들어감에 따라 시험은 점점 내 신경을 곤두세웠고, 몇몇 시험은 화형장에 세워진 말뚝같이 느껴졌다. 지금 이 순간, 나는 자신이 없고, 가장 높은 화형주 앞에 선 느낌이다. 빨리 이 시험이 끝나기를 바랄 뿐이다.

노마와 샘이 옳았다. 10분도 되지 않아 내 작은 초록방에 새로운 빛이 나타났다. 그 빛을 보는 순간 놀라지 않을 수 없었다. 전혀 다른 빛이다. 빛들은 크기는 비슷하지만 각각 다른 색과 진동으로 영혼의 특징을 나타내는데, 이 빛은 처음 보는 강렬한 것이다. "이사벨이시군요." 나는 불안이 드러나지 않게, 그러면서도 공손한 이미지로 내 모습을 투사하며 말했다. "어서 오십시오."

"고마워요." 그녀가 말했다. "왜 긴장하고 계세요?"

내가 그렇게 보였나? 나는 평소 시험을 앞두고 긴장한다고 설명했다.

"제가 당신을 잘못 판단할까봐 걱정하시는군요. 이곳에 있는 영혼들은 모두 가치 있는 존재입니다. 제 시험은 당신의 가치를 알아보려는 것이 아니에요. 그저 시점에 관한 것이죠. 이곳에서의 적응을 다 마치셨는지를 보는 것뿐이에요. 샘과 노마가 당신이 봉사의 일을 원한다고 말하더군요."

"네, 그렇습니다."

"왜요?"

그 질문에 나는 깜짝 놀랐다. 왜라니? 내 위치에 있는 사람들은 누구나 봉사를 해야 한다고 생각한다. 내 작은 초록방에 도착한 이래 내가 체험했던 일들을 되돌아보았고, 이제는 뭔가 의미 있는 일을 시작할 때가 됐다고 생각한다.

"일을 해야 한다고요?" 이사벨이 말했다. "그렇다면 당신은 계속 바쁘게 지내기를 원하십니까?"

"너무 바쁜 것은 싫고요." 나는 그녀에게 내 본성의 두 측면에 대해 설명했다. "저는 지루한 것에 대한 공포가 있습니다. 언제나 의미 있는 일을 하는 것을 좋아했습니다. 하지만 너무 바쁜 것에 대한 두려움도 있습니다. 그래서 아무것도 하지 않고 명상할 수 있는 휴식 시간도 필요합니다. 사는 동안 둘 사이의 균형을 유지하려고 애썼습니다. 저는 휴가를 좋아합니다. 많은 사람들이 저를 일 중독자로 생각하지만, 휴가에서 돌아오는 것을 얼마나 싫어하는지 모릅니다."

그녀는 이 대답이 마음에 든 것 같다. "당신은 이곳에서 뭔가 의미 있는 일을 하고 싶으신 거군요. 충분히 이해합니다." 그녀는 말을 이었다. "하지만 당신이 샘과 노마에게 특별히 봉사직을 원한다고 말했다는데, 왜 봉사직입니까?"

"봉사 외에 다른 의미 있는 일이 뭐가 있겠습니까?"

이사벨은 그에 대해 아무 말도 없다. 내 질문이 꽤 적절하다고 생각했는데, 의외였다. 나는 다소 당혹감을 느끼며 다시 설명했다. "저는 무언가를 세상에 돌려주고 싶습니다. 사랑이라 할 수 있겠죠. 제가 받은 것을 돌려주고 싶습니다. 하나님께 보답하고 싶습니다."

"하나님께서 당신이 그만한 일을 할 자격이 있다고 생각하실까요?"

"네, 어느 정도는요." 나는 더욱 당혹스러워졌다. "보잘것없는 신학이지만, 제 안에는 하나님의 사랑이 필요하다는 지각이 있습니다. 하지만 이것은 그보다 훨씬 더 깊은 마음에서 우러나온 것입니다." 나는 당혹감을 감출 수 없었다.

"저는 이곳에 오면 하나님을 뵐 수 있다고 믿었습니다. 물론 당신을 만나서 기쁩니다. 노마와 샘도 그랬고, 티미와 메리 마르타를 만난 것도 좋았습니다. 하지만 하나님을 뵙는 것만큼은 아닙니다. 저는 여전히 하나님을 뵐 수 있다고 소망하고 있습니다."

"하나님을 **뵙는다고요**?"

"네, 그렇습니다. 물론 비유적인 표현이지만요. 하나님을 섬기고, 하나님께 가까이 가고, 하나님을 느끼고, 하나님을 사랑하고 싶습니다. 하나님께 예배하고, 하나님께 사랑받고, 하나님을 만지고, 하나님의 친구가 되고, 하나님을 알고 싶습니다. 하나님과 대화를 나누며, 하나님의 일에 참여하고, 하여간 하나님과 함께 있고 싶습니다. 이 모든 것을 하나로 합친 마음입니다. 어떻게 이 모든 것을 따로 떼어놓을 수 있겠습니까? 제 표현이 부족했다면 미안합니다."

내 대답은 진솔한 것이었지만 안쓰러울 만큼 부족해 보였다. 그래서 이사벨이 대답했을 때 깜짝 놀랐다. "사흘을 드리겠어요. 사흘이 지난 후에도 당신이 여전히 원한다면, 계속 진행하게 될 거예요."

너무 놀란 나머지 왜 사흘인지, 사흘이 지난 후에도 "여전히 원한다면"이라고 말한 것은 무슨 뜻인지 물어볼 생각도

들지 않았다. 그저 이사벨의 말을 확인했을 뿐이다. "사흘 후에는 적응이 끝난다는 말씀입니까?"

"그렇습니다."

"그렇다면 제가 집으로 돌아왔다는 말입니까?"

"그래요, 다니엘. 당신은 이제 집으로 돌아왔습니다."

그 말에 나는 그만 울음을 터뜨리고 말았다. 너무나 기뻤다. 드디어 집으로 돌아온 것이다.

이사벨은 내가 충분히 기뻐할 수 있도록 시간을 주었다. 그러고는 말을 이어나갔다. "하지만 몇 가지 질문이 더 남아 있습니다. 어떻게 봉사의 일을 할지에 대해서도 생각해본 적이 있습니까?"

"하나님이 원하시는 대로 무엇이든 하겠습니다." 내가 대답했다. "아니면 당신이 원하는 대로요. 당신이 이 일에 대한 하나님의 대리인이라고 생각합니다."

"맞습니다. 하지만 당신의 꿈을 말해보세요."

"한 가지가 있어요. 여기 온 이래 여러 가지 일을 경험하면서 소망하게 됐습니다. 노마와 샘이 저를 아주 잘 도와주었어요. 그래서 자연스럽게 저도 샘과 노마처럼 영접관으로 일하면 좋겠다고 생각했습니다. 영접관 훈련은 잘 받을 수 있을 것 같습니다."

"왜 그렇게 생각하셨어요?"

"영접관 일은 정신과 의사가 하는 일과 유사하다고 생각했습니다. 다른 일을 하기 전에 저는 정신과 의사였습니다. 물론 최고는 아니었지만, 형편없는 의사는 아니었습니다."

"다른 일도 하셨다고요?"

"네, 저술과 강연과 사회 활동이었습니다. 정신과 의사로서 만족스러웠다면 그런 일들을 하지 않았을 것입니다. 나이 오십이 되자 완전히 탈진해버렸습니다."

"하나님께서 그 일을 허락하실지 확신할 수 없군요. 이미 지구에서 탈진한 분야니까요." 이사벨이 부드럽게 말했다.

그때 갑자기 새로운 비전이 떠올랐다. 아니면 계시일까? 하나님이 주신 것일까, 아니면 이사벨이 보내준 것일까? 나는 샘과 노마가 자신들이 하는 일을 얼마나 즐기고 있는지 잘 안다. 그들은 힘들이지 않고 신나게 임무를 수행하고 있다. 그래서 평범하다는 그들이 그 일을 그토록 훌륭히 할 수 있는 것이 아닐까? 그들에게는 정신 치료 분야가 완전히 새로운 영역이어서, 더 흥미롭게 할 수 있는 것이 아닐까? 이 영역은 자유대원칙이 철저히 적용된다고 그들이 말한 것이 떠올랐다. 그 말은, 여기 있는 모든 영혼들은 자신이 원하는 일을 정확하고 완전하게 행한다는 뜻이 아닐까? 나는 계속

해서 다양한 일을 하고 싶긴 하지만, 여기에 온 이래로 내가 원하는 일만 했다. 티쉬가 있는 핑크빛 연옥은 고통스럽기는 하지만, 티쉬는 자신이 원하고 또 그녀에게 필요한 일을 하고 있는 것이 아닐까? 그런 면에서 지옥에 있는 영혼들 역시 자신들이 원하는 일을 하고 있다.

지구에서 나는 대체로 내가 원하는 일을 했다. 그런 면에서 나는 보기 드문 행운아였다. 육체로 인해 생기는 탐욕과 전쟁과 기아와 억압 같은 일들은 알고 보면 헛된 도박이었다. 그런데 사람들은 그 일에 몰두하고 있다. 14세기에 기사 작위까지 받은 영국 노르위치의 줄리안이라는 여인은 수도원의 작은 방에서 수십 년간 홀로 살았다. 죄를 짓지 않기 위해서였다. 그녀는 이렇게 썼다. "모든 것이 좋아질 것이다. 모든 것이 좋아질 것이다. 모든 것이 좋아질 것이다." 절대로 피할 수 없는 죄의 불가피성에도 불구하고 모든 것이 좋아질 것이라고 썼다. 그 말이 계속 들려와 나를 전율케 했다. "구원이란 결국 그림의 떡이다"라는 칼 마르크스의 말도 함께 들려왔다. 그런데 나는 지금 하늘나라에 와 있다. 구원은 절대로 그림의 떡이 아니다. 이곳에서 줄리안이 말한 "하나님의 사랑의 계시"만이 현실이라는 것을 깨달았다.

"네, 줄리안이 옳아요." 어느새 내 마음을 읽고 이사벨이 말했다.

하지만 나는 여전히 '좋은' 영혼이 자신이 원하는 일만 하는 것은 불가능하다는 지구적인 생각에 사로잡혀 있다. "어쩌면 지옥에서도 일할 수 있을 것 같아요." 내가 말했다. "지옥에 있는 사람들도 도움을 이용할 수 있다는 사실을 하나님도 잘 아실 거예요. 지구에 있을 때 저는 그런 불쌍한 사람들을 돕는 전문가로 인정받았거든요."

"네, 당신이 그에 대해 쓴 책을 잘 알고 있습니다. 그런 일을 **좋아하십니까?**"

"아니요. 좋아하지 않습니다. 그 사람들은 가장 어려운 사람들이에요. 하지만 저에게 좋은 도전이 될 겁니다. 그들을 돕는 동안 새로운 치료법을 발견할 수도 있겠지요. 엄청난 인내가 필요한 일이에요. 그런데 저는 인내심이 부족하긴 합니다."

이 시험에서 결코 내 속내를 숨길 수 없으므로, 이사벨에게 정직하게 말하는 것은 기본 중 기본이다. 내 다니엘 콤플렉스와 그에 따르는 여러 가지 문제점에 대해서도 말했다. 이사벨은 이미 내 마음을 읽고 있으므로, 그에 대한 평가에는 별로 시간이 걸리지 않았다. 하지만 나는 신중하게 말해야 했다.

"인생 말년 20여 년 동안 내가 얼마나 참을성이 없는지 통감하며 살았습니다. 그런데 이곳에 온 이래로 그 사실을 더욱 뼈저리게 깨달았습니다. 답을 빨리 얻겠다고 얼마나 닦달했는지 모릅니다. 내 조급성이 다니엘 콤플렉스와 깊은 관련이 있다는 것을 알게 되었습니다. 지금에야 비로소 그 뿌리가 염려라는 것을 알았습니다. 어떤 문제에 대한 답을 빨리 알지 못하면 내가 곧바로 사자굴로 떨어질 것 같은 걱정이 무의식에 깔려 있어서, 그토록 애타게 답을 구했던 것입니다. 참 어리석었습니다. 아마도 지옥에 있는 사람들과 함께 일하다보면 인내를 배울 기회가 많겠지요."

"아주 좋은 분석입니다." 이사벨이 농담처럼 말했다. "그렇지만 하나님께서, 그 일을 하는 데 가장 필요한 것이 당신의 인내심이라고 생각하실까요?"

나는 허를 찔렸다. 이사벨의 말은, 어떤 일이 있어도 흔들리지 않으며 최고의 존경을 받는 영적 리더의 말처럼 들린다. "그 말씀은, 아직도 제 콤플렉스가 치유되지 않았다는 뜻인가요?" 쏘아대듯 말했다.

"콤플렉스란 일종의 신경증으로, 당신이 가는 길을 가로막을 때만 문제가 됩니다. 당신이 이미 자신의 궤도에 올랐다면 치료받을 필요가 없죠. 자, 지옥에서 일하겠다는 생각은 잊어버리고, 무엇이 당신의 방향을 바꾸게 했는지 말해 보세요."

"좋습니다. 제가 잘 알지 못하는 일이 계기가 되었습니다. 메리 마르타가 영혼들을 창조하는 위원회에서 일하는데, 영혼들을 양육하는 위원회도 있다는 말을 했어요. 그것은 전혀 생소한 일인데, 아주 중요해 보였어요. 그녀가 영혼 창조를 실험으로 묘사할 때 크게 놀랐습니다. 하지만 생각할수록 그 일은 굉장히 흥미를 끌었습니다."

"영혼 창조나 영혼 양육이나 모두 모성과 관련된 일입니다." 이사벨이 말했다. "이 말은 남성이 할 수 없는 일이라는 뜻은 아닙니다. 많은 남성들이 자신들도 임신을 하고 싶고 아이들을 돌보고 싶다고 합니다. 그래서 그런 위원회에 많이 참여합니다. 혹시 임신해보고 싶었던 적은 없습니까?"

"전혀요. 하루 종일 아이들을 돌보는 일조차 해본 적이 없습니다. 저는 그다지 나쁜 아버지는 아니었는데, 엄마 역할보다는 아빠 역할을 훨씬 더 잘한다고 생각했습니다. 저는 메리 마르타가 아이들에게 보여준 특별한 인내심이 없었습니다."

"다니엘, 정확히 할 필요가 있군요." 이사벨이 힘주어 말했다. "당신이 인내심이 없다는 것은 별 문제가 되지 않습니다. 당신과 메리 마르타는 모두 인내심이 있기도 하고 없기도 합니다. 책을 쓴다는 것은 많은 인내심이 필요한 작업입니다. 당신은 책을 여러 권 썼잖아요. 메리 마르타에게 그런 인내심이 있었습니까?"

"아니요. 인생 말년에 자서전을 써야 한다는 소명감이 들기 전까지는 메리 마르타에게서 그런 인내심을 본 적이 없습니다."

"맞습니다. 우리는 부름받은 일을 좋아하고, 또 좋아하는 일이나 소명을 실현하는 일이나 꿈꾸던 일을 할 때는 누구나 인내심을 발휘합니다. 그런데 지구에서 쓴 책들은 어떤 면에서 인정을 받았습니까?"

"네, 저는 평화상을 몇 차례 수상했습니다."

"가장 관심을 가졌던 분야는 어느 분야입니까?"

생각할 필요도 없다. "문화." 즉시 대답이 나왔다. "저는 광란의 문화에서 성장했습니다. 거기서 떠나라는 소명을 받았고요. 메리 마르타도 마찬가지입니다. 그것은 우리의 문화를 창조하라는 뜻이었습니다. 지난 40년 동안 사람들이 더 나은 문화를 창조하도록 돕는 일을 해왔습니다. 개인, 교회, 기업, 나아가 정부와 국가 등, 각자가 속한 공동체의 문화를 새롭게 창조하는 일이었습니다. 문화 개혁이 제가 열정을 쏟았던 분야입니다."

"그렇다면 당신이 여기서 하나님을 가장 잘 도울 수 있는 곳은 문화개혁위원회 같습니다."

얼떨떨했다. "문화개혁위원회라고요? 여기에 그런 것도 있습니까?"

"물론이죠. 영혼들을 위한 각종 위원회가 있습니다. 모르셨나요? 모든 위원회가, 보다 나은 영혼을 창조하기 위해 직간접적으로 서로 관여하고 있습니다. 물론 문화 개혁도 포함됩니다. 진보된 영혼은 진보된 문화를 창조합니다. 당신은 지구에서 그 중요한 일을 열심히 했습니다. 진보된 문화가 보다 나은 영혼을 창조하고 양육하는 데 일조한다는 것을 알았기 때문입니다. 우리는 인간의 모든 영역에 조심스럽게 개입하고 세심하게 보살핍니다. 당신은 그것을 '은총'이라고 부르더군요. 당신도 알다시피, 우리는 개인의 삶뿐만 아니라 모든 공동체에도 개입합니다. 당연히 전체 문화를 조정하게 됩니다. 다시 말씀드리지만, 이 일은 매우 세심하게 진행됩니다."

이사벨이 옳다. 그것을 모른 내가 어리석었다.

그녀는 거침없이 말을 이어나갔다. "실제로 문화 개혁과 쇄신을 위한 여러 위원회가 각 분야에서 일하고 있습니다.

가장 진보된 위원회라 할 수 있습니다. 그 위원회는 이곳의 문화 개혁에 주력하고 있습니다. 당신도 알다시피, 문화 개혁은 가정에서부터 시작하는 것이 가장 적절합니다. 또 가장 중요하기도 하고요. 다른 위원회들은 다양한 개별 문화 개혁에 초점을 맞춰 일합니다. 여러 문화가 만나고 충돌하고 혼합되는 다문화 영역에서 일하는 위원회도 있습니다. 이 위원회는 다문화사회와 국제사회에서 평화를 증진하는 일을 합니다. 당신의 소명이나 경험으로 볼 때, 이 위원회 중 하나가 적합한 것 같습니다."

이사벨은 처음부터 나 자신보다 나를 더 잘 알고 있었다. 이렇게 수동적으로 끌려가면 억눌린 기분이 들게 마련인데 전혀 그렇지 않았다. 오히려 감사한 마음이 들었다. "네, 저도 좋습니다." 나는 선뜻 대답했다.

"일을 시작하기 전에 반드시 해야 할 일이 몇 가지 있습니다." 이사벨이 말했다. "예를 들면, 새로운 언어를 배우는 일이죠."

새로운 언어라고? 그 일은 전혀 구미가 당기지 않는다. "외국어를 배우는 데는 전혀 재능이 없는데요." 자신 없는 목소리로 말했다.

"오. 딱하게도 금방 기가 꺾이시네요."

"외국어를 빨리 배우는 사람들도 많던데, 저는 전혀 아니었습니다."

"소명과 동기!" 이사벨이 딱 잘라 말했다. "당신은 학문에 재능이 있진 않았지만, 저술에 필요한 경우 지칠 줄 모르는 흥미를 느끼며 심오한 주제를 파헤쳤어요. 당신의 책 중 한 권은 학술적인 책이 아닌데도 최고의 학식을 담아냈지요. 하지만 당신은 각주 다는 일을 싫어했어요."

맙소사. 도대체 어떻게 나에 대해 이토록 상세히 알고 있을까? 내가 쓴 책을 다 읽어보았을까?

"네, 그렇습니다. 당신의 책을 모두 검토해보았습니다." 그녀가 내 생각을 읽고 대답했다. "당신도 동기부여가 되면, 얼마든지 새로운 언어를 배울 겁니다. 여기서 만나서 대화한 사람들이 모두 다 미국인이라고 생각하지 않았습니까?"

"그러고보니 그러네요. 당신 말을 듣기 전에는 몰랐습니다. 통계적으로 보면 중국인이나 인도인 영접관들이 많아야 할 텐데, 그렇지 않군요." 내가 대답했다.

"당신도 이제 다른 영혼들의 마음을 읽을 수 있습니다. 따로 공부할 필요 없이, 당신 자신도 모르게 그 기술을 습득한 겁니다. 그러나 당신은 영어로만 상대방의 생각을 읽을 수 있습니다. 다문화사회나 국제사회 관련 일을 하려면 당연히 어떤 문화에도 통하는 국제 언어를 배워야 합니다."

"에스페란토 같은 보편 언어가 있습니까?"

"그렇기도 하고 아니기도 하지만, 거의 아닙니다. 국제어 개념으로 에스페란토 사용을 권장했지만, 아시다시피 사실상 실패했습니다. 많은 이유가 있죠. 아직 때가 이르기도 했고, 사람들이 에스페란토를 익힐 절실한 동기가 없었습니다. 그 언어는 지구 전역에서 통용되지 않았죠. 유럽인들이나 관심이 있을까, 아시아나 아프리카에서는 전혀 아니었어요. 그 언어는 다문화적이지 못해서 서로의 문화를 표현하는 데 한계가 있어요."

나는 점점 흥분되어 조바심을 내며 물었다. "그렇다면 그런 기능을 할 수 있는 언어가 있다는 말입니까? 그 언어는 어떤 것입니까? 어떻게 통용됩니까?"

"완전하게 통용됩니다." 이사벨이 말했다. "어떻게, 왜 그렇게 되는지 설명하기는 불가능합니다. 다만, 실제로 배우고 연습하고 사용하다보면 자연히 알게 됩니다. 이 언어는 신화적이어서 신화를 공부하는 것과 유사합니다. 또한 기본 구성이 말이나 단어가 아닙니다. 오히려 음악에 가깝습니다."

"저는 음악에도 재능이 없어요." 한탄하듯 말했다.

"당신의 콤플렉스든 아니든, 당신 방식대로 배우지 않았나요? 내 기억이 정확하다면, 당신은 쉰이라는 나이에 바이올린을 배우지 않았습니까? 당신 나름대로 쉽게 익힐 수 있다는 것을 깨달았죠. 또 있습니다. 순회 강연을 그렇게 성공적으로 할 수 있었던 것도, 다른 요인도 있겠지만, 청중 앞에서 노래를 불렀기 때문 아닙니까? 그것도 솔로로."

"잘하지는 못했어요. 목소리도 괜찮고 노래도 잘 불렀다는 말을 듣기도 했지만, 사실 잘은 못했습니다."

"맙소사. 또 그 다니엘 콤플렉스. 어떻게 사람이 매번 매 순간 완벽할 수 있겠어요?"

"노력해보겠습니다, 이사벨. 그 언어를 열심히 배워보겠습니다. 이게 제가 약속할 수 있는 전부입니다."

이사벨은 내가 잘할 수 있는 일이 아니면 습관적으로 주저한다는 것을 간파하고 있다. 그녀가 덧붙여 설명했다. "결코 쉬운 일은 아니에요. 그 언어는 대단히 복잡해요. 하지만 그 언어를 접하고 나면 당신은 분명 그 언어에 중독될 거예요. 대단히 미학적이거든요. 영어보다 훨씬 훌륭한 언어입니다. 지구에서 가장 풍부한 언어가 영어잖아요. 영어와 비교할 수 없게 우아한 언어예요. 지금 우리가 그 언어로 소통하고 있다면 분명 기쁨으로 샤워하는 기분일 거예요. 어쨌든 당신은 언제가 되든 그 언어를 반드시 배워야 합니다. 이곳의 모든 사람들이 그래야 해요."

정신이 멍하긴 했지만 한 가지 깨달은 것이 있어서 이사벨에게 말했다. "당신은 그 언어를 배웠군요. 그렇지 않다면, 이토록 열정적으로 설명하지 못했겠죠."

"그렇습니다. 배웠습니다."

"이사벨, 당신은 나이가 몇입니까? 실례가 안 된다면 알고 싶습니다. 여기에 얼마나 오랫동안 계셨습니까?"

"저는 로드아일랜드에서 1683년에 태어났습니다. 그리고 열아홉 살에 죽었습니다. 그때가 1702년이었는데, 디프테리아가 사망 원인이었습니다. 그때 저는 결혼을 했었고 임신 중이었습니다. 그러니까 여기 온 지 한 300년 정도 되었네요. 내 아기와 함께요."

경외감이 들었다.

이사벨은 주저 없이 자기 이야기를 했지만, 계속 하려는 마음은 없어 보인다. 이사벨이 말했다. "당신이 적응을 마쳤는지 결론을 내리기 전에 두 가지 더 알아볼 것이 있습니다. 당신이 문화개혁위원회에서 일하고 싶다면, 밑바닥부터 시작해야 합니다. 초급 도제보다 한 급 높은 이급 도제부터 시작하십시오. 이급 도제도 그 분야에서 탁월한 역량을 발휘했던 사람에게만 주는 직급입니다."

이사벨이 내 마음을 잘못 읽은 것 같아 나는 말했다. "진급은 제게 전혀 동기부여가 되는 요인이 아닙니다. 진급에는 전혀 관심이 없습니다. 지구에서 저는 주어진 과제에만 집중했습니다. 생애 후반 20년 동안 당신의 말처럼 성공을 거뒀지만, 그때도 권력에는 전혀 관심이 없었습니다. 새로운 언어를 잘 배울 수 있을지 모르겠지만, 다시 학생이 되는 것은 너무나 신나는 일입니다. 이급 도제로 충분히 만족합니다."

"그저 확인하는 것입니다." 이사벨이 말했다. "당신을 위축시킬 마음은 전혀 없습니다. 잘못된 과제만큼 끔찍한 것도 없어요. 만약 그 위원회에서 도제로 일하는 것이 불행하다면, 얼마든지 다른 일로 전환할 수 있습니다. 당신도 잘 알 거예요. 자유대원칙, 기억하시죠? 여기서는 자신이 가장 하고 싶은 일을 자유롭게 선택할 권리가 있습니다."

그럴 것이라 짐작했지만, 나는 아직 그런 자유에 익숙해지지 않은 상태다. 지구에서 사는 동안 내내 잘못된 선택 때문에 괴로웠다. 잘못 선택한 대학, 직업, 동료, 시험 답안, 집과 자동차, 수리공, 의사, 약 등 잘못된 선택의 결과는 언제나 오랫동안 악영향을 미쳤고 회복하기 어려웠다. 그런데 여기서는 그럴 일이 없다. "그렇군요. 자유대원칙이 있군요."

"하지만 자유대원칙에도 제한 규정이 있습니다. 이미 들으신 대로, 지구에서 일어나는 일에 대해서는 마음대로 개입할 수 없습니다. 절대로 간섭해서는 안 됩니다. 간혹 개입하는 경우가 있긴 합니다만, 언제나 엄중한 경고를 받습니다. 또 한 가지 규정이 있어요. 당신이 이곳에서 충분히 적응하게 되면, 이 방을 반납해야 합니다. 누구나 그렇게 하는데, 당신은 어떻게 생각하십니까?"

"불안해지는데요. 썩 내키지는 않지만 포기 못할 정도는 아닙니다." 내가 대답했다. 이미 메리 마르타가 이에 대비할 수 있게 해주었다. 절대 무의 세계에서 메리 마르타와 함께 있을 때는 정말 편안했고, 혼자 있을 때도 괜찮았다. 나는 할 수 있다. "이해합니다. 자신의 존재를 확인하기 위해 이런 방을 간절히 원하는 영혼들이 있다는 것을요. 그 사람들을 위해 주야로 기도하는 데 많은 에너지가 필요하다는 것도 잘 알고 있습니다. 불필요한데도 그런 에너지를 쓰는 것은 어리석은 일이죠. 처음에는 저도 필요했지만 이제 새로 온 영혼들에게 이 방을 기꺼이 양도할 수 있습니다. 저는 필요할 때마다 절대 무의 공간으로 가면 되니까요. 피곤할 때는 거기서 자면 되니까 특별한 공간은 필요 없습니다."

"아직 이 방을 포기하기가 망설여지는 것 같군요." 이사벨이 확인했다.

"집착하는 성격이 있긴 합니다." 내가 설명했다. "이 작고 편안한 방을 좋아합니다. 하지만 좁고 삭막한 방에 집착하는 것은 어리석은 일이죠. 어쨌든 내 방이라는 생각은 좀 남아 있습니다. 방을 포기하고 나면 당분간은 노숙자 같은 기분이 들 것 같아요."

"그래도 이미 말한 대로 당신은 집에 왔잖아요?"

"그렇게 생각합니다만."

"그런 마음은 당연한 것입니다." 이사벨이 나를 안심시키듯 말했다. 그녀의 목소리에는 기쁨 같은 것이 묻어 있다. "그런 것이 바로 존재의 역설이겠죠. 기꺼이 노숙자가 되겠다는 마음 없이는 결코 영원한 집에 돌아올 수 없는 것입니다."

내가 그 역설을 미처 소화하기도 전에 이사벨이 선언했다. "자, 이제 저는 떠납니다. 사흘 후에 돌아오겠습니다. 그때 당신이 정말 준비가 되었는지 최종 결정을 내리겠습니다."

"잠깐만요." 내가 사정하듯 말했다. 손만 있었어도 그녀를 붙잡았을 것이다. 누구도 영혼을 붙잡을 수는 없지만. "그때까지 저는 뭘 해야 합니까? 잘 준비하기 위해서 제가 할 일은 무엇입니까?"

"기도와 근신." 이사벨은 이 말을 남기고 사라져버렸다.

나는 나 자신을 걷어찼다. 물론 상상으로. 왜 사흘 동안 기다려야 하는지를 묻지 않은 것이다. 왜 사흘 동안 기다려야 하는가? 그녀는 내 마음을 다 읽고 있었다. **이제** 나는 준비가 되었다고 할 수 있지 않은가? 그래야 내가 계속 나아갈 수 있는 것 아닌가?

이사벨을 다시 부를까 생각해보았다. 그러나 이곳에서 300년이나 산 영혼과 논쟁한다는 것은 불가능하다는 생각이 든다. 이사벨은 분명히 내 주위 어딘가에 있을 것이다. 이급 도제부터 시작하라는 그녀의 말에서 유추해볼 때, 하늘나라에도 계급 체계가 있는 것이 분명하다. 또한 이사벨은 상위에 속할 것이다. 이사벨이 충고한 대로 기도하기 위해 마음을 가다듬었다.

기도에는 수많은 방법들이 있다. 나는 좋은 기도자라고 자부한다. 나는 무엇을 기도해야 할지 몰라서 전전긍긍하지 않는다. 무엇을 구해야 하는지 모르고 하는 기도를 하나님은 헛되이 여기신다. 기도하는 동안 점점 이사벨이 남긴 말에 집중하게 되었다. "근신하라." 근신해야 할 이유는 무엇일까? 무엇에 대해 근신하라는 것일까? 전혀 모르겠다. 그래서 근신을 위해 기도했다.

근신하기 위한 기도라. 나는 이미 충분히 많은 것을 신경 쓰고 생각했는데.... 아, 하나님이다! 무엇보다도, 나는 내가 기도할 분, 하나님께 신중해야 한다. 다음에는 무엇에 신중해야 할까? 그래, 사람이다. 메리 마르타와 티미와 지구에 두고 온 내 아이들과 손자 손녀들, 그리고 친구들. 여기서 만난 친구들. 샘과 노마와 이사벨. 친구는 아니지만, 티쉬와 쓰레기통에 있는 수많은 영혼들. 고통 속에서 살아가는 불쌍한 인류를 위해 기도했다. 그렇게 기도가 점점 깊어졌다. 늑대와 고래, 열대우림과 지구 전체를 위해 기도했다. 나중에는 하나님의 모든 피조물들을 위해 기도했다. 하나님을 생각하는 것과 하나님의 피조세계를 생각하는 것은 결코 분리될 수 없다. 그리고 진화. 진화론을 믿는 것은 아니지만, 그에 대해 조금은 알고 있다. 그런 다음 진화에 관해 내가 맡게 될 역할에 대해 잠시 생각해보았다. 그렇다. 생명이란 계속 진행되는 것이다.

묵상 중에 뭔가 빠진 것 같다. 창조와 진화, 이 모든 것들은 하나님과 결코 분리할 수 없는 것이다. 그럼 뭐가 빠졌을까? 그렇지! 진리를 빠뜨렸구나. 하나님의 은혜로 진리를 기억하고 감사드렸다. 진리가 무엇인지 언제나 모호하지만, 다른 사람이나 나 자신에게서 거짓을 발견할 때마다 나는 그 거짓을 미워했다. 나는 어린 시절부터 다른 사람에게 거짓말을 하지 않았다. 그러나 내 안에는 언제나 거짓이 교묘하게 숨어 있다는 것을 잘 알고 있다. 늘 조심하고, 근신해야 한다. 간절히 기도했다. "오 하나님, 저를 거짓으로부터 보호하소서."

**CHAPTER 11**

 어떤 기도는 심신을 지치게 하고, 어떤 기도는 지루하게 하고, 어떤 기도는 지치고도 지루하게 한다. 기도하다가 깊은 잠에 빠져들고, 그러다가 또 깨어서 기도한다. 수사나 수녀들이 서품을 받기 전에 침묵의 피정에 들어가는 것과 같다. 지금은 시험 기간이며 준비 기간이다. 이사벨의 말대로 기다리는 기간이다. 나는 잘 준비되게 해달라고 기도했다.

 그런데 갑자기 내 작은 초록방이 엄청난 빛으로 가득 찼다. 그 크기도 대단했다. 티미나 샘과 노마의 빛, 이사벨의 빛도 크기는 자그마했다. 이 빛은 왜 이다지도 큰가? 그 크기와 밝기만큼 강력한 존재라는 것은 짐작할 수 있다. 압도당할 만한 존재다. 남성인지 여성인지, 어떤 특성을 지녔는지는 도무지 분간할 수 없다. 더구나 지금은 홀로 근신하는 시간이다. 그래서 이 존재의 등장은 더욱 놀라웠다. "누구십니까?" 내가 물었다.

"수전입니다."

"왜 당신의 빛은 이렇게 큽니까?"

"내가 강력한 존재이기 때문입니다. 오래 살았고요." 수전이 대답했다. "나는 영국에서만 1000년을 살았습니다."

"이곳에 무슨 일로 오셨습니까?"

"당신과 함께 여행을 떠나기 위해서입니다. 이 여행 역시 당신의 준비에 필요한 것입니다."

나는 긴장이 되었다. "어디로 가는 겁니까?"

"깜짝 여행입니다." 수전이 말했다. "예상 못한 뜻밖의 일을 좋아하지 않나요? 난 좋아하는데. 걱정하지 마세요. 지구로 갑니다. 당신이 좋아했던 장소, 당신에게 특별한 의미가 있는 장소입니다."

"정말 모르겠군요." 겁을 먹은 아이처럼 움츠러들며 말했다. 나는 지구의 어느 곳에도 가고 싶은 마음이 없을 뿐더러, 이 여행이 준비에 필요하다는 것도 이해할 수 없었다.

"당연히 망설여질 거예요." 수전이 말했다.

"이사벨이 근신하라고 당부하지 않았나요? 당연히 그랬겠지요. 낯선 사람과 동행하는 걸 꺼리는 것이 당연해요. 하지만 만약 제가 데려가는 그 장소가 마음에 들지 않으면, 언제든지 이 방으로 돌아올 수 있잖아요. 자유대원칙을 잘 아시죠. 저만큼 자유대원칙에 대해서 잘 아는 사람도, 저만큼 존중하는 사람도 없어요. 자, 가시죠."

과연 이 여행에서 해로운 요소는 무엇일까? 다니엘 콤플렉스가 발동하기 시작했다. 이 강력한 존재는 이사벨에 대해 잘 안다는 것을 증명해보였다. 또한 자유대원칙에 대해서도 확실히 밝혔다. 나 자신이 답답하고 소심하다는 생각이 들어서 조심스럽게 말했다. "좋아요. 당신과 함께 가보겠습니다."

다음 순간 나는 언덕 위 소나무 숲, 작은 관목들 가운데 앉아 있었다. 멀리 건너편 언덕 위에는 중세풍의 마을이 내려다보이고, 그 너머에는 넓은 초원이 여름 태양을 받으며 파랗게 펼쳐져 있다. 저절로 마음이 평화로워지는 곳이다. 윙윙, 벌레들이 날아다니는 소리가 들려온다. 내가 와 있는 곳을 정확히 알고 있다. 아시시. 바로 아래는 마을의 외곽에 자리한 성 프란체스코의 바실리카다. 이어서 어디선가 종소리가 들려온다. 나는 이곳에 두 번 와봤고, 정확히 이 자리에 앉았었다. 수전이 옳았다. 이곳은 내게 특별한 의미가 있는 장소다.

그런데 수전은 어디 있는 거지? 좌우를 살폈다. 그 순간,

처음으로 내 염색체를 생생하게 의식했고, 내 온몸의 세포가 살아 꿈틀대는 것을 감지했다. 내 오른쪽으로 2미터 남짓 떨어진 곳에 열여덟 살 정도 되어 보이는 여자가 앉아 있었다. 무릎으로 턱을 받치고, 손으로 무릎을 감싸고 있다. 그녀의 옆모습이 보인다. 금발이지 갈색인지 모를 짧은 머리가 자연스럽게 바람결에 날리고 있고, 콧날과 입술이 더없이 완벽하다. 그녀는 진짜 사람 같아서, 순간 마을 처녀이거나 관광객이라고 생각했다.

내가 갑자기 나타나 그녀를 방해한 것이 아닌지 걱정스러웠다. 내가 보일지 내 목소리가 들릴지 미처 생각도 못하고 불쑥 말을 건넸다. "실례합니다. 참 아름다운 곳입니다. 혹시 당신을 방해한 것은 아닌지요?"

"물론 아니에요." 그녀가 대답하며 내게로 얼굴을 돌렸다. 그 순간 나는 그 아름다움에 얼어붙는 듯했다. 입술과 눈에서 조용히 번지는 미소는 온 세상을 환하게 밝히는 듯했다. "당신은 저의 즐거움을 방해할 수 없어요. 함께 즐거움을 누리려고 당신을 이곳으로 불렀는데요." 그녀가 말했다.

"그렇다면, 당신이 수전?" 놀라서 말했다. "하지만 당신은 진짜 사람 같아요!"

"바보 같기는. 저는 진짜예요."

가까이 다가가서 살펴보았다. 그녀는 몸에 꼭 맞는 청바지에 샌들을 신고 있다. 눈부시게 새하얀 셔츠는 그녀의 매끈한 목선과 가슴선을 더욱 돋보이게 했다. 10대 시절 데이트 했던 소녀들이 생각난다. 성에 대한 관심이 애처로울 만큼 온몸을 흔들던 시절이었다. 30대 때는 소녀들을 곁눈질하며 '지금 알고 있는 것을 그때도 알았더라면' 하고 생각했었다. 그런데 지금은 그때와는 비교조차 할 수 없다. 수전은, 내 생애에 몇 차례 다가와 마음을 흔들어놓고 깨어보면 꿈이어서 탄식하게 했던 그런 여자였다.

"너무나 생생해요. 정말 진짜 같아요." 나는 그 말을 바보처럼 반복했다.

"당신도 그래요." 수전이 말했다. "당신 모습을 보세요. 만져보세요."

정말 그랬다. 내 발도 보인다. 부드러운 가죽으로 만든 신발을 신었다. 양말을 신지 않아서 청바지와 신발 사이로 발목이 보인다. 손도 보인다. 반팔 폴로셔츠를 입고 있는 내 팔뚝도 보인다. 보기 좋게 그을려 있다. 놀랍게도 내 피부는 탄탄하고 매끄럽고 부드럽다. 주름이나 반점도 없다. 각질도, 울퉁불퉁한 손톱도, 처진 턱도, 불거진 정맥도 보이지 않는다. "내가 당신만큼이나 젊어 보입니다."

"그렇죠?" 수전이 내게 말했다. "당신의 몸 전체가 그래요. 당신은 지금 막 고등학교를 졸업했을 때의 모습이에요."

"내 마음은요?"

"당신의 마음만은 어른이에요. 당신이 습득한 모든 지식과 지혜를 갖고 있어요. 어때요. 환상적이죠?"

"하지만 왜죠? 어떻게요?" 나는 더듬거렸다.

"당신에게 좀 더 가까이 가도 될까요?"

"그럼요. 얼마든지." 내가 자동적으로 말했다.

그녀는 소나무 잎이 소복이 쌓인 땅바닥에 앉아 있던 자세 그대로 몸을 움직여 내 옆으로 다가왔다. 그녀와 몸이 닿았다. 그녀의 긴 다리가 내 다리와 나란히 뻗어 있다. 길고 아름다운 다리다. "나는 당신을 최상의 모습으로 만들었어요." 그녀가 설명했다.

"당신이 이렇게 만들었다고요?" 놀라며 반문했다. "당신이 내게 다시 몸을 만들어주었다고 했어요?"

"네, 이 모습으로 영원히 살게 해줄 수도 있어요."

"당신에게 그런 능력이 있어요?"

수전이 수줍은 듯 살짝 미소를 지어 보이며 말했다. "그래요. 나는 강력한 힘을 지니고 있어요, 다니엘. 내가 말했잖아요."

"그런데 왜? 왜 하필 접니까?"

"왜냐하면 전 당신을 사랑하니까요. 다니엘, 당신이 태어났을 때부터 당신을 사랑했어요. 당신이 살아 있는 동안 내내 당신을 지켜봤어요. 매일매일 당신을 간절히 원했어요. 저는 1000년 동안 당신을 원했어요. 이제 마침내 그 순간이 온 거예요."

"하지만 저는 아직도 이해할 수 없어요." 한편으로는 기뻤지만 여전히 의심스러웠다. "왜 특별히 접니까?"

"사랑을 어떻게 설명할 수 있어요?" 수전이 말했다. "우리는 소울메이트예요. 우리는 정해진 운명이에요. 태초부터 우리는 서로를 위해 창조되었어요. 그게 전부예요."

여전히 의심스러웠다. 나는 사춘기 때부터 소울메이트라는 개념을 믿지 않았다. 그런데 지금 이 순간은 다르다. 수전은 내가 상상으로 그리던 가장 완벽한 여자의 모습이다. 그 모습은 현실에서는 항상 빗나갔고 여전히 환상으로 남아 있다. 그러나 지금은 다르다. 그 과녁을 정확히 꿰뚫고 환상이 현실이 되어 눈앞에 나타났다. 아니면 그녀가 내 눈을 정확히 맞혔든지. 하여간 우리 둘이 소울메이트라는 것을 어떻게 설명할 수 있을까? "당신에 대해 말해주세요." 내가 말했다. "당신은 나이가 1000살이라고 했어요. 영국 출신이라고 했고요."

수전의 얼굴이 약간 일그러지는 것 같다. "다니엘, 저는 과거를 말하고 싶지 않아요. 저는 1000년 동안 당신을 원했다고 했어요. 말로만 그런 것이 아니에요. 과거에도 그랬고 지금도 당신을 간절히 원해요. 과거에 대해서는 나중에 말해줄게요. 시간이 많아요. 같은 시간을 살아가니까요. 당신이 과거를 알고 싶어 하는 것은 아직 저를 믿지 못하기 때문이잖아요. 그렇죠? 제 과거를 알고 싶어 하는 것은 당신이 합리적이고 과학적이고 이성적이기 때문이잖아요."

나는 고개를 끄덕였다. 그녀는 이미 내 마음을 간파하고 있다.

"당신은 여전히 이 모든 것이 가짜라고 생각하고 있어요." 그녀가 말을 계속했다. "내가 진짜라는 것을 확신 못하잖아요. 내가 당신에게 몸을 다시 만들어주었다는 사실도 믿지 못하잖아요. 좋아요. 정말 우리 둘 모두 살아 있다는 것을 보여줄까요?"

다시 고개를 끄덕였다. 나는 그녀가 이끄는 대로 어디든지 따라갈 준비가 되어 있다.

그러나 다음에 일어날 일에 대해서는 전혀 준비가 되어 있지 않았다. 그녀는 셔츠의 단추를 풀기 시작했다. 조금도 주저 없이 정성스레 천천히 단추를 하나씩 풀어나갔다. 그녀는 브래지어를 입지 않았다. 숨이 막힐 지경이다. 허리까지 천천히 단추를 풀어나갔다. 이어서 소매 단추까지 다 풀고 난 후, 조금도 주저 없이 재빨리 셔츠를 벗어버렸다. 그녀의 벗은 상체가 내 눈앞에 드러났다.

나는 세 가지 반응을 느꼈다.

너무나 극적이다. 내 마음과는 전혀 상관없이 한순간 욕정이 솟구쳐올랐다. 이어서 5초도 안 되어 피가 온몸을 소용돌이치며 휘돌았다. 그녀는 정말 내 몸이 살아 있음을 생생하게 깨닫게 했다.

도대체 무엇을 바라고 이러는 것일까? 두 번째 반응은, 수전의 도발적인 행동에 대한 놀라움이다. 이렇게 아무런 대가 없이, 또 아무런 예고도 없이 내게 벗은 몸을 드러내는 여자는 지금껏 본 적이 없다. "부끄러움을 모르는 말괄량이"라는 말이 떠오르는 동시에 내 의사와는 전혀 상관없이 발기되어버렸다. 내 소울메이트는 요부에 불과한가?

첫 번째 반응은 순전히 육체적인 것이고, 두 번째 반응은 이성적인 것이라면, 세 번째 반응은 두 가지가 혼합된 것이라 할 수 있다. 경외감마저 든다. 수전의 가슴은 작은 편인데, 내가 가장 이상적으로 그려보던 그대로다. 신비한 액체로 가득 찬 듯 팽팽한 저 가슴. 믿기지 않을 정도로 아름다웠다. 그런데 저 가슴이 바로 내 눈앞에 있지 않은가. 움켜쥐고 싶은 충동을 느꼈다.

"네, 만져도 돼요." 수전이 말했다. "어서 만져보세요. 내가 진짜라는 걸 생생히 느껴보세요."

나는 왼손으로 그녀의 왼쪽 가슴을 감싸쥐었다. 내 손에 꼭 맞았다. 정말이었다. 그녀는 정말 살아 있는 실체다. 그 부드러움이 손에서 온몸으로 전해져왔다. 실제보다 더 실감이 났다. 참 놀라운 역설이다. 수전의 가슴은 부드럽고도 단단했다. 나도 모르게 신음 소리를 내며, 그녀의 가슴에 입 맞추기 위해 저절로 고개를 숙였다.

그 순간 수전은 얼른 뒤로 물러났다. "키스는 안 돼요. 한 가지 약속하기 전에는. 약속을 한 후에는 마음대로 해도 돼요."

"약속이라고요?"

"그래요. 당신의 경배를 원해요."

갑자기 나는 긴장했다. "당신에게 경배하라고요?"

"물론이에요. 여자가 원하는 것은 경배예요. 그렇지 않아요? 여자라면 누구나 경배받기를 원해요. 그것을 알아야 해요. 그게 남자와 다른 점이에요. 여자는 찬양을 원해요. 찬

양받을 만한 존재가 되는 데는 관심이 없어요. 오직 경배를 원해요. 그 남자의 여신이 될 때에만 그 남자에게 속하게 되고 그 남자를 위해서 모든 것을 하는 거예요."

수전의 말에 일리가 있다고 생각한다. "나는 당신에게 경배하는 기분입니다." 그녀의 가슴에 간절한 눈길을 보내며 말했다. 그녀의 입술과 손가락 하나하나에도. 아무것도 바르지 않은 입술과 손톱. 그녀는 화장도 전혀 하지 않았다. 수전은 그럴 필요가 없다. 나는 내 입으로 수전을 경배하기를 간절히 원했다.

"그의 입술로 나에게 입 맞추게 하라." 수전의 입에서 솔로몬의 아가가 흘러나왔다. 이미 그녀는 욕정으로 타오르는 내 마음을 읽고 있었다. "나도 알고 있어요. 당신이 나에게 경배하고 싶은 기분이라는 것을. 하지만 기분은 값싼 거예요. 나는 헌신을 원해요. 이제 말하세요. 나를 영원히 경배한다고 말하세요. 그리고 내게 입 맞추세요. 당신이 원하는 모든 것을 드리겠어요. 그러나 약속이 먼저예요."

"나는 당신에게 경탄하고 있어요." 내 진심을 말했다.

"그건 달라요. 나는 경탄을 원하지 않아요. 당신이 **나를** 경배하기 원해요."

참으로 이상한 일이다. 지금 우리 둘은 논쟁하고 있다. 하지만 내 욕정은 전혀 수그러들 줄을 몰랐다. 나는 말년 20년 동안에는 사랑을 나누고 있을 때조차도 발기를 유지할 수 없었다. 그런데 지금은 싸우고 있는데도 내 의사와 상관없이 팽팽히 유지되고 있다. 내 몸은 다시 열여덟 살이 되어 있고, 적이 친구로 보일 정도로 테스토스테론이 동맥을 타고 맹렬히 돌고 있다. "난 당신을 경배할 수 없습니다." 나는 힘주어 말했다. "다만 하나님을 경배할 뿐입니다."

"오, 다니엘. 사랑하는 다니엘." 수전이 신음하듯 말했다. "내가 하나님처럼 보이지 않아요? 당신이 추구하던 하나님에 가까워 보이지 않나요? 이사벨이 위원회에서 일하면 하나님과 함께할 수 있다고 말했죠? 당신은 그 말을 믿어요? 당신은 위원회를 통해 하나님을 만날 수 있다고 정말 믿어요?"

그 말이 어리석게 들렸다. 무엇보다 어리석은 것은 수전 자신이다. "당신은 내가 경배하기를 원했습니다." 내가 콕 집어서 말했다. "당신을 영원히 경배하기를 원했습니다. 그러나 나는 그 어떤 것도 영원히 약속할 수 없습니다. 내가 이 언덕 위에 영원히 있기 원한다고 생각합니까? 당신과 영원히 동침하기를 원한다고 생각해요? 영원한 에덴동산에서 살면 내가 행복해질 거라 생각합니까? 그것도 당신과 함께? 수전, 나는 삶을 원해요. 삶은 계속되는 거예요. 지금 난 당신과 섹스를 원해요. 그런 다음 나를 보내주세요. 다시 원하면 언제든 다시 만나면 되잖아요."

"안 돼요, 다니엘. 이것은 그런 것이 아니에요."

그 순간 수전은 갑자기 몸을 내게로 돌려 내 무릎 위에 앉았다. 허리에서 엉덩이로 이어지는 매끈한 선. 완벽한 몸매다. 그녀의 아름다운 몸은 나를 야성으로 몰아가고 있다. 수전은 왼손을 내 다리 위에 얹었고, 긴 손가락을 천천히 내 몸을 따라 움직였다. 그것은 나를 야성의 극단으로 내몰았다. "바보 같은 말이에요." 그녀가 내 귓가에 속삭였다. "이 언덕에서 영원히 함께 있자는 말이 아니잖아요. 어디든 함께 가자는 거예요. 멋지잖아요. 삶은 계속되는 거라고요? 그건 환상이에요. 그런 건 없어요. 미래도 환상일 뿐이에요. 이사벨이 아름다운 언어를 배워야 한다고 말했죠? 결코 아름답지 않아요. 지루해요. 이사벨도 그랬잖아요. 배우기 쉽지 않다고. 아름다운 언어? 말도 안 돼요. 섹스처럼 아름다운 언어가 어디 있어요?"

"모르겠어요." 나는 비참하게 말했다.

수전은 오른손으로 내 바지 지퍼를 내리기 시작했다. "환상이 아닌 것이 무엇인지 보여드리겠어요."

나는 몸을 뒤틀며 말했다. "누가 볼지도 몰라요." 소용없는 짓이었다.

"아무도 보지 않아요. 인간들은 우리를 절대로 볼 수 없어요."

나는 수전이 원하는 대로 내버려두었다. 그녀는 나의 발기된 것을 잡았고 이내 바지 밖으로 드러냈다. "너무 아름다워요, 다니엘. 이럴 줄 알았어요."

나는 수전을 안으려고 했다. 그러나 수전은 나를 밀쳐내며 말했다. "한 마디만 하세요. 다니엘." 수전이 애원했다. "영원히 나를 경배한다고 한 마디만 해주세요. 당신은 우리가 서로를 간절히 원한다고 생각하지 않으세요? 난 당신을 진정으로 원해요. 다니엘, 한 마디만 해주세요."

나는 세 가지를 깨달았다. 첫째는 나는 정말 미치도록 그 말을 하고 싶다는 것이고, 둘째는 그러나 그 말은 거짓말이라는 것이다. 그리고 마지막으로 나는 지금 도저히 생각을 할 수 없다는 것이다.

생각을 해야 한다, 생각을. 정말 그렇게 하고 싶지는 않았지만, 수전의 손을 내 허벅지에서 떼어놓았다. "생각을 할 수가 없어요." 내가 말했다. "나는 돌아가고 싶습니다. 내 작은 방으로 돌아가고 싶어요. 당신은 내가 원하면 언제든지 그렇게 할 수 있다고 말했죠. 나는 그럴 자유가 있습니다. 몇 분이면 돼요. 몸에서 벗어나서 단 몇 분이라도 혼자 생각하고 싶습니다. 그런 다음 돌아와서 대답할게요. 반드시 돌아올 것을 약속합니다."

"안 돼요." 수전이 단호하게 말했다. 그 말과 함께 강력한 힘이 뿜어져나왔다. "그래요. 당신은 내가 준 몸을 던져버릴 수 있어요. 물론 당신의 방으로 돌아갈 수도 있어요. 하지만 자유대원칙은 내게도 적용돼요. 만약 당신이 지금 떠나면, 나도 떠나요. 당신이 돌아와도 나는 여기에 없어요. 이것이 **내** 약속이에요. 나는 당신을 결코 다시 만나지 않을 거예요."

나는 그녀의 말을 믿는다. 나는 그녀를 떠날 수 없다. 그녀와의 섹스를 간절히 원하기 때문이다. 다시 그녀를 만나지 못한다는 것은 도저히 견딜 수 없는 일이다. 그러나 나는 생각을 해야만 한다. 나는 벌떡 일어서서 가까이 있는 소나무를 두 팔로 힘껏 끌어안았다. 그녀가 나를 끌어내지 못하도록. 그녀의 얼굴을 보지 않기 위해 나무에 얼굴을 묻었다. 그리고 벗겨진 하체를 나무에 강하게 밀착시켰다. 그 고통이 이 욕망을 멀리 날려보내도록 힘껏 밀착시켰다. 아무 소용이 없었다. 그러나 간신히 기도할 수 있을 만큼 마음이 가라앉는 것 같았다. 나는 흐느끼며 기도했다. "하나님, 예수님, 도와주소서. 내가 생각할 수 있도록 도와주소서."

처음에는 아무 일도 일어나지 않았다. 그러나 잠시 후, 네 번째 생각이 떠올랐다. 그것은 어제 하나님께 드린, 거짓으로부터 보호해달라는 기도였다. 나는 다시 기도했다. "오, 주님. 저를 거짓으로부터 보호하소서."

다음으로 나는 하나님의 보호가 정말 내게 작용한다는 것을 인식했다. 나는 수전에게 결코 거짓말을 하지 않으리라. 아직 내 입으로 어리석은 말을 하지 않았다. 그렇다. 나는 그녀에게 영원히 경배하겠다는 말을 하지 않았다. 이 인식은 점점 강화되었다.

이어서 나는 나 자신의 거짓뿐만 아니라 다른 사람의 거짓에서도 보호가 필요하다는 것을 인식했다. 다른 사람은 누구인가? 수전? 그렇다면 수전은 나에게 거짓말을 하고 있는 것일까?

그 순간, 나는 수전의 말을 다시 한 번 재고할 수 있었다. 수전이 내게 거짓말을 했다고 말할 수는 없다. 그렇다고 내게 진실만을 말했다고도 할 수 없다. 사실 수전은 교묘하게 말했다. 그녀는 내게 어떻게 육체를 만들어주었는지 말하지 않았다. 분명 내 몸이다. 하지만 사람들이 그것을 볼 수 없다고도 말했다. 그렇다면 이 모든 것은 그저 강력한 환상에 불과한 것일까? 이토록 생생한 모든 것이? 잘 모르겠다. 나는 다시 생각할 수 있게 되었지만 무엇을 생각해야 하는지는 전혀 알 수 없다.

왜 수전은 하필 나를 선택한 것일까? 수전은 그저 우리가 소울메이트라고만 했다. 마치 그것으로 모든 것이 설명되는 것처럼. 소울메이트라는 개념이 대단히 과학적이고 신학적으로 실증된 것 같지만 사실은 전혀 그렇지 않다. 가장 미심쩍고 제대로 설명되지 않은 개념이다. 딱 꼬집어 거짓이라고 할 수는 없지만, 진실이라고도 할 수 없는 개념이다.

수전의 달콤한 목소리가 생각을 방해했다. "대니, 이리 오세요. 다시 내 옆으로 돌아오세요. 그렇게 고뇌할 필요가 전혀 없어요. 큰일이 아니에요."

'대니'라고? 메리 마르타가 나를 부르는 이름이 수전의 입에서 나오자, 작은 분노의 불꽃이 일었다. "닥쳐요! 이건 큰일이에요!" 나는 소나무를 끌어안고 있던 팔을 풀고, 손으로 귀를 틀어막았다. 그러고는 정신을 집중했다.

거짓! 다른 거짓은 더 없는가? 있다. 이사벨에 대한 태도다. 수전이 처음 내 방에 나타났을 때는 이사벨에 대해 우호적이었다. 그런데 내가 약속을 하지 않자, 수전은 이사벨을 거짓말쟁이로 몰았다. 이사벨이 한 말은 거짓이라고, 위원회를 통해서는 하나님께 가까이 갈 수 없으며, 그 새로운 언어는 지루한 것이라고 매도했다. 누가 거짓말을 한 것일까? 이사벨? 아니면 수전? 수전은 미래란 단지 환상이라고 말했다. 만약 미래가 환상이라면, 왜 하나님은 그토록 애를 써서 내 영혼을 살려놓으셨을까? 나에게 그 작은 초록방까지 마련해주시면서.

수전은 누구일까? 그녀의 배경에 대해 생각해보니 이런 추론들은 사소해 보였다. 수전은 1000년 전에 영국에서 살았다고 했다. 그렇다면 9세기 무렵에 태어났다는 말인데, 그것으로는 충분하지 않다. 내가 더 물으려고 하자, 내게 가까이 다가와서 옷을 벗기 시작했다. 한 가지 결론을 내릴 수 있다. 수전은 교묘하고 나는 멍청하다는 것이다. 진실은 단 하나다. 그녀의 출생과 배경에 대해 나는 아무것도 모른다는 것이다.

나는 현실을 직시했다.

나는 손을 내리고 돌아서서 그녀를 정면으로 바라보았다. 그녀는 거기 서 있고 아름다운 가슴은 여전히 당당하지만 어쩐지 상처받은 모습이다. 희망을 잃은 방랑자 같다. 다시 성욕이 솟구쳤다. 하지만 정신을 가다듬어야 한다. 나는 지금 거짓을 쫓고 있다. 냉정한 추적자가 되어야만 한다. "당신은 1000년 전에 영국에서 살았다고 말했습니다."

"그래요." 그녀는 눈을 아래로 향했고 침착했다.

"그럼 2000년 전에는 어디 있었습니까?" 다그치듯 물었다. "2000년 전에도 영국에 있었나요?"

그 질문에 그녀의 눈에 섬광이 스쳤고, 그녀는 나를 똑똑히 쳐다보며 대답했다. "네, 그래요."

나는 굴하지 않았다. "그럼 3000년 전에는 어디에 있었습니까? 이집트를 배회하고 있었나요?"

"네, 그래요."

"당신은 인간입니까, 아니면 천사입니까? 나는 진실을 알기 원합니다. 당신의 거짓을 믿지 않습니다. 진실만을 말하세요."

"나는 천사예요."

"당신은 수전이 아닙니까? 그렇다면 그것도 역시 거짓이겠군요. 그렇지 않습니까? 수전, 사탄. 비슷하게 들리지 않습니까? 당신은 사탄이군요. 인정하세요. 당신은 사탄입니다. 그렇죠?"

대답을 하는 대신, 그녀는 나를 뒤로하고 돌아서서 허리를 굽혀 샌들을 벗었다. 그러자 선명히 드러나는 하체의 아름다운 곡선, 풍만한 엉덩이가 내 눈앞에 달려드는 것 같았다. 갑자기 맥박이 격렬하게 뛰기 시작했다. 나는 눈길을 황급히 돌리며 발기되지 않도록 있는 힘을 다했지만 아무 소용이 없었다. 그녀가 나를 향해 돌아섰다. 그런 다음 천천히 청바지를 벗기 시작했다. 나는 도저히 그녀에게서 눈을 뗄 수가 없었다. 새하얀 팬티가 드러나자 나는 최면이 걸린 듯 얼어붙었다. 청바지가 그녀의 무릎을 지나 발목까지 내려갔고, 그녀는 한 발자국 내게로 다가왔다.

나는 그저 멍하니 바라보았다. 정말 눈부시게 아름다운 모습이다. 팬티에 은밀하게 가려진 부분과 골반, 쭉 뻗은 다리. 완벽한 몸이다. "당신은 이것도 벗기고 싶겠지요. 안 그런가요?" 천진한 눈빛으로 나를 주시하면서 그녀가 조용히 말했다. "가려진 것마저 보고 싶죠?"

나는 대답하지 않았다.

숨을 쉬기조차 어려웠다. 그녀는 팬티마저 천천히 벗어 내렸다. 팬티가 바닥에 닿자, 그대로 둔 채 한 발자국 내게로 다가왔다. 그녀가 내게 팔을 내밀었다. 나는 그녀의 벗은 몸에 시선을 고정한 채 완전히 얼어붙었다. "한 마디만 하세요, 대니." 그녀가 매혹적인 목소리로 말했다. "한 마디만, 그게 당신이 해야 하는 전부예요."

나는 말하지 않을 작정이다. 내 앞에는 두 갈래 길이 놓여 있다. 하나는 여기서 벗어나 내 작은 초록방으로 돌아가는 것이다. 그러나 그러면 나는 영원히 그녀의 매혹적인 환영에서 벗어나지 못할 것이다. 다른 길은 이 이미지를 깨뜨려 버리는 것이다. 나는 하나님께 간절히 기도했다. 그리고 큰 소리로 외쳤다. "하나님과 예수 그리스도와 모든 진리의 이름으로 네게 명한다! 네 본모습을 드러내라."

그러자 그녀의 입가에 사악한 미소가 스쳐 지나갔다. "내 진짜 모습을 밝히라고요, 대니? 좋아요." 그녀는 내게 향했던 팔을 내리고 다리를 크게 벌리며 엉덩이를 내 앞으로 내밀었다. 그녀는 은밀한 부분을 드러내며 나를 기꺼이 받아들이겠다는 자세를 취했다.

내 욕정은 절정에 도달했다. 그러나 그 순간 화가 치밀어 올랐다. 차가운 분노였다. 나는 낮은 목소리로 말했다. "이런 뜻이 아니라는 걸 당신도 잘 알 텐데요. 당신은 진짜 모습을 한 번도 드러내지 않았어요. 곧 진짜 모습을 드러내게 될 거요. 모든 가면을 내려놓아요. 당신은 사탄이에요. 이제 본모습을 드러내요. 당신에게 명령하는데, 이것은 하나님이 당신에게 명령하시는 것입니다."

본모습은 한순간에 드러났다. 그녀의 얼굴에 스쳤던 사악한 미소는 더 이상 미소가 아니었다. 기쁨이 아닌 악의 가득한 웃음이 번졌다. 거만한 냉소, 사악하고 오만한 비웃음이었다. 그 청순했던 얼굴은 증오심 가득한, 인간이 아닌 것의 얼굴로 변했다. 이것이 그녀가 내게 남긴 유일한 선물이었다. 그녀의 몸이 사라지면서 남긴 것은 《이상한 나라의 엘리스》에 등장하는 케셔 고양이의 사악하고 능글맞은 웃음이었다. 나는 그 웃음의 잔상을 응시하며 기도했다. 그 몸서리치게 사악한 모습이 내 뇌리에 가장 선명하게 남아 있기를. 그녀가 나를 증오한다는 것을 잘 알고 있다. 내가 그녀를 거절했기 때문이 아니다. 그녀는 태초부터 나를 증오해왔다. 그 이유는 모른다. 다만 증오심을 품고 나를 파멸시키기 위해 접근했던 것만은 알고 있다. 사탄은 그런 존재다.

나는 기도했다. "주님, 저를 내 작은 초록방으로 데려다주십시오."

처음 이 방에 왔을 때가 생각난다. 그때는 이 방이 외계 우주선의 대기실에서 깨어난 것처럼 낯설었다. 누군가는 이제 내가 육체 없이 지내는 것이 익숙하리라 생각할 것이다. 그러나 수전과의 일이 너무나 생생해서인지, 손이 없고 발이 없다는 것이 이상하게 느껴진다. 그렇다고 놀라운 것은 아니다. 그저 생소한 느낌이다. 잠깐 동안 가졌던 육체를 그리워하지 않는다면, 육체와 함께 찾아왔던 젊은 남성성을 잃은 것도 받아들여야 한다. 젊음은 전혀 아쉽지 않지만, 테스토스테론은 아쉽다. 하나님이 생각하는 뇌뿐만 아니라 생각을 멈추게 하는 호르몬도 같이 주신 것은 얼마나 기이한가!

내 방으로 돌아와 첫 번째로 느낀 것은 안도감이다. 나는 다시 생각할 수 있게 되었다. 내가 수전에게 '예스'라고 대답했다면 어떻게 되었을까? 그녀를 영원히 경배하겠노라고 약속했다면 나는 어떻게 되었을까?

그것은 사실 수전이 아니다. 진짜 여자가 아니다. 다시 생각할 수 있게 되자, 나는 왜 강력한 빛을 내뿜는 그것이 남성인지 여성인지 구별할 수 없었는지 곰곰이 반추해보았다. 수전은 초대받지도 않은 채 불쑥 내 방에 나타났다. 나는 여자에게 속은 것이 아니라 여자로 가장한 어떤 존재에게 속은 것이다. 그것은 겉보기에는 내 환상에 생명을 불어넣을 수 있는 엄청난 능력을 가진 존재였다. 그것은 내 성적 환상을 이용해 나를 거의 속일 뻔했지만, 사실은 진짜 여자가 아니었다.

얼마나 교묘한가! 저주받을 영특함이다. 문자 그대로, 하마터면 나는 영원히 저주받을 뻔했다. 그것은 왜 여자로 가장하여 내게 접근했을까? 다른 방법도 있지 않은가? 그것은 명성이나 권력이나 돈으로 나를 유혹할 수도 있었다. 그런데 고맙게도 나는 그런 것에는 별 관심이 없었고, 그것은 영특하여 그 사실을 꿰뚫고 있었다. 하지만 성적 욕망은 그렇지 않다. 성적 욕망은 내가 극복한 것이 아니라 나이가 들면서 누그러졌을 뿐이다. 내분비선이 위축된 것이다. 그런데 테스토스테론이 다시 분비되자 성적 욕망이 되살아났고, 내 판단력은 사춘기 때로 돌아가버린 것이다.

이 모든 책임을 테스토스테론에 돌릴 수 있는가? 답은 두 가지다. 그렇다. 테스토스테론은 강력한 화학물질이다. 하지만 나는 의사로서 그 호르몬이 어떤 작용을 하는지, 얼마나 강력한지 잘 알고 있었는데도 속수무책으로 끌려다녔다. 왜 섹스가 나의 취약점일까? 왜 내게 가장 취약한 면일까?

나는 수전, 아니 사탄이 한 말을 상기했다. "내가 하나님처럼 보이지 않아요? 당신이 추구하던 하나님에 가까워 보이지 않아요? 이사벨이 위원회에서 일하면 하나님과 함께할 수 있다고 말했죠? 당신은 그 말을 믿나요? 위원회를 통해 하나님을 만날 수 있다고 정말 믿어요?"

환상 속에 있을 때 나는, 어떤 사람이라도 하나님보다 더 친밀할 수는 없다고 믿었다. 하지만 섹스는 하나님과 함께하는 것처럼 느끼게 만든다. 물론 하나님을 대신할 만한 것이 있을 수 없지만, 하나님의 임재를 경험하게 하는 손쉬운 대체물이 섹스다. 이 값싼 대체물, 섹스라는 우상에게 나를 팔아버릴 뻔했다. 어떤 의미에서 하나님에 대한 간절한 마음이 치명적인 약점이 되었다고도 할 수 있다.

사탄이 나를 거룩한 장소 아시시로 데려간 것은 우연이었을까? 우연이라고 생각하지 않는다.

사탄을 만난 후 극심한 탈진을 느꼈다. 나는 하나님께 기도했다. 그러고는 깊은 잠에 빠져들었다. "주님, 저를 거짓과 환상에서 지켜주셔서 감사합니다. 제가 과연 위원회에서 일을 할 수 있을지 모르겠습니다. 하지만 지금처럼 하나님께 가까이 간 적은 제 생애에 없었습니다. 제가 하나님의 일을 하고 있다고 이성적으로 확신할 수 있다면 그것으로 충분합니다. 하나님의 임재를 느끼는 것보다 당신이 저를 받아주시는 것이 더 중요하다는 것을 깨닫게 하소서."

# 4부

／
진정한 공동체에서는 기쁨과 슬픔, 시와 산문, 분노와 화해,
진지함과 유머를 마음껏 표현한다. 각자 해야 할 일을 알고
있는 구성원들의 대화를 지켜보는 희열은 이루 말할 수 없다.
／

**CHAPTER 12**

 슬픔을 느끼며 깨어났다. 이 감정은 내 생애 마지막 15년 동안 늘 곁에 있던 친숙한 감정이다. 친한 친구들의 죽음, 특히 가장 친했던 친구 메리 마르타의 죽음과 함께 찾아왔던 상실의 아픔이다. 그것은 예고도 없이 찾아왔다. 세상일에 대한 흥미와 열정의 상실을 넘어, 삶 자체에 대한 상실감이기도 했다. 장난감과 환상이 모두 사라지고 없는 텅 빈 상자 같은 것이었다.

 내 작은 초록방으로 돌아온 후, 오늘 왜 이런 깊은 슬픔을 느끼는지 깨닫는 데 오랜 시간이 걸리지 않았다. 수전 때문이다. 존재하지도 않는 환상. 나는 수전이 남기고 간 소름 끼치는 그 얼굴을 영원히 기억할 것이다. 증오 가득했던 그 사탄의 얼굴을 어떻게 잊을 수 있겠는가? 수전의 그 매혹적인 모습은 나를 파멸시키기 위해 교묘히 조작한 것이다. 복원

되었던 내 몸과 테스토스테론만 아니라면 나는 수전을 다시 그리워하지 않을 것이다. 나라는 인간은 원래 그런 것인가, 지금 그에 대한 미련의 아픔을 겪고 있다. 다시는 그것을 원하지 않겠지만, 돌이킬 수 없는 그 환상이 영원히 끝났다는 사실을 슬퍼하는 중이다.

그러나 미래를 떠올리자 그 미련의 고통은 이내 사라졌다. 뒤돌아보지 않고 앞을 보리라. 내겐 할 일이 있다. 내일이면 이사벨이 돌아와 나를 어딘가로 데려간다고 했다. 그곳에서 이급 도제로서 배워야 할 것이 있다고 했다. 새로운 언어도 익혀야 한다. 만약 그 일을 잘 해내면, 나는 지구 국제관계향상위원회에서 일할 수 있다고 했다. 하지만 이 일들은 즐거이 상상하기에는 너무나 막연하고 추상적이다.

그러나 이사벨의 귀환 약속은 전혀 추상적인 것이 아니다. 그녀를 만났을 때, 나는 강력한 영적 능력을 느꼈다. 그녀는 내일 돌아오겠다고 약속했고, 자신이 한 말을 반드시 지킬 것이다. 과연 내가 시험에 통과했다고 판단했을까? 내가 거의 실패할 뻔했다는 점이 당혹스럽기는 하지만, 이사벨에게 반드시 수전에 대해 말해야 한다. 그런데 왜 수전이 나를 시험한 것인가? 어제와 오늘은 준비 기간이다. 그렇다면 사탄의 시험은 내 준비에 꼭 필요한 것임을 짐작할 수 있다. 그런데 왜 그런 것이 필요한지는 도무지 알 수가 없다. 이사벨이 오면 꼭 물어보리라.

이제 준비 기간이 하루 남아 있다. 이 하루를 어떻게 사용하지? 어제처럼 전혀 예상치 못한 방문을 받을 수도 있지만, 그것은 내가 어쩔 수 없는 일이다. 그렇다면 내가 할 수 있는 일은 뭐지? 이사벨은 기도하며 근신하라고 했고, 그녀의 충고대로 어제는 그런대로 잘 이겨냈다. 오늘도 조심해야 할 것이다. 기도는 충분히 했다고 생각한다. 그렇다면 이제 떠날 준비가 된 것 같다. 이제 배낭을 메는 일만 남았나? 이 작은 초록방이 무척 그리울 것이다. 점검할 가스도 없고, 닫을 창문도 없고, 잠글 수도꼭지도 없다. 작별을 고할 아무것도 없다. 그렇다면 사람은 어떤가? 작별을 고할 사람은 없을까?

아직 만나지도 못한 수백 수천의 사람들이 있다. 우선 내 부모님이 있다. 어떻게 지내고 계실지 궁금하고, 두 분을 위해 기도도 했지만, 지금 두 분을 만나고 싶지는 않다. 두 분께 용서를 구할 일이 높은 산만큼이나 많다. 너무나 당연히 여겼던 수많은 것들. 젊은 시절 버릇없이 부모님의 마음을 아프게 했던 수많은 일들. 한편으로는 부모님이 내게 용서를 구할 일들도 있다. 수많은 거절로 내게 준 상처, 미리 짠 좁은 틀에 나를 억지로 끼워 맞추려 했던 일들. 그래도 나는 죽기 전에 진심으로 두 분과 화해했다. 두 분도 돌아가신 후 이 너그러운 곳에 오셔서 나를 용서하셨으리라 확신한다.

너그러운 곳이라? 나나 다른 사람들을 파멸시키기 위해 사탄이 어슬렁거리는 이곳이? 좁은 쓰레기통 속에서 수백만 명의 사람들이 밤낮없이 일하고 있는 이곳이? 육신이 아프지 않다는 것과 시공을 넘나들 수 있다는 것 외에 다른 좋은 것이 있을까? 자유로이 시공을 넘나들 수 있는 것은 신나는 일이긴 하다. 사탄의 공격을 제외하고, 여기서 만난 영혼들은 부드럽고 사려 깊게 나를 배려했다. 내게 방을 주었고, 따뜻이 환대해주었고, 잘 적응하도록 도와주었다. 나는 마음대로 내가 원하는 곳으로 갈 수 있다. 언제든지 티미나 메리 마르타를 만날 수 있고, 언제든지 그들에게 도움을 받을 수 있다. 미래의 계획을 잘 세울 수 있도록 이사벨 같은 사람들이 내게 왔다. 그렇다. 내게 이곳은 가장 너그러운 장소다.

그런데 나는 지금 떠나려고 한다. 최소한 이 작은 초록방에서 떠나야 한다. 누군가에게 작별해야 한다는 생각이 든다. 작별 인사를 할 사람이 누가 있지? 그래, 티쉬가 있구나. 티미는 내게 그녀가 핑크빛 연옥에서 잘해낼 거라고 말했다. 티쉬에게도 여기가 너그러운 장소로 바뀌었을까? 반짝 호기심이 생긴다. 그녀에게 작별 인사를 하려는 것은 좋은 생각이다. 티쉬는 이곳에서 시간과 장소를 함께 나눈 첫 번째 사람이기 때문이다.

나는 그녀의 방 앞으로 가기를 원했다. 물론 곧장 방 안으로 들어가는 것도 생각해봤지만, 충돌은 원치 않는다. 이번에도 프랑스어로 "들어오세요"라고 말하기를 기대하면서 전처럼 노크를 했다. 그런데 이번에는 영어다. "들어오세요"란 말이 왜 이다지도 생소하게 들릴까? 티쉬는 여전히 뚱뚱하다. 하지만 뭉쳐진 살이 풍성한 갈색 드레스에 감춰져 있고, 그 갈색 드레스가 핑크빛 방과 그렇게 잘 어울릴 수가 없다.

"누구세요?" 그녀가 물었다.

그제야 내가 내 모습을 투사하지 않고 있다는 것을 깨달았다. "미안합니다." 나는 곧바로 모습을 드러냈다. "다니엘입니다."

"오, 전에 저를 찾아왔던 분이시네요." 그녀가 나를 알아보고는 반겼다.

"네 맞아요. 잘 지냈습니까, 티쉬?"

"그럭저럭요."

"그럭저럭이요?"

"왜 사람들이 이 방에 TV를 놔주지 않는지 여전히 이해할 수 없어요. 그들은 여기를 병원처럼 생각하는 것 같아요. 하지만 병원에도 TV는 있잖아요." 그녀가 투덜거렸다. 그런데 일주일 전과는 사뭇 다르다. 내가 잘못 들었나? "그 사람들이 여기를 병원으로 생각하는 것 같다고요?"

"네, 정신병원요. 뇌 병원 말이에요. 아, 당신 모습이 또 안 보이기 시작했어요. 당신도 알아요?"

나는 내 무심함에 대해 사과했다. "몸을 투사하는 것을 종종 잊어요. 내 모습을 계속 보이는 게 영 쉽지가 않군요. 용서하세요. 두 가지를 동시에 하는 게 저한테는 어려워요. 원한다면 그렇게 하도록 노력하겠지만, 괜찮다면 당신에게만 집중하도록 해주세요."

"좋은 대로 하세요. 나도 여러 종류의 빛에 익숙해요. 그 사람들이 나도 곧 그렇게 된다고 말했어요." 투사체에 대해서는 별로 신경을 쓰지 않는 듯이 티쉬가 말했다.

"그 사람들이라뇨?" 내가 물었다.

"의사들과 간호사들요. 그들은 자신들을 그렇게 부르지 않아요. 또 여기를 병원이라고도 하지 않아요. 하지만 그 사람들은 모두 병원 의사와 간호사처럼 행동해요."

"그래요? 그 사람들이 도움이 되나요?"

"잘 모르겠어요. 하지만 해가 되지는 않아요. TV가 없는 것만 빼고는. TV를 없앤 것이 그 사람들이 이용하는 일종의 고문 같아요."

"아무런 변화가 없어요?"

"별로."

나는 지구에서 정신과 의사였기에, 저절로 정신과 의사처럼 말하고 행동하게 된다. 하지만 티쉬가 그들을 친구보다는 적으로 생각하는 듯해서, 나를 그들과 동일시하게 하는 언행이나 그들의 역할을 넘겨받는 일은 하지 않기로 했다. 하지만 너무나 분명한 일을 묵과하는 것은 내게는 참으로 어려운 일이다. "한 가지는 변했는데요. 처음 만났을 때와 다른 옷을 입고 있네요. 아주 멋져요."

티쉬가 좋아한다. "고마워요."

"왜 옷을 바꿨어요?"

"그룹 치료 덕이 아닌가 생각해요." 그녀는 주저하듯 말했다.

"그룹 치료라고요?"

"그들은 그렇게 부르지는 않아요. '신체 이미지에 관한 토의'라고 불러요. 하지만 그룹 치료와 다를 게 없어요. 특별 치료죠. 우리는 정신장애자 그룹인 셈이죠."

"이해할 수가 없군요."

"그들의 이론은, 몸에 대한 지나친 집착으로 저와 같은 장애가 생긴다는 거예요. 육체적인 결함이 인생의 중심부에 자리 잡는다는 거죠. 당신은 내 뚱뚱한 모습은 그저 투사체이고, 이 모습에서 벗어나면 행복해질 거라고 했잖아요. 그들은 내가 내 뚱뚱한 모습에만 집착한다고 말해요. 내 정체성은 단지 '뚱뚱한 사람'이라는 거예요. 내 뚱뚱한 모습을 버리면 내 정체성마저도 잃게 된다는 거죠."

그러지 않으려고 했는데, 정신과 의사로 돌아가지 않을 수 없었다. 나는 기뻐서 소리를 높였다. "너무나 훌륭한 이론입니다. 그런데 당신께 도움이 되었습니까?"

"잘 모르겠어요." 티쉬는 애매하게 말했다. "하지만 다른 사람들에게는 도움이 됐어요."

"말해보세요. 그에 대해서."

"그룹 중에 한 여자 분이 있는데, 복합성 경화증을 앓고 있어요. 그러니까 지구에 있을 때 그랬다는 거고, 그 병 때문에 죽었대요. 그런데 휠체어를 타고 우리 그룹에 나타났어요. 우리는 그분을 놀렸어요. 그 여자 분은 자신이 죽었다는 것은 인정했지만, 사후세계에서는 휠체어가 필요 없다는 것을 인정할 수 없었는지, 여기까지 휠체어를 끌고 온 거예요. 얼마나 바보 같아요? 그런데 우리는 그분을 더 놀릴 수가 없었어요. 그 모습이 너무나 생생했거든요. 몹시 충격적이었어요. 그분뿐만 아니라 우리 모두에게요. 뼈만 앙상한 몸과 뒤틀린 다리가 휠체어와 한 몸이었어요. 휠체어 없는 자신을 상상할 수 없었던 거죠. 당신도 봤어야 했는데. 마치 내가 이 드레스를 입은 것과 같았어요."

"그래서 처음에 입었던 그 발레복을 벗고 이 드레스로 바꿔 입은 것입니까?" 내가 물었다.

티쉬는 이 주제에 집중하면서 점점 열을 올리는 듯했다. "그런 셈이죠. 저도 우리 그룹에서 세실리아, 그 여자 분 이름이에요, 세실리아처럼 취급받기는 싫었거든요. 예전에 입은 꼭 끼는 옷은 뚱뚱함을 강조할 뿐이라는 것을 알게 됐어요. 그래서 두 번째 만날 때 이 옷으로 바꿨죠. 저는 사람들이 뒤에서 쑥덕거리는 것을 원치 않아요. 그래서 내가 먼저 기선을 제압한 거죠. 어때요, 나 똑똑하죠? 하지만 세실리아보다는 조지가 알게 해줬어요."

티쉬가 보기보다, 또한 평소 행동보다 훨씬 현명해졌다는 생각이 들었다. "조지가 누구죠?" 내가 물었다.

"우리 그룹에 속한 다른 환자예요."

"그는 어떤 장애가 있나요?"

"특별한 장애는 없어요." 티쉬가 대답했다. "그런데 조지가 흑인이라는 점이 문제의 핵심이에요."

"그래요?"

"조지는 자신이 흑인이라는 데 화가 나 있고, 그 생각에 갇혀 있어요." 티쉬는 점점 더 열기를 띠었다. "자신이 흑인이라는 것을 큰 결함으로 생각해요. 오, 얼마나 고집이 센지, 절대 자신의 생각을 바꾸려 하지 않아요. 그는 검은 것은 아름답다고 계속 강조하고, 자신은 단지 백인들이 흑인인 자신을 장애자로 취급하는 데 분노할 뿐이라고 말해요. 조지가 자신의 검은 몸을 포기하면, 사람들은 그를 흑인으로 보지 않게 되겠지만, 자신의 정체성도 잃게 되겠죠. 이건 내 생각이에요. 그가 그렇게 말한 것은 아니에요. 그는 자신이 흑인임을 포기하는 것은 자신의 종족을 배신하는 거라고 **말했어요**. 하지만 우리는 그에게, 흑인보다는 인간이 더 중요하다고 말해요."

"그가 얼마나 깊은 편견에 사로잡혀 있는지 충분히 알겠네요." 나는 정신과 의사다운 중립적 입장에서 의견을 말했다. 그러면서 나는 그룹 치료가 얼마나 훌륭한지, 그들이 티쉬를 위해 얼마나 완벽한 치료법을 창안했는지에 대해 생각했다. "어떻게 그 그룹에 들어가게 되었어요?" 내가 물었다.

"**그들이** 제안했어요. 처음에는 아무것도 하기 싫었어요. 하지만 그들이 다른 것에 대해서는 아무 말도 안 했고, 여기가 지겹고 할 일도 없어서, 한번 해보기로 한 거예요. 재미는 있더라고요. 하지만 빌리가 데려가지 않는다면 또 가게 될지는 모르겠어요."

"빌리라고요?"

"네, 그는 당신 같은 빛이에요. 나는 그가 내 담당 의사라고 생각해요. 그는 친구라고 불리는 것을 더 좋아하지만요. 매일 아침이면 여기 와서 나를 데려갔다가, 끝나면 다시 데려다줘요."

"에스코트 같은 거군요."

"네, 그래요. 하지만 더 많은 일을 해요. 우리 그룹은 모두 아홉 명인데, 각자에게 빌리 같은 빛나는 공 모양을 한 이들이 곁에 있어요. 그룹 치료가 진행되는 동안에도 그들은 아무 말 없이 곁에 조용히 있어요. 그들은 자신들이 기도를 한 대요. 그러다가 아주 가끔씩 말을 하는데, 우리가 자신의 느낌에 대해서 아무 말도 하지 않을 때예요. 느낌을 어떻게 표현해야 할지 모를 때가 있잖아요. 그때 그들이 도와줘요. 조지를 도와주는 빛은 여성인데, 꽤 말을 많이 해요. 조지는 다른 사람이나 다른 사람의 느낌에 대해서는 장광설을 늘어놓지만, 자신의 느낌에 대해서는 입을 꼭 다물고 말을 하지 않아요. 그러면 그 빛이 조지 대신 조지의 느낌에 대해서 말해요. 조지는 대체로 그녀의 말을 인정하는 편이지만, 조지가 듣고 싶지 않은 말을 할 때는, 그녀에게 입 닥치라고 소리를 질러요."

"그러면 그녀는 어떻게 하나요? 말을 그치나요?"

"물론이죠."

"누가 그 그룹을 이끌고 있나요?" 내가 물었다.

티쉬는 좀 어리둥절해 보였다. "그에 대해서는 생각해보지 않았는데요. 아무도 그런 것 같지 않은데…. 그러고보니 아무도 리더가 아니에요. 우리들, 환자들이 이끌고 있는 것 같은데요. 우리 옆에 있는 빛들이 그러는 것 같기도 하고. 우리 모두가 함께 그룹을 이끈다고 하는 게 맞는 것 같아요."

나는 그 그룹의 비효율성에 놀랐다. 환자 아홉에 의사 아홉이라고? 이 얼마나 비경제적인 방법인가! 만약 이것이 치료라면, 최상의 치료법이기는 하지만, 지구에서는 생각도 못할 꿈 같은 치료법이다. 본능적으로 나는 어떻게 하면 그것을 경제적으로 운영할 수 있을지 생각해보았다. 그리고 물었다. "왜 각자 스스로 참석하지 않나요? 꼭 빌리가 데려가고 데려다줘야 하나요?"

"그렇게는 생각하지 않아요. 빌리는 내가 혼자 가고 싶으면 그래도 된다고 말해요. 하지만 강요하지는 않아요. 언젠가는 나 혼자 가게 되겠지만, 지금은 아니에요. 바보같이 들리겠지만 몇 가지 이유로 혼자 가는 것이 두려워요."

약간 방향을 바꿔보기로 했다. "당신도 알다시피, 그것은 정신 치료 방법이라고 할 수 있어요. 왜 그렇게 하는지 잘 알겠어요. 하지만 그 사람들이 왜 그런 명칭을 붙이지 않는지는 모르겠네요."

"그들이 그 점을 설명해줬어요." 티쉬가 말했다. "그들은 정신과 치료니 정신 요법이니 하는 명칭을 붙이면, 우리가 스스로 환자 취급을 한다는 거예요. 그들은 우리가 환자가 아니라고 계속 강조해요. 그들은, 우리 같은 몸으로 살던 사람들은 이곳에 오면 누구나 적응하기가 대단히 어렵다고 생각해요. 그들도, 우리가 환자라고 생각하면 더 빨리 나을 가능성이 있다고 말해요. 그런 이유로 지구에서 정신과 의사들이 환자들에게 빨리 나아야 한다고 밀어붙이잖아요. 그런데 이 사람들은 달라요. 항상 여기는 시간이 많고 빨리 낫는 것에 연연할 이유가 없다고 말해요. 그러니까 어떤 경우에도 강요하지 않아요. '자신의 속도로'가 여기 구호예요. 자유대원칙이기도 하고요."

믿을 수 없을 만큼 현명한 조처다. 정신과 의사로서 내 최대 결점은 조급증이었다. 나는 환자를 있는 그대로 인정하지 못했다. 언제나 그들을 다그쳐서 현 상태 이상을 기대했다. 지금 와서 돌아보면, 과연 환자들을 위해 그런 것인지, 치료 성공률을 높여 만족감을 느끼려고 그런 것인지 의심스럽다. 내게 반항적인 환자들에게는 '치료 거부자'라는 딱지를 붙이지 않았던가! 티쉬도 처음에는 누구보다도 반항적인 태도를 보였다. 그런데 일주일 만에 몰라보게 달라졌다. 이 정도 진전은 내 환자들이라면 1년이 걸릴 것이다. 아무런 기대도, 요구도 하지 않고도 이런 성과를 거둘 수 있다는 것은, 이곳에서 제공하는 치료가 얼마나 지혜로운 것인지 보여준다. 이것은 최고의 노동 집약적 치료법이다!

지혜롭다. 이 얼마나 적절한 말인가? 이곳에서는 영혼들 각각의 잠재력을 이끌어내는 지혜로운 방법으로 치료한다. 지구에는 환자들을 조종하여 치료하는 '역설적 치료법'이 있다. 그런데 여기서는 아무런 기대도 하지 않은 채 낭비로 보일 만큼 집중적인 치료를 하여 엄청난 성과를 거두고 있다. 이것은 과연 믿기 어려운 지혜일까, 아니면 믿기 어려운 엄청난 사랑일까? 나는 이곳이 과연 안전한 장소인지 의구심을 가진 적이 있다. 그런데 환자 한 사람 한 사람 곁에서, 치료에 임하는 내내 어떤 요구도 없이, 그저 간절히 기도하고 있는 그들을 생각해보라. 이보다 더 안전하고 좋은 곳은 있을 수 없다. 나는 울음이 터질 것만 같았다.

이제 티쉬에 대한 편견은 없다. "또 어떤 다른 일들을 하나요?" 내가 물었다.

"다른 일요? 이미 말했잖아요. 여긴 답답한 곳이라고요."

"휴가를 가면 되잖아요? 지구에 갔다 올 수도 있는데."

"사람들에게 뚱뚱한 내 모습을 다시 보여주고 싶어 한다고 생각하세요?"

"티쉬, 그들은 당신의 모습을 절대로 볼 수 없어요. 나는 지구에 돌아가봤어요. 사람들이 나를 뚫고 지나다녔어요. 처음에는 놀랐지만, 내가 몸이 없다는 사실을 분명히 깨닫게 됐어요."

"빌리도 그렇게 말했어요. 자기와 함께 가자고요. 나도 언젠가는 그렇게 하겠지요. TV가 있는 곳에 갈 거예요. 다른 사람들이 나를 볼 수 없다는 확신이 들 때, 라스베이거스 쇼를 보러 갈 거예요. 내가 항상 꿈꾸던 것이거든요."

티쉬가 몸이 없이 라스베이거스 하늘을 날아다는 모습이 그려져서 내 마음까지 즐거워졌다. 일주일 전만 해도 티쉬가 그런 모험을 꿈꾸게 되리라고는 전혀 생각하지 못했다. "좋은 생각입니다." 나는 기분 좋게 맞장구를 쳐주었다.

"당신이 다시 와줘서 정말 기뻐요." 티쉬가 갑자기 말했다.

"당신에게 죄책감을 느끼고 있었는데, 사과하고 싶어요."

"사과할 게 뭐가 있어요?"

"전에 이 방에 왔을 때 당신에게 섹스를 하자고 했잖아요. 당신은 낯선 사람이었는데. 품위 없는 짓이었어요. 용서하세요."

"왜 그랬는지 이해해요." 내가 대답했다. 사실, 나 역시 어제 자신에게 경배할 것을 요구하지만 않았어도, 처음 보는 낯선 여자와 성관계를 했을 것이다. 티쉬가 느낀 욕구는 테스토스테론의 영향만큼 강했을 것이다.

어제 일 때문이기도 했지만, 육체 없이 영혼들끼리 성관계를 할 수 있는지에 대해 보다 깊이 있게 생각해보았다. 과연 티쉬의 영혼을 관통해서 섹스를 할 수 있을까? 나는 지금 티쉬에게 작별 인사를 하러 왔다. 그것이 가능하다면, 여전히 티쉬가 원하고 있다면, 나아가 치료에 도움이 된다면, 사랑의 선물로 그녀에게 제안할 용의가 없는 것은 아니다. 그러나 이리저리 생각해봐도, 별로 좋은 생각 같지 않다. 성욕을 자극하는 것도 없다. 몸이나 호르몬이 없으면 욕구도 없다. 티쉬가 수전처럼 보였다고 하더라도 마찬가지다. 나는 티쉬가 좋아졌다. 그녀는 몰라보게 성장하고 있다. 하지만 티쉬의 영혼이나 다른 누구의 영혼들과 어울려야 할 **필요**를 느끼지 못한다. 그렇다면 섹스 말고 다른 것이 없을까? 정신과 의사로서 내가 알고 있는 것은, 티쉬 같은 사람은 자신의 경계선을 허무는 것이 정신 건강에 좋기는 하지만, 먼저 그 경계선을 강화해야 한다는 것이다. 또한 남자로서 아는 것은, 섹스가 여성과의 연대감을 가장 강화한다는 것이다. 내일 떠나는 사람이 티쉬와의 연대를 강화하는 것은 결코 바람직하지 않다. 영혼들 간의 섹스가 과연 가능한지는 전혀 알 수도 없고, 가능하리라고 생각하지도 않지만, 하여튼 시도하지 않기로 했다.

"오늘 당신을 보러 온 이유는, 내일이면 이곳을 떠나기 때문입니다." 내가 배워야 할 새로운 언어와 일하게 될 위원회에 대해 간단하게 설명했지만, 티쉬는 아무런 관심을 보이지 않았다.

그런데 막 떠나려는 순간, 나는 티쉬가 한 말에 깜짝 놀랐다. "저를 축복해주세요."

"뭐라고요?"

"떠나기 전에 저를 축복해주시면 좋겠어요."

"왜 저에게 축복받기 원하는 거예요?"

"잘은 모르겠어요." 티쉬가 대답했다. "다른 사람에게 축복을 요청해본 적이 한 번도 없어요. 갑자기 생각난 거예요.

제게는 당신이 목사님처럼 느껴져요."

"저는 목사가 아닙니다." 재빨리 말했다. "저는 정신과 의사였고, 그 이후에는 작가였습니다."

"상관없어요. 당신에게는 뭔가 특별한 것이 있어요. 당신에게 축복받고 싶어요."

나는 당혹스러웠다. 축복의 힘을 믿지 않아서가 아니다. 내 동료 중 하나가, 부모에게 축복받지 못해 정신 질환이 생긴 환자가 치료자에게 축복을 받으면 정신 치료가 성공하는 사례가 많다는 주제로 책을 썼다. 그것은 여러 연구 결과 사실로 증명되었고, 나 역시 내 환자들을 통해 그것을 목격했다. 그러나 그런 치료법은 대단한 인내와 긴 시간을 요한다. 치료자가 환자를 깊이 이해해야만 가능한 치료다. 값싼 축복이란 없다. 그러나 티쉬는 그에 대해 전혀 알지 못한다. 우리는 그저 두 번 만났을 뿐, 내가 그녀를 잘 아는 것도 아니다. 그녀가 목사들이나 신부들이 하는 '속성 축복'을 원하기에 나는 목사가 아니라고 말한 것이다.

"해주실 거죠? 그렇죠?" 내 단상을 깨뜨리며 그녀가 요청했다.

"쉿. 생각해보는 중입니다."

이런 난처한 일이 처음은 아니다. 지구에서도 두어 번 있었다. 잘 알지 못하는 사람들이 불쑥 나타나서 내게 축복해달라고 한 적이 있다. 그들은 내게 성스러운 뭔가가 있으며, 내가 자신들에게 손을 얹고 축복하면 기적 같은 일이 일어날 것이라고 믿었다. 그러나 내게는 그런 능력이 전혀 없다. 이성적으로 생각해봐도, 하나님이 때때로 나 같은 사람을 통해서도 뭔가를 행하시기는 하지만, 내가 어떤 특별한 능력을 발휘한다고는 할 수 없다. 그때는 도저히 거절할 수가 없어서 그들에게 살짝 손을 얹고 중얼거렸다. 무당이 된 것 같은 기분이 들어 찜찜했고, 내가 알기로도 그들에게 특별한 일이 일어나지 않았다. 나는 다시 돌팔이가 된 듯한 기분을 느끼고 싶지 않다. 게다가 티쉬에게는 손을 얹을 머리도, 내게는 머리에 얹을 손도 없다.

"하나님을 믿습니까?" 내가 물었다.

"잘 모르겠어요." 티쉬가 대답했다. "많이 생각해보지는 않았지만 그런 것 같기도 하고요."

하나님께 단 하루도 드릴 생각을 해보지 않은 불가지론자가 나에게 축복받기 원하는 것은 말도 안 되는 것이라고 말하고 싶지만 꾹 참았다. "좋아요. 나 역시 하나님을 믿어요. 모든 것은 하나님에게서 온다고 생각해요. 정 원한다면, 여기에 나란히 앉아서 5분 정도 함께 기도해요. 청원기도 말이에요. 내가 하나님께 당신을 축복해달라고 기도할게요. 좋아요?"

"좋아요. 그게 당신이 해줄 수 있는 최선이라면 그렇게 해주세요."

지구에 있을 때 한 남자가 내게 와서 뭔가를 위해 기도해달라고 부탁한 적이 있었다. "다니엘 씨, 당신에게는 하나님과 직통으로 연결된 선이 있습니다." 그것은 그의 믿음이지, 내 믿음은 아니다. 내 경험도 아니다. 내 경험이란, 때때로 어떤 기도는 응답받는 것처럼 느껴진다는 것이다. 나는 하나님과 연결된 직통선이 없다. "기도하기가 좀 거북스럽네요." 티쉬에게 말했다. "이 기도가 응답을 받을지 보장할 수도 없고요. 응답을 받지 못하더라도 실망하지 말라는 뜻입니다. 좋은 일은, 일이 일어난 다음에야 알게 되는 경우가 종종 있거든요. 하나님의 계획은 우리 계획과는 다른 것이니까요. 아시겠죠?"

"제발, 설교는 이제 그만해요. 기도나 해주세요." 티쉬가 말했다.

그녀의 당당한 요구에 망설임을 떨쳐버릴 수밖에 없지만, 두려울 지경이었다. 게다가 그녀가 축복받기 원하는 것은 겸손한 것 아닌가? 그러니 더더욱 어렵다. 기도하기 시작했다. 내가 알고 있는 모든 것을 동원해 기도했다. 들을 수 있는 말로, 때로는 침묵으로, 뜨거운 열정으로, 때로는 텅 빈 마음으로, 탄원하다가 때로는 훈계하면서 기도를 이어나갔다. 기도에 열중하고 있는데, 갑자기 티쉬가 소리를 질렀다.

"어머나! 멈추세요!"

"무슨 일입니까?"

"모르겠어요. 이런 일은 처음이에요."

나도 티쉬가 그렇게 당황하는 모습은 한 번도 보지 못했다. "어땠는데요?" 나는 호기심에 재촉하듯 물었다.

그녀는 내게 화가 났지만, 진정하려고 애썼다. "내게 도대체 어떻게 한 거예요?" 그녀가 추궁했다.

"내가 뭘 했다는 겁니까?"

"그 목소리를 내 머릿속에 집어넣었잖아요."

"티쉬, 당신이 무슨 말을 하는지 도무지 모르겠어요."

"당신이 한 게 틀림없어요." 그녀가 힐난하듯 말했다.

"내가 도대체 뭘 했다는 겁니까?"

내가 곤혹스러워하는 것을 보고 그녀는 더욱 확신하는 것 같다. "당신이 기도하는 동안 나는 그저 여기 앉아 있었잖아요. 그냥 지루해하면서 앉아 있는데, 갑자기 내 머릿속에서 음성이 들려왔어요. 당신 목소리는 아니었어요. 그 목소리를 어떻게 표현해야 하나? 뭐라고 설명할 수 없는 것이었어요. 당신에게서 나온 것은 아니었어요. 나도 당신이 중얼거리는 것을 듣고 있었으니까요. 내 생각도 아니에요. 당신이 어떻게 한 게 틀림없어요."

"그 목소리가 뭐라고 말했습니까?"

티쉬의 얼굴이 빨개졌다. "짧은 말이었어요." 그녀는 분명 당황했다.

단호하게 말했다. "어서 말해보세요. 그 목소리가 뭐라고 했는지."

"한 문장이었어요. 그 목소리가 남성인지 여성인지는 분간할 수가 없었어요. 그 목소리는 '너는 나를 기쁘게 하라'고 했어요. 그게 전부예요. 종소리처럼 선명해요, 아직도."

"너는 나를 기쁘게 하라?" 나는 어리둥절한 채 그 말을 반복했다.

"그래요. 그 말이에요. 도대체 나에게 어떻게 한 거예요?"

"티쉬, 맹세컨대 내가 한 게 아니에요. 나는 그 말을 하지 않았어요. 나는 생각조차 안 했고, 당신의 머릿속에 집어넣지도 않았어요."

"나도 그런 말을 하지 않았어요."

한 가지 가능성이 떠올랐다. 나 역시 깜짝 놀랐다. "내가 그런 말을 하지 않았고, 당신도 하지 않았다면, 누가 그 말을 남겼을까요?"

"내가 어떻게 알아요?"

"내가 한 거라고는 당신에게 은총을 베풀어달라고 하나님께 간절히 기도한 것뿐입니다."

"당신은 지금 하나님이 내게 그 말을 했다고 생각하는 거예요?"

"잘 모르겠습니다. 그러나 그럴 가능성도 있지요."

생기 없던 티쉬의 얼굴에서 완고하고 냉소적이었던 표정이 사라지고 변화가 일어났다. 티쉬가 밝고 온화해 보였다. "왜 하나님이 내게 하나님을 기쁘게 하라고 하셨을까요?" 그녀가 다소곳이 물었다. "저는 뚱뚱하고 못생겼는데. 못된 성깔에 이기적이고 제멋대로인데. 오늘도 당신에게 무례하게 굴었잖아요. 무슨 말인지 모르겠지만, 그 말이 내게 왔어요. 빌리는 내가 방어적이라고 늘 말했어요. 나처럼 뚱뚱하고 못생긴 여자가 어떻게 하나님을 기쁘게 해드릴 수 있나요?"

"나도 잘 모르겠습니다. 하나님이 어떻게 생각하고 느끼시는지 전혀 모르겠습니다. 그러나 내가 어떻게 느끼는지는 알고 있어요. 하나님도 비슷하시지 않을까요? 나는 당신이 **나를** 기쁘게 하는 이유는 말해줄 수 있습니다."

"그 이유가 뭔가요?"

"나는 사람들이 성장하는 모습을 보는 것을 좋아합니다. 모든 것들이 자라나는 것을 보면 참 좋습니다. 폭풍, 눈이 내리는 것, 푸른색으로 변하는 풀, 꽃이 피는 것, 노을을 보면 행복해집니다. 그중에서도 사람들이 성장할 때 가장 기쁩니다.

"그게 무슨 뜻이에요?"

"나는 그들이 당신에게 어떤 요구도 하지 않고, '진보'라는 말조차 쓰지 않는다는 것을 잘 알고 있습니다. 그런데 이 단어 없이 어떻게 표현할 수 있겠습니까? 나는 사람들이 '진보'하는 모습을 사랑합니다. 일주일 전에 당신을 처음 만났을 때, 당신은 꽉 막혀 있었습니다. 그런데 지금 당신은 엄청난 진보를 이뤄냈습니다. 어느 정도는 그들의 뛰어난 치료법과 그 그룹의 구조 덕택입니다. 그들은 무엇을 해야 하는지 아주 잘 알고 있습니다. 그러나 진보는 당신의 선택 때문입니다. 당신은 그 그룹에 가기로 했고, 그 지루함을 참아내기로 했습니다. 당신이 선택한 것입니다. 당신의 거칠고 건방진 태도가 자기방어일 뿐이라는 빌리의 말이 맞습니다. 당신이 말하지 않으면, 빌리가 무슨 말을 했는지 나는 알 수 없습니다. 당신이 빌리의 말을 듣지 않았다면 빌리가 무슨 말을 했는지 내게 말해줄 수도 없죠. 빌리의 말을 다 들은 것은 아닐지 몰라도, 최소한 당신은 그의 말을 듣고 또 생각해보기로 스스로 선택한 것입니다. 오래지 않아 당신은 언제나 옳은 선택을 하리라고 믿습니다. 그런 모습이 나를 기쁘게 합니다. 마찬가지로 하나님도 기쁘시게 하리라 생각합니다."

우리 두 사람 사이에 긴 침묵이 흘렀다. "하나님이 실제로 내게 그런 말씀을 하셨는지 믿을 수가 없어요." 그러나 곧이어서 티쉬가 결론을 내렸다. "그래요. 하나님이 실제로 내게 말씀**하셨을** 거예요!"

"결코 내가 한 말이 아닙니다. 맹세해요. 그렇다면 달리 설명할 길이 없지요."

"잘 모르겠어요. 생각해봐야겠어요." 티쉬가 웃으며 말을 이었다. "당신 표현대로 말하면, 나는 그에 대해 생각해보기로 선택한 거죠."

이번에는 내가 웃었다. "탁월한 선택입니다." 내가 말을 이었다. "내가 왜 아직 안 떠나고 있지? 나야말로 생각해봐야 할 시간이 되었네요. 잘 있어요, 티쉬. 행운을 빌어요."

"안녕히 가세요." 티쉬가 인사하며 한 마디 덧붙였다. "고마워요."

나는 내 작은 초록방으로 돌아와 무슨 일을 했는지 생각한다. 티쉬의 말을 분석해보면 그녀는 지극히 세속적인 사람이다. 그래서 나는 그녀를 조심스럽게 다뤄야 했다. 크게 보면, 내가 하나님과 그녀 사이를 중재했다고 할 수 있다. 나는 그녀에게 '아마도', '그럴지도', '그러지 않을까'라는 말을 하며 그녀를 하나님께 이끌어갔다. 나는 완벽하게 잘해냈다고 생각한다. 하나님이 티쉬에게 말씀하신 것은 의심할 수 없는 사실이다.

나는 그런 음성을 수십 번도 더 들었다. 지금도 남성도 여성도 아닌, 양성일 수도 있고 그 너머의 존재일 수도 있는 목소리가 내 안에서 들리고 있고 그 목소리에는 놀라움과 지혜가 가득 담겨 있다. 그것은 내가 아닌 다른 존재에게서 나오는 것임을 잘 알고 있다. 내가 그 말을 했다고 티쉬가 착각한 것도 이상한 반응이 아니다. 티쉬가 하나님을 알기 전에는 그렇게 생각하는 것이 당연하다.

내가 전혀 기대하지 않아도 하나님은 언제나 내게 말씀하신다. 명심하라. 나는 그 목소리를 듣기 위해 기도한다. 응답받지 못하는 것 같더라도, 직접 혹은 즉각 응답받지 못하더라도 그 목소리를 듣기 위해 기도한다. 사실 이번처럼 그 자리에서 극적으로 기도 응답이 드러난 적은 없었다. 나는 티쉬가 하나님께 복을 받게 해달라고 기도했고, 그 기도에 정확하게 응답받았다. 정말 경이로운 일이다.

그녀를 위한 완벽한 축복이다! 모든 사람들을 위한, 특히 티쉬를 위한 완벽한 축복이다. 이에 대해서는 티쉬가 부러웠다. 하나님은 내게 지혜의 말씀은 들려주셨지만, 이런 총애의 말씀은 한 번도 들려주신 적이 없다. "너는 나를 기쁘게 하라"는 말씀을 내가 얼마나 바라고 있는가!

"주님, 당신을 기쁘게 해드리고 싶습니다." 나는 기도했다. "하나님, 티쉬에게 하신 일에 감사드립니다. 제 기도에 응답해주셔서 감사합니다. 제 기도가 하나님을 기쁘게 해드렸다고 생각합니다. 달리 하나님을 기쁘게 해드릴 수 있겠습니까? 제게는 언제 알려주시겠습니까? 이사벨이 내일이면 제가 집으로 돌아갈 것이라고 했는데, 그날이 내일입니까? 그 일은 어떤 일입니까? 저 자신이 너무 형편없어서 하나님은 언제나 제게서 멀리 계신 것 같았습니다. 하나님에 대한 믿음이 그토록 보잘것없었습니다. 죄송합니다. 주님, 저를 용서해주세요. 도와주세요. 하나님, 너무나 사랑합니다. 저를 당신께로 인도해주십시오."

**CHAPTER 13**

내 열망을 이해나 한 듯, 이사벨이 일찍 나타났다. "준비 됐나요?"

"네, 그렇습니다. 그런데 떠나기 전에 제가 생각했던 몇 가지를 말씀드려야겠습니다."

"좋아요. 그렇게 하세요."

나는 어제 티쉬와 함께 경험했던 일에 대해 이야기했다. "당신이 그녀에 대해 책임감을 느끼는 것인지도 모르겠군요. 하지만 만약 그렇다면 축하할 일이네요. 아주 훌륭합니다."

"그녀가 떠날 준비가 되지 않았을 때는 전혀 책임감을 느끼지 않았습니다. 빌리에 대해 안 후로 그런 마음이 들었습니다. 당신의 칭찬을 빌리에게 돌리고 싶습니다. 어쨌든 칭찬을 받으니 기쁩니다. 그런데 내 기도가 응답받았다는 것을 믿을 수가 없습니다." 내가 말했다.

"기도 응답이 아니라면 뭘까요?" 이사벨이 말했다. "준비 완료라는 뜻입니다. 이제 당신은 하나님을 위해 일할 준비가 다 된 것입니다. 하나님은 그것을 기뻐하십니다. 우리에게는 영광스러운 일입니다. 당신이 훌륭하기 때문이기도 합니다. 하나님도 당신에게 고마워하실 것 같습니다."

하나님이 나에게 고마워하실 거라는 이사벨의 말이 너무나 좋아서 견딜 수 없을 정도였다. 결코 그 말을 잊지 않을 것이다. 훗날 천천히 음미하기 위해 그 말을 내 품에 깊이 간직했다.

내가 젊고 아름다운 여체의 환영에 넘어갈 뻔했다는 말을 듣고도 이사벨이 그처럼 칭찬할지 모르겠지만, 나는 수전, 즉 사탄을 만난 이야기를 하나도 빠뜨리지 않고 낱낱이 말해주었다. 놀랍게도 이사벨은 여전히 나를 칭찬했다. "당신에게 적절한 시험이라고 생각합니다. 축하합니다. 당신은 그 시험을 잘 이겨냈습니다."

"저는 이곳이 천국와 연옥과 지옥이 혼재한 장소라는 것을 잘 압니다. 그러나 거의 천국의 영역이라고 생각합니다. 그런데 왜 사탄이 배회하도록 내버려둡니까?"

"자유대원칙을 기억하십니까?"

"네."

"사탄에게는 적용되지 않는다고 생각하십니까? 그 원칙은 사탄에게도 적용됩니다. 그래서 자유롭게 다니는 것입니다."

"저는 아직 지구의 신학에 묶여 있나봅니다. 사탄이 하나님을 거역했을 때 천국에서 추방되었다고 생각했습니다."

"비유적으로는 옳습니다." 이사벨이 대답했다. "하나님은 사탄을 추방하지 않으셨습니다. 스스로 나간 것입니다. 사탄은 그렇게 행동합니다. 올바른 마음을 가진 사람은 당신을 유혹하지 않겠지만, 사탄은 계속 그럴 겁니다. 하지만 제대로 된 영혼들은 사탄에게 틈을 주지 않을 겁니다. 사탄은 계속 당신을 유혹하겠지만 당신은 결코 말려들지 않을 거예요. 사탄이 다시 나타난다면 그를 믿겠습니까? 그러지 않을 거예요. 말조차 들으려 하지 않을 겁니다."

"당신은 사탄이 나타나도 놀라지 않을 것 같은데요." 내가 말했다. "지난 이틀은 준비 기간이었고, 사탄의 유혹은 준비 기간 중 필수 항목이라고 생각합니다."

"그렇기도 하고 아니기도 합니다." 이사벨이 말했다. "이틀은 당신의 출발을 준비하는 기간이었습니다. 하지만 사탄의 유혹은 필수 항목이 아닙니다."

"누구나 심사를 받는 것이 아닙니까?"

"심사라고요?" 이사벨은 내 말 뜻을 이해하지 못하는 듯했다.

"네, 사탄이 저를 시험한 것처럼요."

"그것이 심사였다고 생각하세요?"

"아니었나요? 통과하지 못할 뻔했는데."

이사벨이 크게 웃었다. "심사의 일종이라고 할 수는 있습니다. 그러나 사탄의 의도는 다른 데 있습니다. 사탄의 의도는 당신을 다른 데로 끌고 가는 것이었죠. 유혹을 위한 유혹이 아니라, 전향을 위한 유혹입니다. 좋은 조짐이지요."

"좋은 조짐라고요? 이해할 수 없습니다."

"사탄은 무모하고 또 손이 모자랍니다. 그래서 급한 불을 끄려고만 하죠. 당신이 정체를 밝히라고 사탄을 몰아붙이지 않았다면, 사탄도 당신을 귀찮게 하지 않았을 겁니다. 사탄은 당신이 앞으로 하려는 일을 못하게 관심을 다른 데로 돌리려고 나타난 겁니다. 그러니까 내가 오늘 이 방에 왔을 때 당신이 여기에 없기를 바란 거죠. 국제관계향상위원회가 당신에게 최적의 장소인지는 모르겠지만, 사탄은 당신이 거기에 가지 않기를 바란 것입니다."

"정말 좋은 조짐이 **맞군요**." 마침내 이해하고 동의했다.

이제 떠날 시간이 온 것 같다. 떠날 준비가 되었다고 이사벨에게 말했다. 나는 말없이 내 작은 초록방에 작별을 고했다. 오늘 밤은 절대 무의 공간에서 자야 할 것이다.

"또 다른 의문은 없나요?" 이사벨이 물었다.

갑자기 지구의 '초록방'에 대한 기억이 떠오른다. 초록방은 TV 스튜디오 옆에 있는 출연자 대기실이다. 거기서 무대에 오르기 전까지 출연 준비를 했다. 나는 출판 기념 방송이나 토크쇼에 출연하기 위해 많은 시간을 그 초록방에서 기다렸다. 이 방과 같은 색은 아니지만 대기실은 대개 초록색이었다. 나는 대기실이 싫었다. 대중 앞에 나서는 것도 싫었다. 무엇보다도 그 초록방에서 느낀, 나 자신을 무기력하게 만드는 공포가 싫었다. 어떤 괴상망측한 질문들이 쏟아질지, 그 질문들을 내가 잘 받아넘길 수 있을지 전혀 알지 못한 채 초조하게 기다려야 했다. 하지만 여기 이 작은 초록방, 나를 위해 준비된 이 방은 전혀 다른 장소다. 그러나 한 가지는 같다. 이제 나는 무대에 올라 공연하기 위해 이 방을 떠나야 한다는 점이다.

"물론 몇 가지 의문점이 있습니다." 내가 이사벨에게 대답했다. "그리고 몇 가지 걱정도 있습니다. 저는 뭔가 시작하려고 하면 수백 가지 의문과 염려를 요리해야 합니다. 저는 그런 사람입니다. 항상 의문과 걱정을 달고 다니는 사람이죠. 하지만 그런 것들은 재고할 만한 가치가 없는 것들입니다. 자, 준비가 됐다면 가시죠."

그녀는 모든 준비가 끝난 것이 틀림없다. 그 말이 떨어지기가 무섭게 우리는 커다란 극장의 발코니에 나란히 앉아 있었다. 극장이라고밖에 말할 수 없는 이유는, 세상에서는 이와 같은 것을 한 번도 본 적이 없기 때문이다. 건물 형태는 완전한 원형이다. 중앙에는 커다란 원형 무대가 있다. 바닥도 없고, 물론 오케스트라도 볼 수 없다. 우리가 있는 발코니는 무대를 중앙에 두고 빙 둘러 있는데, 무대에서 수직으로 높이 솟아 있다. 벽이나 천장도 없어서 발코니가 공중에 떠 있는 것처럼 보인다. 출입구나 회랑이나 의자도 없다. 조명도 없어서 발코니와 무대 사이는 칠흑처럼 어둡다. 발코니에는 티쉬가 말한 '빛을 발하는 공'들이 여기저기 흩어져 반짝이며 자리 잡고 있는데, 그 수는 헤아릴 수 없이 많다. 어둠에 적응이 되자, 매순간 우리와 같은 영혼들이 연이어 나타나는 것을 볼 수 있었다.

나는 두 가지 강렬한 인상을 받았다. 어떤 위치에서나 모두 무대를 내려다볼 수 있고, 동시에 어느 쪽에서도 서로를 바라볼 수 있는데, 이런 엄청난 광경은 한 번도 본 적이 없다. 가운데 텅 빈 무대는 모든 영혼들이 시선을 집중하도록 신비하게 설계되어 있다. 또 하나 인상적인 것은 건물 전체의 디자인이다. 아무런 장식이 없는데도 어떤 건물보다도 고상하고 우아했다. 신비의 공간 그 자체다.

"우리는 지금 어디에 있는 겁니까?" 내가 속삭이듯 물었다.

"여기서 위원회가 열립니다. 이제 곧 회원들이 무대에 등장할 겁니다." 이사벨이 설명했다.

"발코니에 있는 사람들은 누구입니까?"

"다양해요. 미국 의회와 별다를 바 없습니다. 관광객들도 있고 기자들도 있는데, 지구에 있는 기자들과는 다른 일을 합니다. 그들은 각자 속한 영역의 영혼들을 위해 이 회의에 대해 객관적인 보도만 합니다. 그러니까 전달자라 할 수 있죠. 이 회의를 분석하고 각 위원회를 컨설팅해주는 학자들도 있습니다. 당신과 같은 이급 도제들도 있습니다. 그들은 보고 배우고, 때로는 어떤 일을 하도록 파견되기도 합니다. 앞으로 당신은 이 발코니에서 많은 시간을 보내게 될 겁니다."

한 가지 생각이 떠올랐다. "제가 지금까지 경험한 모든 공간이 존재하도록 기도하는 곳이 바로 여깁니까?"

"물론입니다. 그러나 여기 모인 사람들이 기도하는 것은 아닙니다. 여기 모인 사람들은 각자 업무에 집중합니다. 이 공간을 창조하고 유지하는 기도 위원회는 따로 있습니다.

이번 회의가 끝나면 그들의 임무 역시 끝납니다. 그러고는 다음 회기에 다시 모입니다. 그러니까 이 공간은 잠시 없어지는 것이죠."

이곳의 복잡하면서도 한 치의 오차도 없는 완벽한 협력에 대해 조금은 이해할 수 있다. 물체는 겉으로는 매우 단순한 것처럼 보인다. 자유대원칙은 모든 물체에 적용된다. 내 작은 초록방을 생각해보라! 이 엄청난 홀을 생각해보라! 환자 한 명에 의사가 한 명씩 할당된 티쉬의 치유 그룹을 생각해보라. 모든 존재는 절대로 단순하지 않다. 천국 사회는 결코 단순한 것이 아니다.

내 단상은 소리 없이 요란한 움직임에 멈췄다. 어디서 나오는지 알 수 없는 사람들, 아니 '빛을 발하는 공'들이 무대에 등장하고, 그들은 두세 명씩 짝을 지어 서로 조용히 대화를 시작한다. 그들의 말은 이해할 수도 없고 명확하게 들리지도 않지만, 이사벨의 말대로 음악 같았다. 각 소그룹들이 동시에 말하기 때문에, 공연을 앞두고 오케스트라의 각 악기들이 조율하는 소리처럼 들린다. 모두 50명이 넘는 사람들이 무대에 있다. 그때, 세 명으로 이루어진 각 그룹 가운데 한 사람씩 무대에서 발코니를 향해 휙 날아간다. 무대와 발코니 사이는 칠흑같이 어두워서 마치 밤하늘에 별똥별이 나는 것 같다. 나머지 40명은, 안쪽 원에 20명과 바깥쪽 원에 20명이 두 겹으로 원을 그리며 자리를 잡았다.

"안쪽 원에 있는 사람들은 대표들이고, 바깥쪽 원에 있는 사람들은 그들의 상급 도제들입니다." 이사벨이 설명했다.

한동안 긴 침묵이 흐른다. 그 넓은 홀에 아무런 소리도 들리지 않는다. 발코니에 있는 사람들도 모두 회의에 참여하는 듯 보인다. 이런 완전한 침묵은 일찍이 경험해보지 못한 것이다.

대표들 중 한 남자가 노래를 부르기 시작하면서 침묵을 깼다. 나는 노래 가사를 한 마디도 알아들을 수 없었다. 그의 목소리는 특별한 것은 아니지만 오페라의 아리아처럼 내 마음을 송두리째 앗아갔다. 그 중후한 베이스 아리아는 끝없는 슬픔과 기다림을 담고 내게 다가왔다. 그 노래는 1분을 넘기지 않았고, 다시 침묵이 찾아왔다.

두 번째 대표가 일어나 노래를 불렀다. 이번에도 남자였는데, 그는 한층 밝고 따뜻한 목소리로, 즐거운 메시지를 전하는 것 같았다. 정말 그랬나보다. 그가 노래를 마치자 모든 사람들이 웃었다. 이사벨도, 무대 위의 사람들도, 발코니에 앉아 있는 사람들도 웃었다. 오직 한 사람, 나를 제외한 모든 사람들이 웃었다. 나는 아직 그들이 사용하는 언어를 전혀 모르기 때문이다.

웃음소리가 잦아들고 또다시 깊은 침묵이 찾아왔고, 이번에는 한 여성이 노래를 부르기 시작한다. 그녀의 노래는, 수많은 높은 산맥들과 그 너머에 펼쳐진 다양한 문명 세계를 품에 안은 듯, 장엄하면서도 유려했다. 창법이 온전히 전해지지 않은 포르투갈 음유시인의 노래, 파두fado를 떠올리게 하며 내 가슴에 날아와 꽂힌다. 이들처럼 노래를 잘 부르는 이들은 한 번도 보지 못했다. 그들의 노래는, 끝없이 밀려드는 파도처럼 내 마음 가장 깊은 곳까지 파고들었다.

다음 아리아를 들을 때 이사벨이 내게 속삭였다. "좀 전에 노래를 부른 여성이, 그러니까 다른 이들보다 약간 초록색 빛을 내는 영혼이 이사벨 모랄레스인데, 저와 이름이 같습니다. 그녀가 당신의 상사가 될 겁니다. 그녀는 미국 대표인데, 원래 멕시코인으로, 문화에 관한 지식이 풍부하고 탁월합니다. 그녀의 상급 도제는 조너선 라인하트인데, 그녀 뒤에서 전혀 흔들리지 않는 빛을 발하고 있는 것이 보이죠? 그는 영국인인데 에딘버러대학에서 미국학을 가르친 유명한 교수입니다. 당신은 그 두 사람과 함께 일할 거예요."

나는 송구스러운 느낌마저 들었다. 내 스승이 될 두 사람에게 초점을 맞추려고 했지만, 그럴 수가 없었다. 노래가 너무도 매혹적이다. 그런 뒤 이어지는 침묵. 그 길고도 부드러운 침묵 가운데 무엇이 진행되는지 조금은 이해가 되었다. 처음에는 그저 노래를 들을 뿐이었다. 그 다음에는 각각의 연설에 마침표를 찍듯이 침묵이 이어졌다. 이것이 단순한 노래가 아니라 대화라는 생각이 들었다. 두 사람 사이의 대화가 아니라 여기 모인 모든 사람들 사이에 오가는 대화.

내 인식 능력이 이렇게 낮은지 나 자신조차 놀랐다. 지구에서는 이런 그룹의 대화에 관한 한 세계적인 전문가였기 때문이다. 건강한 공동체의 특성이나, 살아 있는 공동체의 특징에 대해서 나만큼 아는 사람이 없었다. 그런데 이리도 늦게 깨닫다니. 이들 모두는 각자의 의중을 경청하고, 침묵하는 동안 그 내용들을 소화하고 깊이 묵상한다. 메리 마르타가 이미 내게 말한 적이 있다. 모든 위원회는 공동체 규약에 따라 운영되며, 회원들은 그렇게 할 수 있도록 고도의 훈련을 받는다.

이 모든 것을 깨닫고 나자, 다른 것들도 하나하나 이해가 되었다. 톤을 다양하게 바꾸는 것은 살아 있는 공동체의 특성 중 하나다. 진정한 공동체에서는 기쁨과 슬픔, 시와 산문, 분노와 화해, 진지함과 유머를 마음껏 표현한다. 살아 있는 공동체에서는 찜찜한 것이 남지 않는다. 모든 것을 충분히 고려한다. 각 그룹들은 나름대로 리듬이 있고 구성원들은 적재적소에서 절묘한 타이밍으로 일한다. 완벽하게 기능하는 조직이다. 각자 해야 할 일을 알고 있는 구성원들의 대화를 지켜보는 희열은 이루 말할 수 없다.

내가 희열을 느끼는 데는 또 다른 이유가 있다. 무대 위의 그룹이 살아 있는 공동체로서 기능한다는 것을 깨닫자, 그들이 나누는 대화를 어렴풋이 짐작할 수 있게 되었다. 그들은 생소한 언어로 대화를 나누고 있고 그것은 너무나 감성적이고 섬세한 것이어서, 머리로는 아니지만 가슴으로는 알아들을 것 같다. 게다가 그 언어는 문법이나 발음보다는 직관력이 필요한 것이므로 충분히 배울 수 있다는 자신감이 생긴다. 나는 곧 이 언어를 즐겁게 배울 것 같다. 이사벨이 옳았다.

그러는 사이 회의 진행에 변화가 생겼다. 침묵 속에서 갑자기 사람들이 무대와 발코니 사이를 분주하게 오간다. 엄청나게 많은 별똥별들이 교차하는 것처럼 보인다. 내 짐작을 이사벨이 확인해주었다. "맞아요. 상급 도제들이 하급 도제들에게 할 일을 전달하고, 컨설턴트들은 대표들에게 조언하는 중이에요. 이제 회의는 최종 결정만 남았어요."

분주히 오가던 그 수많은 빛들이 간간이 멈추곤 한다. 대표들이 노래를 하는 동안에는 멈추고, 침묵하는 동안에는 다시 움직인다. 이를 지켜보는 나는 흥분이 점점 고조되었다. 무대 위에 있는 대표들끼리만 의견을 나누는 것이 아니라 발코니에 있는 모든 사람들과도 소통하기 때문이다. 이 끝도 보이지 않는 거대한 홀에 모인 수많은 사람들이 한마음으로 이 엄청난 조직의 일원이 되어 자유롭고 활발하게 움직이고 있다. 아름답고 황홀하다.

아름다움에 취한 가운데 떠오르는 장면이 있다. 지구에 있을 때 본, 내가 가장 좋아하는 영화의 한 장면이다. 〈미지와의 조우Close Encounters of a Third Kind〉라는 영화인데 외계인과의 만남을 그린 것이다. 영화의 절정은 엄청나게 거대한 우주선이 땅에 착륙하고 인간을 만나는 순간이다. 우주선에서 뿜어져 나온 수많은 빛들이 깜빡이며 날아다니고, 인간과 우주인이 따뜻한 만남을 나누는 그 장면은, 영광을 시각적으로 묘사한 최고의 장면이라 생각한다. 지금까지는 그랬다.

이사벨에게 몸을 돌리며 물었다. "하나님인가요? 꼭 하나님을 뵙는 것 같아요."

"그래요." 이사벨이 말했다. "엄밀히 말하면 당신은 지금 하나님의 극히 일부분을 보고 있어요. 지극히 작은 표면의 일부분이죠. 다른 부분도 유사하다고 할 수 있어요. 하지만 표면일 뿐이에요."

잠시 후에 회의의 리듬이 다시 한 번 바뀌었다. 침묵 중에 현란하게 오가던 빛들이 일시에 멈춘다. 그러고는 깊은 침묵이 흐른다. 노래는 조용해지고, 기도하는 것처럼 들린다. 이제 회의가 끝나는 것 같다. 아닌가? 다시 시작되나? 갑자기 무대 위에 있던 대표들과 도제들이 합창을 시작한다. 놀라운 하모니로. 최고의 영광이 하나님을 향해 오르는 것 같다. 합창은 몇 초 후에 끝났다.

"이제 당신을 떠날 때가 왔군요." 이사벨이 말했다. "여기서 잠깐만 기다리세요. 안녕, 다니엘. 우리는 모두 당신을 사랑해요." 미처 고맙다고 말하기도 전에 그녀는 사라져버렸다.

대표들과 그들의 도제들도 무대 위에서 서로 인사를 나누며 흩어지기 시작한다. 내 가슴은 기대와 뿌듯함으로 터질 것만 같았다.

그때, 예기치 않은 한 줄기 빛이 어두움을 뚫고 무대에서 내게로 비쳐왔다. 그 빛이 내게 말한다. "나는 존입니다." 딱딱 끊어지는 영국식 영어다. "당신은 저와 함께 가면 됩니다." 간략하고 무뚝뚝하게 들리지만, 이제껏 들어보지 못한 따뜻한 환대가 가득 담겨 있다.

나는 그와 함께 떠났다. 그렇게 천국에서의 도제 수업이 시작되었다.

**작품 해설**

# 소설적 상상력과 신학적 상상력이 교차하는 사후세계 탐색

차정식(한일장신대 신학부 교수)

　오래전 펄시 콜레 목사의 《내가 본 천국》의 열풍 이후 내세의 천국 신드롬은 다채로운 주관적 환상 체험들의 혼합물로 여전히 이 땅에 범람하고 있다. 신학자들이 건조한 탁상공론과 직무 유기를 하고 있는 사이, 《3분》, 《천국에서 돌아온 소년》, 《미리 가본 천국》, 《신성종의 내가 본 천국과 지옥》 등 무언가 다른 내세의 비전을 보여주는 책들이 뜨거운 대중적 반향을 얻고 있다. 이러한 개인적 체험담 또는 영적 욕구를 반영한 작품들은 세상살이에 지친 심령들을 화끈하게 단절된 피안의 세계로 안내한다. 또한 인간의 냄새가 최대한 지워진 위생적인 인큐베이터 역할을 하면서 지친 삶의 종결자로도 활약하고 있다. 그러나 이러한 간증담이나 자위적 픽션들은 1세기 팔레스타인의 신학적 상상력에 자본주의 문명의 옷을 조악하게 덧입힌 성격이 짙은 데다, 개인의 주관적 환상을 해석하고 각색하는 상상력이 빈곤하다는 점도 부인할 수 없다. 그러나 나 역시, 이 작품의 도입부에 등장하는 유체 이탈과 공중에서 시신을 내려다보는 장면에 나 자신의 경험을 이입하게 된다. 고등학교 시절 연탄가스 중독으로 생사의 경계를 오락가락하는 지점에서 내가 보고 들은 것들은 논리적 증명을 넘어 내 영혼을 송두리째 사로잡는 극단적인 감응력을 지니고 있었다. 그때 특수한 상태에서 내가 본 이미지들은 평소 생시의 칼라사진보다 더 선명했고, 내가 들은 초월적 음성들은 마이크로 증폭된 현실의 육성보다 더 생생하게 내 기억 속에 각인되어 있다. 따라서 이러한 체험의 강렬한 흔적들은, 내세라는 맥락에서 신비적 환상의 언어들로 채색되면서 이 땅의 고단한 현실을 벗어나도록 유인하는 마력을 띠게 되는 것이다.

스캇 펙의 《저 하늘에서도 이 땅에서처럼》의 서사적 줄거리는 복잡하지 않다. 이 작품은 정신과 의사이자 작가인 다니엘 터핀이 죽어 비물질적인 영혼으로 사후세계를 경험하면서 펼쳐지는 '적응'과 '새 출발'의 이야기다. 그는 거기서 다양한 영혼들을 만나고 이질적인 내세의 세계를 경험한다. 그는 먼저 자신의 사후세계 적응을 도와주는 '영접관' 샘과 노마를 만나고, 연이어 연옥에서 지상의 삶에 대한 편견과 집착을 떨쳐버리지 못한 채 고통스러워하는 티쉬, 쓰레기통의 돌멩이 밑에 깔려 지옥을 표상하는 자본주의 금융회사인 아말감 시스템과 각각 조우한다. 나아가 다니엘은 지상에서 살고 있는 자녀인 비키와 마셜을 찾아 그들의 삶을 살피고, 열일곱 살 생일을 앞두고 백혈병으로 죽은 아들 티모시, 자신보다 먼저 죽은 아내 메리 마르타, 영혼의 사명을 발견하도록 안내하는 이사벨 등과 만남과 대화를 거친 뒤, 관능적 정욕을 미끼로 그를 유혹하는 사탄의 분신인 수전에 의해 시험을 받는다. 그 시험을 극복하고 훌륭히 적응 과정을 통과한 그는 마침내 '국제문화개혁위원회'의 일원으로 봉사의 임무를 부여받으면서 이야기는 마무리된다.

  이 서사의 흐름 속에 등장하는 내세 이해를 뒷받침하는 작가의 신념은 다음의 진술에서 압축적으로 드러난다. "모든 존재는 절대로 단순하지 않다. 천국 사회는 결코 단순한 것이 아니다"(289쪽). 복잡한 사회의 각종 억압과 스트레스에 치인 현대인은 기독교 신자를 포함하여 '단순함simplicity'을 지고의 이상으로 추구한다. 그래서 내세의 세계는 이 물리적 세상에서의 복잡한 삶의 천태만상을 말끔히 초월하여 아무런 비즈니스도 없는 절대적 안락함만이 가득하리라고 꿈꾸며 기대한다. 그러나 스캇 펙이 그려 보여준 내세는 그리

단순하지 않고 지상의 모든 부정적 삶의 그림자가 깔끔히 극복된 공간도 아니다. 거기에도 피로가 있고 우울이 있으며 그것은 잠을 통한 휴식으로 극복된다. 휴식을 통해 평정심을 회복한 영혼은 미지의 세계를 모험하기도 하는데, 영혼들의 관계에 갈등이 생기면 분노와 슬픔 등의 인간적 감정도 자연스레 분출된다. 이 모든 상호관계를 조정하고 활성화하기 위해 수백만 종류의 '위원회'로 대표되는 조직이 있고, 그 조직을 운영하는 체계와 원칙이 있다. 그 대표적인 원칙은 '자유대원칙'과 '불간섭대원칙'이다.

기존의 종교적 통념과 달리 스캇 펙의 경우 특이한 점은, 내세에 들어갈 때 이 땅에서 지닌 신앙의 종류와 그 질적 수준에 따라 흑백처럼 선명하게 천국과 지옥으로 그 영혼들이 확실하게 분류되거나, 상급賞給의 정도에 따라 색다른 층위의 거주 공간 또는 상이한 삶의 양태로 차별화되지 않는다는 것이다. 거기에는 자신의 지구상 삶에 고집스레 집착하여 그 불행한 자아의 선입견을 극복하지 못한 자들이 치유의 과정을 밟는 연옥이 있다. 이 범주로 규정된 자들을 위해서는 티쉬의 경우가 암시하듯 상담 치유를 통한 희망 어린 갱생의 활로가 마련되어 있다. 정신과 의사로서의 경험이 투사된 이 상처와 치유의 공정은 영혼에 깃든 '상흔scar'이 환생을 위해 그 기억을 지워 갱생의 절차를 밟는다는 고대 헬라의 세계관을 투영하고 있다. 물론 여기서는 레테(망각)의 강 신화처럼 그 기억을 망각으로 뒤바꾸어 거듭나게 하는 것이 아니라 일대일 인격적 관계를 통해 치유하는 방식으로 현대화된다. 한편, 지옥은 쓰레기통 바닥에 10센티미터 직경의 갈색 돌멩이들 아래 숨은 미미한 존재들의 집합체인 아말감 시스템으로 은유된다. 이 지옥의 특징적인 면모가 돈벌이를 목적으로 타회사를 합병하고 지속적인 경쟁을 통해 지위와 권력을 추구하는 금융회사의 형태로 제시되는 점은 시사하는 바가 크다. 작가는 이로써 현대사회를 지배하는 금융자본주의의 해악에 대한 비판적 의도를 내비친다. 그 지옥의 폐쇄적 삶에서 다른 세계로 벗어나는 영혼이 극히 적다는 것은, 닫힌 세계로서의 지옥의 단면을 특징적으로 보여준다. 그럼에도 불구하고 작가는 그러한 지옥으로부터의 탈출 가능성을 배제하지 않음으로써 미세한 희망의 여지를 남겨둔다.

스캇 펙은 또한 내세의 3중적 범주(천국, 연옥, 지옥)와 그 공존의 체계에 예외적 경우도 있다고 본다. 첫째는 귀신들로서, 이들은 지구에서의 삶이 심어놓은 자기 원한을 극복하지 못한 채 지구에 집착하여 출몰하는 경우이고, 둘째는 연옥에서 영혼의 상처를 끝끝내 치유하지 못하여 새로운 육체로 환생하는 경우다. 그 밖에 이 작품에는 성서의 여러 이미지와 모티프가 변주되면서 관심을 끄는 묘사들도 적지 않다. 가령, 작가는 천사를 '우매한 석학', '힘만 센 하인'(162쪽)에 비유하면서 '원형적 영혼'으로 표현하는데, 이러한 성격 규정에는 성서신학적 상상력이 작동하고 있다. 성서에는 인간을 천사보다 조금 못하게 만들었다는 진술도 나오지만 동시에 천사가 인간의 심부름꾼처럼 묘사되어 나오기도 한다. 그런가 하면 그리스도를 믿는 성도들이 나중에 천사를 심판하게 되리라는 언급도 있다. 이러한 상충되는 듯한 성서의 천사 이해가 작가의 역설적 묘사에 스며들어 있다. 마귀를 타락한 천사로 보는 것 또한, 창세기의 네피림 이야기나 이사야의 타락한 계명성 설화에 연결되어 있다. 내세의 영혼이 빛을 발하는 둥근 공의 이미지로 묘사되는 것이나 에너지의 집중 투사로 형상을 드러내는 물리학적 상식의 활용, 시공을 초월하여 자유자재로 이동하는 영혼의 여행 모티프 등은 현대 SF픽션에서도 종종 채택하는 초월적 세계의 변주로 보인다.

  그러나 이 모든 것 가운데서도, 스캇 펙의 내세 이해가 가장 창조적으로 공헌한 것은 기존의 유대교/기독교 교리의 경직된 공간 이해와 배제의 장벽을 넘어 사후 영혼의 꾸준한 학습과 적응을 통한 자기갱생을 강조함으로써 자유로운 영혼의 활로를 열어주었다는 점이다. 그 가운데 그가 집중적으로 조명하는 대목은 하나님의 모호한 신비에 대한 개방성이다. 주인공 다니엘은 내세를 경험해나가면서 여전히 신비의 장막에 가려진 하나님의 존재에 대한 호기심을 줄곧 드러낸다. 이처럼 안달하는 조바심과 다를 바 없는 맹렬한 호기심을, 작가는 "어떤 문제에 대한 답을 빨리 알지 못하면 곧바로 사자굴로 떨어질 것 같은 걱정"(214쪽)이란 뜻으로 일관되게 '다니엘 콤플렉스'라고 부르는데, 주인공의 이 자질을 꼭 부정적인 것으로 매도하지 않는다. 외려 이러한 지적인 자기계몽의 열성으로 그는 내세에도 신속히 적응한다. 그러한 배움의 노력을 통해 하나님을 향한 점진적 성장과 발전의 의의를 작가가 긍정적으로 평가함은 물론이다. 이 모든 지성적 통찰은 역설적이게도 하나님의 정체를 낱낱이 까발려 모래알갱이처럼 파편화시키기보다 그와 그를 둘러싼 초월적 세계의 신비를 신비 자체로 수용하는 대전제 아래 가능해진다.

이러한 모호한 하나님 인식의 안목을, 하나님을 '절대 타자'로 상정한 20세기 신학의 틀\* 아래 가두어두기란 매우 어려워 보인다. 이 책에는 세상에서의 신학이라는 체계를 뛰어넘는 문학적 상상력의 재기가 번득인다. 그러나 동시에 그 무경계의 질주가 막막하고 '야릇한 불안'을 제공하는 것도 사실이다. 가령, 인간의 의지, 생각, 의사소통을 위한 에너지를 '하나님의 겉모습'으로 이해하는 작가의 신학적 연금술은 신인합일설[**]의 단초가 될 수도 있다. 나아가 수전이란 인물로 표상되는 여성의 아름다운 육체미나 성적 사랑과 관련하여 이를 사탄의 유혹을 매개하는 미끼로 인식하는 부분에서는, 여성에 대한 가부장주의적 편견이나 영혼과 육체를 극단적인 대립 관계로 파악한 플라톤주의, 그리고 거기서 비롯된 금욕주의의 부정적 선입견도 탐지된다. 끊임없는 배움과 각성을 통한 자기진화와 등급 상승의 도제교육 체계, 이를 위한 영혼의 절대 자유를 보장하는 내세의 열린 세계가, 어떻게 다른 곳에서 그가 '익명의 공간', '절대 무의 세계'라고 부른 개념과 상통할 수 있을지도, 그 설명의 부재로 인해 요령부득으로 비치는 난감한 대목이다. 물론 이를 하

---

[*] 하나님을 인간의 죄악 된 현실에서 최대한 멀리 떨어진 초월적인 존재, 곧 '절대 타자'로 규정한 칼 바르트 식의 20세기 신학적 틀.
[**] 인간이 신이 되고 신이 인간으로 변신하는 상호 경계 넘기를 통해 하나의 존재로 융합될 수 있다는 교설.

나님 세계의 모호한 신비를 앞세워 지구 신학자의 '다니엘 콤플렉스'로 치부해버리면 그만이지만 말이다. 그러나 히틀러처럼 실패한 영혼 창조의 사례나 이를 참조하여 개선해나가는 영혼 창조의 공정은 이 땅의 역사 경험을 고스란히 투사한 미완성의 천국상을 암시한다. 이는 이 세상의 역사가 종말의 정점을 향해 달려간다는 기독교 신학 전통에 어긋나는 관점으로 작가가 내세의 희망을 강화하기 위해 도입한 합리적인 대안이라 볼 수 있다.

이러한 저자의 대안 모색은 사후세계와 영혼의 진로를 탐색하는 21세기 판타지 문학이, 내세로의 도피주의나 억압적 종말론 안에서 해석된 1세기 성서의 묵시문학을 넘어 나아갈 방향을 암시한다. 이는 곧 교리 신학적 탐구가 멈추는 지점에서 날개를 펴는 문학적 창작의 고유한 몫이기도 하다. 이 점을 수긍할 때 우리는 깨닫게 된다. 하나님을 앞세운 온갖 '절대주의'의 담론들이, 인간의 실존적 곤경과 이를 치열하게 되묻는 신학적 탐색 및 문학적 창조를 억압하거나 비껴갈 수 없다는 사실을! 특히 내세와 관련된 영혼의 형이상학은 특정한 교설을 앞세워 맹목을 강요하는 신앙보다 '이해'를 추구하는 보편적 공감과 소통의 회로를 필요로 한다. 바로 이 점에서 스캇 펙의 이 작품이 주는 미덕이 도드라진다. 특히 그의 영혼 진화론적 관점과 지적인 탐구에 대한 긍정적 자세, 하나님의 신비한 모호성에 대한 일관된 존중 등은 서구 전통의 신학에 비추어 야기되는 '야릇한 불안'의 요소들에도 불구하고 합리적 자기계몽 이전의 맹목적 천국 이해를 넘어 창의력이 돋보이는 대목이다. 작가는 결론 부분에서 천국에서의 소통 언어를 '음악적 언어'로 표현함으로써, 이 땅의 삶을 주도하는 교리적 언어의 체계를 성찰할 수 있는 해석의 여지 또한 제공해준다. 이로써 그는 죽음 이후의 영혼이 지향하는 사명이 어떻게 인간의 역사 발전에 기여할 수 있는지 보여준다. 이는 한 생명의 죽음이 이 땅의 삶을 제거하고 이 세상과 단절되는 것이 아니라 도리어 그 연속선상에서 어그러진 미완의 부분을 회복하고 완성해나가는 것이라는 통찰과 일맥상통한다. 이를 위해 그는 내세의 삶이 천국, 연옥, 지옥에 대한 자유로운 선택 가능성을 향해 열려 있음을 그토록 강조한 것이리라. 이러한 통찰을 통해 기존 교리와의 불화를 무릅쓰면서까지 죽은 또는 죽을 자들을 위한 패자부활전의 희망을 살려낸 뜻을 진지한 독자들은 헤아릴 수 있어야 한다. 이처럼 신선한 저자의 소설적 상상력은 신학적 상상력과 교차하면서 삶과 죽음 사이의 그 경직된 경계를 가뿐히 넘어선다.

**옮긴이의 말**

# 퍼즐 찾기:
# 무엇을 하면서 어떻게 살아야 하나?

이 책을 만난 것은 아주 오래전 일이다. 미국에서 공부할 당시 미국의 한 공항에서 비행기를 기다리다가 들른 서점에서 이 책을 우연히 발견했다. 이미 그의 책 《아직도 가야 할 길 The Road Less Traveled》과 《거짓의 사람들 The People of the Lie》을 읽고 깊은 감명을 받은 터였다.

그는 정신과 의사로서 인간의 영혼에 관심이 많았고, 무엇보다도 정신 질환으로 심신이 파괴되어가는 사람들을 돕고자 하는 열정이 가득했다. 그래서 자신을 찾아온 환자들을 사랑으로 열심히 도왔다. 그러던 차에 별로 심각하지 않은 상태의 몇몇 환자로부터 이상한 점을 감지하게 된다. 오랜 치료에도 불구하고 전혀 차도가 없으면서도, 오히려 의사인 자신이 그 환자로부터 정신적인 농락을 당한다는 느낌을 받은 것이다. 그래서 다른 각도에서 접근해보니 그 환자들 역시 배후의 어떤 힘으로부터 조종당하고 있다는 사실을 간파하게 된다. 그래서 사탄, 악, 마귀, 귀신 축출 등과 관련된, 각종 종교와 문화와 인종을 망라한, 서적이나 모임, 세미나를 열심히 섭렵했다. 그러다가 한 기독교 귀신 축출 현장에서 사람을 사로잡고 있는 악한 영의 실체를 확인하게 된다(그 자세한 내용은 《거짓의 사람들》에 기록되어 있다). 그리하여 마흔다섯이라는 늦은 나이에 세례를 받고 그리스도인이 되었고, 남은 생애를 악한 영의 세력 규명과 그에 대한 대책 수립에 바쳤다.

스캇 펙만큼 예수의 가르침의 본질을 현대인들이 알아들을 수 있는 언어로 묘사한 사람도 드물다. 그는 자신의 책 《아직도 가야 할 길》에서, 사랑을 "타인의 정신적 성장을 도와줄 목적으로 자기 자신의 경계를 확장해나가는 시도"라고 정의한다. 또한 정신 치료는, "궁극적으로 정신과 영혼의 성장을 돕는 일"이라고 정의한다. 이러한 그의 정의는, 나에게 목회자로서 목회 현장에서 무엇을 해야 하는가를 명백히 깨닫게 해주었다. 예수 그리스도와의 관계를 통해 내가 성장하고, 나아가 성장한 내가 다른 사람들과의 관계를 통해 상대방을 성장시켜나가는 것, 즉 "생명을 얻게 하고 그 생명을 더욱 풍성케 하는 것"이 목회를 통해 해야 할 일이라는 것을 말이다.

  또한 그의 책《거짓의 사람들》은, 인간관계에서 일어나는 모든 부정적인 일들의 배후에는 사탄이 있으며, 따라서 규명하고 대적해야 할 것은 상대방이나 사건이 아니라 그 배후의 악한 영이라는 것을 가르쳐준다. 악한 영의 실체를 모르는 '영적 무지'와 악한 영의 활동을 방치하는 '게으름'을 가장 큰 죄로 규정한 스캇 펙 박사의 통찰은 실로 놀랍다. 이렇게 해서 나는 숨 쉬며 살아가는 이 땅에서의 할 일 두 가지를 정립하게 되었는데, 이 세 번째 책《저 하늘에서도 이 땅에서처럼》을 접하면서 마지막 퍼즐, 곧 죽음에 대한 해답을 찾았다.

  인간의 불행은 죽음의 문제를 해결하지 못해서 일어난 결과라 해도 과히 틀린 말이 아니다. 죽음에 대한 불안과 두려움 때문에 무서워하지 않아도 될 것은 무서워하고 정말 두려워해야 할 것은 무시한다. 죽음의 문제를 해결하지 않고서는, '사랑의 관계에서의 성장'과 '악한 영과의 싸움'이 제대로 그 방향을 잡을 수 없고, 또한 제대로 에너지를 낼 수도 없다. 죽음은 모든 것을 무위로 돌릴 힘이 있기 때문이다. 한마디로, 이 책은 죽음의 공포로부터 자유를 열어준다. 죽음 이후에도 계속 가야 할 길이 있다는 사실을 알려주는 것이다.

이 책의 주인공 다니엘은 바로 스캇 펙 자신이다. 물론 살아 있을 때 쓴 것이지만, 자신의 죽음을 예상하기라도 한 것처럼 스캇 펙은 이 책의 내용대로 암으로 사망한다. 그리고 이어지는 내용은 엘리자베스 퀴블러 로스나 제프리 롱(《죽음, 그 후》의 저자)이 조사 연구한 임사체험과 동일하다.

이후 사후세계에서 영으로 깨어난 다니엘이 겪는 사건들은 물론 창작이다. 하지만 그 내용들은 단순한 판타지가 아니라, 심오한 진리를 담고 있다. 육체가 죽은 후에도 계속되는 '아직도 가야 할 길'이 어떤 것인가를 다루고 있다. 그런데 그 길은 이 땅에서처럼 홀로 고투하며 가는 길이 아니라, 절대자의 무한한 사랑과 끝없는 배려 가운데 이루어지는 자각과 성장의 길이다.

엘리자베스 퀴블러 로스가 개척한 '죽음학Thanatology'은 죽음의 실체와 사후생死後生에 대한 이해를 넓혀주었다. 로스는 임사체험을 했다는 사람들을 여러 해에 걸쳐 조사했다. 그들의 종교, 인종, 문화 등은 다양했다. 그런데 그들에게는 공통점이 있었다. 임사체험을 한 사람들은, 심장과 숨이 멎은 후 유체를 이탈하여 자신을 내려다보았고, 갑자기 어둡고 긴 터널 속으로 순식간에 빨려 들어갔으며, 너무나 밝고 환한 빛 가운데 서서 자신의 과거를 보았고, 그에 대해 한없이 부끄러워했다. 그러나 그 빛은 자신을 연민과 동정과 사랑으로 용납해주었다는 것이다. 그리고 얼마 후 다시 돌아가라는 말을 들었을 때, 하나같이 다시 돌아가고 싶지 않았다는 것이다.

그런데 더욱 주목해야 할 것은, 죽음을 체험한 사람들에게 나타난 변화다. 그들은 자신감이 늘었고, 영성이 더 강해졌으며, 물질이나 지위에 대한 관심이 현저히 줄었다. 삶의 신성함에 대한 믿음, 신의 존재에 대한 신념, 그리고 삶의 의미와 목적이 더욱 분명해졌고, 다른 사람들의 필요에 민감해져 그들을 돕고자 했으며, 인생을 더 충만하고 즐겁게 살려고 노력했다. 이미 갖고 있는 종교에 더 헌신했지만, 틀린 점에 대해서는 무관심하거나 적대적이었다. 그리고 자신의 직업을 재평가했다. 그 전에는 "무슨 짓을 해서라도 이겨야 한다"는 사고방식과 경쟁이 최고의 가치였는데, 점점 더 공감과 연민 쪽으로 그 가치가 옮겨갔다. 그래서 아무리 많은 부와 명예가 주어지는 직업을 가지고 있었더라도 자신의 직업에 회의를 느끼고 이직을 했다.

가장 두드러진 특징은 그들에게서 집착이 없어졌다는 것이다. 너그러워지고, 기꺼이 나누고, 무엇보다도 다시 죽게 되었을 때 너무나 기뻐했다는 것이다. 이들이 보여준 변화야말로 이 땅을 사는 사람들이 살아야 할 삶의 표본이 아닐 수 없다.

사후생에 관한 기록을 황당하리만큼 길고도 자세히 남긴 사람은 서양의 3대 천재 중 하나로 불린 스베덴보리(1688-1772)다. 청각장애에 시각장애, 그리고 말까지 하지 못하는 삼중고를 겪은 헬렌 켈러는 스베덴보리의 책을 통해 막연했던 천국의 실체를 선명하고도 구체적으로 알게 된다.

"나는 하나님께 버림받은 것 같은 절망에 빠져 있었습니다. 왜 꿈도 희망도 없는 절망 상태의 장애인으로 살아야 하는지 몰랐습니다. 때론 하나님을 저주했습니다. 그러던 중 스베덴보리의 《영계 탐험기》를 읽고 더 이상 외롭지도 슬프지도 않았습니다. 그를 통해 천국의 실체를 알게 되었고, 천국에 가면 더 이상 장애인이 아닌 것도 알았습니다. 영원히 사는 것도 알았습니다. 죽는 것이 두렵지 않게 되었습니다."

그 이후 헬렌 켈러의 삶은 완전히 달라진다. 절망과 집착, 욕심이 사라지고 고난은 더 이상 고통스럽지 않게 되었다. 무엇보다도 '인생의 목적'을 확실히 알게 되었다. 그 후 그녀는 열심히 공부하여 박사가 되고, 수많은 사람들에게 소망과 꿈을 주며, 누구보다도 위대하고 행복한 삶을 살았다.

나는 귀국 후, 스캇 펙의 이 책을 문화센터에서 강독하기도 하고, 번역해놓은 원고를 죽음을 앞둔 지인들에게 나눠주기도 하며, 죽음학을 강의하기도 했다. 이 책을 읽은 분들은 한결같이 죽음으로부터 자유로워졌고, 어떤 분은 돌아가시면서 죽음 이후의 삶이 기대된다는 말씀도 하셨다.

이 책에 나오는 주인공은 바로 스캇 펙 박사 자신이다. 그는 사후생을 소설 형식으로 쓸 수밖에 없었다. 이 책을 쓸 당시 그는 살아 있었기 때문이다. 현재 그는 세상을 떠나고 없다. 분명 자신이 쓴 이 책의 내용을 확인하며 영으로서 아직도 가야 할 길을 열심히 가고 있을 것이다.

부디 이 책을 통해 죽음의 문제를 해결하기를, 죽음으로부터 자유로워지기를 바라마지 않는다.

북한산 자락에서, 눈 오는 날에<br>
신우인

**저자와의 대화**

# 영혼, 우리 존재의 가장 깊은 부분

다음의 내용은 1998년 3월, 스캇 펙이 풀러 신학교에서 신학과 심리학 수업을 듣는 학생들과 나눈 대화에서 발췌한 것이다. 스캇 펙 자신과 그의 정신적·영적 세계 및 연구를 이해하는 데 핵심적인 내용이기에 이 책에 수록한다.

**영혼과 하나님**

나는 영혼이 우리 존재의 가장 깊은 부분이라고 믿습니다. 우리 영혼은 날 때부터 다 자란 것이 아니며, 키츠Keats의 말대로 이 세상은 '영혼을 만드는 골짜기'라고 나는 믿습니다. 이는 대개 인지 과정이라 생각합니다. 자아는 영혼과 조화를 이루려고, 또 윌리엄 제임스가 '만물의 보이지 않는 질서'라 부른 그것과 조화를 이루려고 노력할 수 있습니다. 혹은 자아가 그저 영혼을 무시할 수도 있지요. 대부분의 사람들은 그렇게 하는 것 같습니다. 유명한 퀘이커교도인 엘튼 트루블러드Elton Trueblood의 말이 생각납니다. 그는 "당신은 예수를 받아들일 수도 있고 거절할 수도 있지만, 이성적으로 그를 부인할 수는 없습니다"라고 말했습니다. 그런데 내 생각에는 대부분의 사람들이 비이성적이게도 그 예수와 하나님을 무시하는 것 같습니다. 그리고 그때 자아는 적극적으로 하나님과 전투를 벌이거나 하나님으로부터 도망가버립니다. 나는 하나님이 우리 모두와 관계를 맺고 계시다고 생각합니다. 무슨 말이냐면, 우리는 모두 하나님과 관계를 맺고 있지만 많은 사람들은 그 관계에 무관심하거나 그 관계로부터 도망가고 있다는 것입니다. 그들은 겁이 나서 도망가는 것이지요. 사도 바울의 말처럼 "살아계신 하나님의 손에 빠져 들어가는 것이 무서울진저"라고 할 충분한 이유가 있습니다.

### 그리스도인이 되는 것에 관하여

나는 지극히 세속적인 가정에서 자랐음에도 불구하고 어린 시절을 돌아보면, 명확하게 그리스도인이었던 것은 아니었지만 기이하게도 종교적인 아이였습니다. 또 나는 항상 하나님이 인자한 모습으로 배후에 계시다고 느꼈습니다. 그 존재에게 많은 주의를 기울이지는 않았지만 그 존재가 거기 있다고 느꼈습니다. 청소년 시절 기독교는 내게 아무런 의미도 없었습니다. 오히려 그 시기에 나는 동양의 신비주의 저술들에 깊이 빠져 있었고 그 후 점점 거기서 발전하여 유대교와 무슬림 신비주의에 더 관심을 갖게 되었지요. 그러고 나서 마침내 서른다섯 살 무렵 예수에게 이르렀고, 《아직도 가야 할 길》을 집필하게 되면서 예수를 좀 더 이해하게 되었습니다. 그러니까, 나는 처음에는 신비주의자였고 그 다음에 그리스도인이 된 셈입니다. 기독교 신비주의라는 뒷문, 혹은 윗문이었을지도 모르는 문(사람들이 그것을 어떻게 보든)을 통하여 나는 기독교로 들어갔습니다.

예상되듯이, 내게는 세례가 여러 면에서 진짜 죽음이었습니다. 세례가 내게 죽음이었던 이유 가운데 하나는, 나 자신을 그리스도인으로 선언한다는 것은 나는 불교도가 아니라고, 유대교도가 아니라고, 힌두교도가 아니라고, 무슬림이 아니라고 선언하는 것이었기에 마치 내게 깊은 영향을 준 전통들을 폄하하는 것 같았기 때문입니다. 여러 면에서 유감스러워하며 나의 입장을 밝히는 것이었다는 점에서 나에게 세례는 죽음과도 같은 것이었습니다. 덧붙여 말하자면,

죽음을 좋아하는 사람은 아무도 없기에, 나는 세례 받는 것에 대해 생각하기 시작한 때로부터 세례를 받을 때까지 3년 정도의 시간 동안 나의 발목을 잡아당길 모든 합리화를 동원했습니다. 가장 효과적이었던 합리화는, 내가 동방정교도로서 세례를 받고 싶어 하는지, 로마 가톨릭으로, 혹은 성공회교도로, 혹은 장로교도로, 혹은 그리스도의 교회의 교인으로, 혹은 감리교도로, 혹은 미국 침례교도로, 혹은 남침례교도로 세례를 받고 싶어 하는지 결정할 수 없다는 것이었고, 이렇게 복잡한 교파의 결정을 하는 데는 분명 25년에서 30년 동안의 연구가 필요할 것이라는 사실이었습니다. 그러나 결국 세례는 교파적인 예식이 아니라는 사실을 깨달았고, 그래서 그날 아침, 그러니까 18년 전(1980년) 어제 세례를 받았습니다. 당시 나의 세례는 초교파적인 예식으로 계획하여 성공회 수녀원 채플에서 북 캐롤라이나 감리교 목사의 집례로 이루어졌습니다. 그리고 그 이후로 나는 초교파적 입지를 소중히 지켜오고 있습니다. 누군가 그리스도인이 되기 위해서는 어떤 교파나 특정 교회에 속해야 한다고 믿는다면, 그 정의에 따르면 나는 그리스도인이 아닐 겁니다.

### 정신 질환에 관하여

《아직도 가야 할 길》을 쓰기 시작하면서, 아마도 전통적인 정신의학에서 일탈한 그 책에서 언급했던 가장 급진적인 내용은, 정신 질환의 원인을 무의식이 아닌 의식이 있는 정신에 두었다는 것인 듯합니다. 이전의 견해, 즉 프로이트를 따르는 견해는, 무의식은 온갖 종류의 나쁜 감정들과 화를 불러일으키는 생각들, 성적 생각들 등으로 가득 차 있다고 했습니다. 그리고 바로 그곳에서 정신의학적·심리적 질환이 비롯된다고 했습니다. 그러나 사실 진짜 질문은 왜 그런 명백한 것들이 의식이 있는 정신이 아니라 무의식 속에 있다고 하느냐는 것입니다. 그 답은, 분명한 진리들을 대면하고 싶어 하지 않는 것은 바로 의식이 있는 정신이며, 그것이 이런 것들을 무의식 속으로 밀어 넣었다는 것입니다. 하지만 문제는 우리가 그저 그것들에 대해 생각하고 싶어 하지 않는다는 것, 즉 거부하는 의식에 있습니다. 나는 수년 동안 그렇게 믿었고 다시 생물학적 측면을 배제하고 있지만, 심리적 장애들은 모두 생각의 장애라고 생각합니다. 예를 들어, 자아도취에 빠진 사람들은 다른 사람을 생각할 수 없거나 하지 않으려 합니다. 우리가 보통 수동적이고 의존적인 사람이라 부르는 이들은 스스로 생각하지 않습니다. 강박 신경증 환자들은 큰 그림 속에서 생각하는 데 어려움을 겪는 경향이 있습니다. 여러분의 환자 중에서 어떤 진짜 어려움, 심리학적 어려움을 겪는 사람이 있다면 저는 그들의 생각 속에서 문제를 찾아보라고 말할 것입니다. 분명 그들에게는 바르게 생각하지 않는 어떤 영역이 있을 것입니다.

출처 스캇 펙 홈페이지 www.mscottpeck.com

번역 김명희

## 저자 연보

1936. 5. 22.   뉴욕에서 저명한 변호사이자 법학자 데이비드 워너 펙과 그의 아내 엘리자베스 사빌 사이에서 2남 중 차남으로 출생.

1959.   릴리 호와 결혼. 세 자녀를 두다.

1958.   하버드 대학에서 학사를 우등으로 졸업.

1963.   케이스 웨스턴 리저브 의과대학 석사 졸업.

1963-1972.   미군에서 육군 군의관으로 근무. 정신과 부수석으로 은퇴.

1972-1983.   코네티컷의 리치필드 카운티에서 정신과를 개업하여 치료 및 운영.

1978.   첫 책 《아직도 가야 할 길 *The Road Less Traveled*》 출간 (Simon & Schuster). 이 책은 북미에서만 6백만 부 이상 판매되었으며, 20개 이상의 언어로 번역되었다.

1980. 3. 9.   마흔다섯의 나이에 성공회 수녀원에서 감리교 목사에게서 초교파 세례를 받았다.

1983. 10.   두 번째 책 《거짓의 사람들 People of the Lie: The Hope For Healing Human Evil》 출간(Simon & Schuster). 심리학 분야에서 신기원을 이룬 획기적인 공헌을 한 작품으로 알려져 있으며, 현재까지 일본에서 베스트셀러로 자리매김하고 있다.

1984.   펙 박사 부부는 아홉 명의 동료들과 함께, 비영리·공공교육 재단인 〈공동체장려재단 The Foundation for Community Encouragement〉을 창립했다. 이 단체(FCE)는 공동체의 원칙을 증진하고 가르치는 사명을 띤 단체로서, 70명의 훈련된 리더들로 구성되어 있으며, 이들은 일반 대중을 위한 워크숍과 교회, 학교, 정부 기관, 감옥, 대학, 그리고 비즈니스 등에 연관된 다양한 기관을 위한 워크숍을 운영하고 있다. 이 선구적인 공동체 세우기 사역으로 스캇 펙 박사는 1984년에 칼레이도스코프 평화상 Kaleidoscope Award for Peacemaking, 1994년에 템플 국제평화상 Temple International Peace Prize을 받았다. 1996년에는 조지타운 대학으로부터 학습·믿음·자유상 Learning, Faith and Freedom Medal을 수여했다.

1985. 12.   세 번째 책 What Return Can I Make? Dimensions of the Christian Experience 출간(Simon & Schuster). 스캇 펙의 에세이와 오디오 해설뿐 아니라 메릴린 폰 발트너 Marilyn Von Waldner의 노래도 담고 있다. 이 책은 1995년

|  | 가을 Harper에서 *Gifts For the Journey: Treasures of the Christian Life*라는 새 제목으로 재출간되었으며, 현재는 Renaissance Press에서 재출간되고 있다. |
|---|---|
| 1987. 6. | 네 번째 책《평화 만들기*The Different Drum: Community Making and Peace*》출간(Simon & Schuster). 이 책은 행동과학에 또 다른 획기적인 기여를 한 작품으로 평가되었다. |
| 1990. 8. | 다섯 번째 책이자 첫 소설《창가의 침대*A Bed By the Window: A Novel of Mystery and Redemption*》출간(Bantam). 〈뉴욕타임스〉로부터 '기적과 같은 작품'으로 환호를 받았다. |
| 1992. | 미국 정신의학 협회에서 "교육자, 연구원, 의사로서 정신의학 분야에서 탁월한 성취를 이룬" 정신의학 강연자로 선정되었다. 그는 종교와 과학, 특히 심리 과학 간의 관계에 대한 국내 권위자로 인정받았다. |
| 1992. 10. | 여섯 번째 책이자, 어른뿐 아니라 어린이를 위한 첫 책 *The Friendly Snowflake: A Fable of Faith, Love and Family* 출간(Turner Publishing, Inc.). 펙 박사의 아들 크리스토퍼 펙이 그림을 그렸다. |
| 1993. 3. | 일곱 번째 책이자 조직행동에 관한 작품인 *A World Waiting To Be Born: Civility Rediscovered* 출간(Bantam). |
| 1993. 8. | *Meditations From the Road* 출간(Simon & Schuster). |

1993. 10.   펙 박사의 강연(1979-1993)을 편집한 선집 《끝나지 않은 여행Further Along the Road Less Traveled》 출간(Simon & Schuster).

1995. 4.   *In Search of Stones: A Pilgrimage of Faith, Reason and Discovery* 출간(Hyperion). 이 작품 역시 그의 아들 크리스토퍼 펙이 그림을 그렸다.

1996.   봄. 그의 두 번째 소설 《저 하늘에서도 이 땅에서처럼*In Heaven As On Earth: A Vision of the Afterlife*》 출간 (Hyperion).

1997. 1.   펙 박사의 모든 작품의 종합에 해당되는 《그리고 저 너머에*The Road Less Traveled and Beyond: Spiritual Growth in an Age of Anxiety*》 출간(Simon & Schuster).

1997. 4.   지금까지의 의학, 정신의학, 그리고 신학적 배경을 가지고 첫 '시사성 있는' 책 《영혼의 부정*Denial of the Soul: Spiritual and Medical Perspectives in Euthanasia and Mortality*》을 출간(Harmony Books).

1999.   *Golf and the Spirit: Lessons for the Journey* 출간 (Harmony Books). 이 작품 역시 크리스토퍼 펙이 그림을 그렸다.

2005. 9. 25.   파킨슨 병과 췌장암 및 간암으로 투병하다 69세의 나이로 코네티컷의 자택에서 세상을 떠났다.